解密陌生人

顛覆識人慣性，看穿表相下的真實人性。

麥爾坎·葛拉威爾——著　吳國卿——譯

TALKING TO STRANGERS

WHAT WE SHOULD KNOW ABOUT THE PEOPLE WE DON'T KNOW

MALCOLM GLADWELL

獻給葛拉漢・葛拉威爾（一九三四—二〇一七）

目次

佳評如潮

如果陌生人是恐怖分子？

「我們深信我們了解別人，勝過於別人了解我們」。「我們甚至以為我們對別人的了解，勝過於他們對自己的了解」。這導致於我們應該傾聽時，卻不斷說話，在別人表達他們被誤解或遭到不公平對待時，卻缺乏理解與耐性。這就是今天美國社會、台灣社會，甚至是全球輿論與人心不安的主因。我們要怪的不該是社群網路與科技的發達，我們要怪的正是對人心的不了解。我們要怪的其實是我們自己！

身為全球暢銷書大作家，葛拉威爾這本新作《解密陌生人》有如暮鼓晨鐘，提醒我們對陌生人的判斷往往是錯誤且自以為是的，這往往會鑄下了大錯。對照原書出版半年後，美國明尼蘇達州發生的黑人佛洛伊德被白人警察跪壓窒息致死案，造成了全美社會的抗議動盪，真是血淋淋的預言。

你能想像白人警察對一名黑人駕駛一次毫不重要的臨檢，竟然讓這名女子輕生。美國間諜其實有一堆是古巴雙面諜。九一一恐怖攻擊者其實就在你身邊。英國首相張伯倫是大戰前少數當面與希特勒晤談過的領袖，卻堅定相信他不會發動戰爭。聞名世界的馬多夫龐氏騙局，害慘了全球金融市場。美國賓州大學足球教練竟可以長期性侵男童，而沒被發現。葛拉威爾以一貫社會資料的收集與精彩的故事描述，提出這一連串識人不明的指控，說明了我們對陌生人無法正確判斷，對自以為熟識的人也藏有許多的不了解。

就像他在《引爆趨勢》提出稀有、媒介與環境能造成社會與流行的引爆點；《決斷2秒間》指出一千個小時累積培養出的直覺力，比客觀數據更重要；《異數》提出超凡與平凡的界線不只在於人格特質，而是優勢與機會及文化資產交織出來的結果；《以小勝大》指引弱者反敗為勝的關鍵，在於勇於改變與另闢蹊徑。葛拉威爾在《解密陌生人》一樣有確切的分析建議，他認為是「預設為真」害了我們，我們不能再這麼自以為是。是「透明性」作祟，其實沒有任何一個人是透明的，我們並無法全然了解。是「耦合」的情境因素，無形中深深地影響了我們的行為。這三項正是我們解密陌生人的方法。

你會覺得這個總統或市長怎麼會是我們選出來的人？你老是想不透老闆或同事怎麼會這樣對你？你懷疑過你的競爭對手、朋友、親戚或枕邊人的言行嗎？那就更不用說我們對不得不見的陌生人一無所知了。

人類心理學家最大的謎題是，為什麼我們對察覺別人的謊言如此笨拙？人類數千年來的進化，卻沒有培養出這種能力！這本書以深厚知識和驚悚懸疑的敘事解答了這個謎題，讓我們知道怎麼面對陌生人、面對親人與面對自己。

——趙政岷／時報出版董事長

這世界許多的紛爭、人與人之間的誤會，皆從「我」跟「你」彼此的不了解開始。透過葛拉威爾獨特又細膩的觀點，讀者將再次窺探歷史洪流中少有人注意的片刻光影，其實依然在我們身邊發生著。

——艾爾文／作家

同是記者，也長時間耕耘非虛構寫作，我經常被葛拉威爾筆下的世界觸動。

十五年前，他的暢銷書《決斷2秒間》談的是直覺，談人們因經年累月的經驗能在短時間內做出精準判斷。但此次讀到他的這本新書《解密陌生人》，發現他對於直覺這件事開始有更深刻的反思和轉化，也能感受到他是一個持續探索世界、視角持續演進的自由靈魂。

人的直覺雖並不總是理性，也會隨每個人的境遇不同，而有反應上的差異；但在轉速極快的超限競爭世界裡，在網絡訊息爆量的時代下，直覺確實是幫我們快速判斷出優劣、好壞、喜惡，以及協助決策的捷思法。

這一回，葛拉威爾卻要我們顛覆對直覺的慣性和仰賴，把我們拉回理性，告訴我們，其實人們相當容易被自己的「視界」和「世界」所遮蔽，直覺可能會阻絕我們遇見真相的可能。

這些年我花相當多時間在台灣和國際間進行調查報導，有更多機會跳脫同質性高或心靈雞湯式的訪談，把自己丟進不同場域，與跨世代、不同生命經歷的受訪者衝撞，也因而驚覺自己的直覺並不完全牢靠，甚至成為石化的偏見與成見，變成與他人互動或進行公共討論時的暗流。

例如在寫作《廢墟少年》時，我發現，過往面對面、透過大量言語交談和詰問式的採訪，是無法深入理解這群在物質、心理、社會面向上都處於荒蕪解離的高風險家庭少年們。他們不擅長言說，說起話來簡潔卻生猛有力，和他們採訪不能考慮效率，反而需要大量時間暖身，與他們一起走入田梗、釣蝦場、KTV、安置中心裡生活和相處，才可能開啟平等自在的聊天模式。有的少年少女，甚至要在認識一年後，在我不斷往返田野後，才訴說一個隱瞞了很久的訊息，但那個訊息對於寫作者卻是極重要的判斷。

直觀式的速食應對，可能會累積一堆的問號，或誤以為少年們抱著敵意；對受訪的少年們而言，也只會加深他們對記者的刻板印象。

我也記得和有半世紀討海經驗的漁撈長的採訪經驗。當陸地人覺得鯨豚保育是潮流，但在討海人眼裡，那些把魚啃到剩下魚頭的偽虎鯨，是與討海人爭獵物的勁敵。當陸地人覺得誤撈瀕臨絕種生物時，應將其放生，他卻認為把釣上船板卻受傷的生物再放回大海，以致牠們無法存活，若不食用是更為不環保的。陸上人與老討海人因不同的成長經驗、時差的價值而出現對同一件事物迥異的判斷，那麼，究竟誰是誰非？如何理解和指出差別的來源？

過去這一年，全球進入一個極度衝突的狀態，中美的新冷戰、Black Lives Matter在美國烽火連天的抗爭（這正是葛拉威爾寫作動機的源起——那不斷在美國上演的種族之爭）。我常在想，如果多數的人願意走出自己那個溫暖的回聲室（echo chamber），從社群媒體的同溫層走出來，如本書所言，talk to strangers（與陌生人對談），甚至尋找一種「可實踐的作法」——每週尋找幾位和自己背景、經歷、或立場不同的人面對面談話，進到他者的生活脈絡裡，我相信，我們就能避免扁平的、單一的、武斷的世界觀。

在日常判斷上，平衡直覺與理性兩個元素，我們才有機會顛覆慣性，洞見表象下的真實人性；我們也才有可能不妄下論斷，為多元價值找到共處的可能。

——李雪莉／《報導者》總編輯、台大新聞所兼任助理教授

在故事與研究的交會點，激發深刻的省思。

對喜愛閱讀的人來說，不管是哪一種類別的書，總有幾位作家是只要一出書，就會立即找來讀的。對我來說，本書作者麥爾坎．葛拉威爾就是其中之一。

從《引爆趨勢》（英文版二〇〇〇年出版）、《決斷2秒間》、《異數》、《大開眼界》、《以小勝大》，再到讀者手中的這本《解密陌生人》（英文版二〇一九年出版），六本書，一段將近二〇年的歷程，葛拉威爾憑藉他敏銳的洞察力、卓越的說故事技巧與跨學科的研究，一再地透過引人入勝文字，引爆話題。

最為人熟知的例子之一，當數他在《異數》裡面提到的「一萬小時法則」，既激勵人心也引發爭議。信者得到了鼓舞，只要努力，人定勝天。如同葛拉威爾自述他的寫作之路，「我在一開始完全不及格，最後我感覺自己像是個專家。那花了十年，正好就是那麼長的時間。」不信者認為葛拉威爾失之武斷，沒有精確傳遞「刻意練習」（deliberate practice）的概念。

無論如何，即使是葛拉威爾的記者之筆，難免有時為了讓故事好看，而簡化了嚴謹且複雜的學術研究，但是他的系列作品仍然發揮了很重要的作用：從當今的生活世界和過往的歷史事件裡，提出令人好奇的問題，然後嘗試找尋答案。而相較於最終是否導引出標準答案，或許閱讀他的書的樂趣和學習更在於，促使人們進一步思考為什麼，並且開始從不同角度和觀點來解題。

我們解讀人的能力有其極限，應隨時抱持節制和謙卑。

葛拉威爾曾這樣描述他的寫作過程：「我對兩條軸線的事物感興趣。其一是我喜歡蒐集有趣的故事；另一是我喜歡蒐集有趣的研究。我所找尋的就是兩條線交疊的情境。」在《解密陌生人》裡，葛拉威爾再度採取他慣有的手法，先從許多有趣、好看的故事，帶領讀者思考兩大謎題：謎題一：為什麼在面對陌生人時，我們無法分辨他們是否對著我們說謊？謎題二：為什麼面對陌生人時，有時候反而比不見面更難了解他們？再透過對於學術研究的闡述，分析問題的根源和癥結，最終提出可行的建議。

閱讀本書時，跟隨著作者的思路，我在筆記本上畫下了好幾個矩陣，每一個X軸的指標都一樣，最右端是「熟悉」，最左端是「陌生」；Y軸則有好幾條，分別有「誠實到欺瞞」、「了解到不了解」、「信任到不信任」等等，試著將書中提到的故事或個案分類，像是我們為什麼無法分辨陌生人說謊，但有時候即使是身邊親近的人，依舊是最熟悉的陌生人？為什麼我們有時候會自以為了解他人，無論與對方的關係是熟悉或陌生……

諸如此類的疑問，都可以從書中列舉的個案，觸發我們更進一步省思，在日常生活中，面對親疏遠近之人，我們是否有刻板印象、以偏概全、盲目信任、偏袒親信，又是否會認為人性本惡，因而對於人事物基本上採取不信任、懷疑的觀點？

作者在書中提到，「我們應接受我們解讀陌生人的能力有其極限。」考量到書中提到的每一個角色，未必都是全然的陌生人，有些人彼此之間是同事或朋友，我想進一步延伸成，我們都應該體認到，我們「解讀人的能力有其極限」。

天性使然下，我們傾向於先相信人，即書中反覆提到的「預設為真」理論，因為充滿懷疑的社會無法順暢運作，只是災難一場。然而，在面對他人時，作者提出了另一個更重要的提醒：「沒有完美的機制可以讓美國中情局找出他們的內奸，或讓投資人發現詐騙者和騙局，或讓任何人未卜先知地了解我們不認識的人在想些什麼。我們所需要的是節制和謙卑。」

克制自己的想當然耳、少用某種人一定是如何的標籤理論，在信任他人、同時又體悟到自己了解他人的能力有其限制的雙重節制下，我們面對自己、面對他人，都會更謙卑。

——齊立文／《經理人月刊》總編輯

《解密陌生人》是非讀不可的書……我愛這本書……閱讀它事實上不只將改變你如何

看待陌生人，也會改變你如何看待自己、新聞和世界……閱讀這本書改變了我。

——歐普拉．溫芙蕾（Oprah Winfrey），《歐普拉雜誌》（*The Oprah Magazine*）

有助於真正了解陌生人的強效建議……葛拉威爾聰明地論證我們應該停止假設、認清沒有人是透明的，並了解行為與看不見的情境密切相關。

——《時人》雜誌（*People*）每週最佳書籍

葛拉威爾再度完成一本引人入勝、引爆焦點話題的著作……正當這個世界的極化日益擴大之際，特別迫切需要一本檢驗我們因為各種原因而誤解別人或無法彼此溝通的書……葛拉威爾結合了報導、研究和流暢的敘述，用驚悚小說的刺激手法闡述了精彩的例證。

——克里斯．巴頓（Chris Barton），《洛杉磯時報》（*Los Angeles Times*）

葛拉威爾出類拔萃的成功，彰顯在當懷疑者開始想「也許我們都錯了，而且也許——只是也許——這個葛拉威爾說對了一些事」的那一刻……《解密陌生人》比他之前的書都更有看頭。

——艾美·科茲克（Amy Chozick），《紐約時報》（*New York Times*）

葛拉威爾以吸引人的真實世界案例，闡明當與我們想了解的人互動時該如何做，及其背後的道理。

——瑞特·鮑爾（Rhett Power），《富比士》雜誌（*Forbes*）

葛拉威爾的案例研究很令人振奮……充滿了取材自晚近和久遠過去的動人軼事。他以這些精彩故事提出淺顯易懂的觀察，指引我們如何與陌生人打交道。

——瑪姬·塔夫特（Maggie Taft），《書單》（*Booklist*）

又一本葛拉威爾的佳作……發人深省……期待又一本「你自以為了解的一切都錯了」精彩好書的讀者將不會失望。

——《柯克斯書評》（*Kirkus Reviews*）

既有趣又充滿話題性……葛拉威爾以招牌的生動、流暢和深入淺出的文字……寫出這本深具啟發性的佳作。

——《出版者周刊》（*Publishers Weekly*）

葛拉威爾訪問聰明的人，發想深刻的真知灼見，以天使之筆寫作，並贏得廣大讀者的讚賞。他有敏銳的雙眼和機智的天賦，是當代最傑出的觀察家之一。葛拉威爾是一個放眼大局的思想家，協助我們了解人類的處境。

——巴伯・布里斯科（Bob Brisco），《WebMD 雜誌》（*WebMD Magazine*）

葛拉威爾一如過往以他的敘事天賦和見微知著的慧眼，透過令人難忘的事實來佐證他的研究……他有令人激賞的天分——喜探究、有原創性、追根究柢的心智——他有能力發掘其他人沒想到的資訊，用以聯結更廣大的觀點。他擁有上乘的論述技巧。

——史蒂芬・葛洛威（Stephen Galloway），《好萊塢報導》（*Hollywood Reporter*）

作者序

許多年前，我父母來紐約市探望我，我決定安排他們住在美世酒店（Mercer Hotel）。我有點心存惡作劇。美世酒店很豪華且高檔，是名人和有錢人住的那種地方。我父母——特別是我父親——對那種事完全無感。我父親不看電視，也不看電影，甚至不聽流行音樂。他會把《時人》（*People*）雜誌當成是人類學期刊。他專長的領域很明確：數學、園藝和聖經。

我去接我父母共進晚餐時，問我父親今天過得如何。「好極了！」他說。顯然他把下午的時間花在旅館大廳和一個人聊天。對我父親來說，這是稀鬆平常的行為。他喜歡和陌生人交談。

「你們談些什麼？」我問。

「園藝！」我父親說。

「他叫什麼名字？」

「喔，我不知道。但一直有人來找他照相，要他在一些小紙片上簽字。」

如果有哪個好萊塢名人讀到這裡，還記得很久以前在美世酒店大廳，曾和一個長了大鬍子的英國人聊過天，請跟我聯絡。

至於其他人，不妨想想這則故事的寓意。有時候陌生人之間最棒的談話，會讓陌生人維持還是陌生人。

前言　「跨出汽車！」

一

二〇一五年七月，一名年輕的非裔美國女子布蘭達（Sandra Bland）開車從她住的芝加哥，前往距德州休斯頓以西一小時車程的一個小鎮，應徵普雷里維尤農工大學（Prairie View A&M University）的工作，那裡是她幾年前畢業的學校。她長得高大且漂亮，還有很搭配外表的個性。在大學時她屬於西格馬伽瑪若姊妹會（Sigma Gamma Rho），並在樂旗隊裡演奏。她在一個社團擔任志工，並定期在 YouTube 的《珊迪有話說》（*Sandy Speaks*）頻道發表激勵性的短片，這些短片往往以「早安，我美麗的國王和女王們！」為開頭。

我今天拍這部影片只想讚美上帝，稱頌祂的名字。我感謝祂絕對不只因為今天是我生日，而是為了我的成長而感謝祂，為了過去一年祂在我生命中做的許多事而感謝祂。回顧我誕生在這個世界的二十八年，還有祂所教導我的一切。雖然我犯過一些錯，我曾經錯得很離譜，祂仍然愛我，而我要讓我的國王和女王們知道，祂也仍然愛你們。

布蘭達得到了普雷里維尤那份工作。她滿心歡喜。她的計畫是一面攻讀政治學碩士學位。七月十日下午，她離開大學準備去採購雜貨，當她右轉開進普雷里維尤校園外環的公路時，一名警官攔下她。他的名字是安辛尼亞（Brian Encinia）：白人、黑短髮、三十歲。他很有禮貌——至少剛開始是如此。他告訴她，她變換車道時沒有打燈號。他問她一些問題。她逐一回答。然後布蘭達點起一根香菸，而安辛尼亞要求她熄滅香菸。

接下來的互動都被安辛尼亞儀表板上的行車記錄器記錄下來，並在 YouTube 上被以各種形式觀看過幾百萬次。

布蘭達：我在我的汽車裡，為什麼我必須熄滅我的香菸？
安辛尼亞：嗯，你現在可以跨出汽車了。
布蘭達：我沒有必要跨出我的汽車。
安辛尼亞：跨出汽車。
布蘭達：為什麼我……
安辛尼亞：跨出汽車！
布蘭達：不，你沒有權力。不，你沒有權力。
安辛尼亞：跨出汽車。
布蘭達：你沒有權力。你沒有權力要我這麼做。
安辛尼亞：我有權力，現在跨出汽車，否則我會拖你出來。
布蘭達：除了表明我的身分以外，我拒絕和你說話。（兩人同時說話）我因為沒有打燈號就要被你拖出汽車？
安辛尼亞：跨出汽車，否則我會拖你出來。我正在給你下一個有法律效力的命令。現在就跨出汽車，否則我就要拖你出來。

布蘭達：我要打電話給我的律師。

布蘭達和安辛尼亞持續僵持不下一段很長的時間。情緒逐漸高漲。

安辛尼亞：我要把你從車子拖出來。（伸手到汽車裡。）

布蘭達：好，你要把我從車裡拖出來？好，很好。

安辛尼亞：（呼叫後援）二五四七。

布蘭達：你試試看。

安辛尼亞：對，我就要這麼做。（伸手抓布蘭達。）

布蘭達：別碰我！

安辛尼亞：給我下車！

布蘭達：別碰我。別碰我！我沒有被逮捕——你沒有權力要我下車。

安辛尼亞：你被逮捕了！

布蘭達：我被逮捕了？什麼罪名？什麼罪名？我犯了什麼罪？

安辛尼亞：（向派遣中心）二五四七，一〇九八郡道。（聲音模糊）派另一個小組給我。（對布蘭達）跨出汽車！現在就跨出汽車！

布蘭達：為什麼我被逮捕了？你要開單給我，就因為我沒有……

安辛尼亞：我說跨出汽車！

布蘭達：為什麼我被逮捕了？你剛才開我的……

安辛尼亞：我給你下一個有法律效力的命令。我準備把你拖出車外。

布蘭達：你是在威脅要把我拖出我的汽車外面？

安辛尼亞：跨出汽車！

布蘭達：然後你打算（兩人同時說話）我？

安辛尼亞：我要好好教訓你！下車！現在！（拔出電擊槍，並指著布蘭達。）

布蘭達：哇啊。哇啊。（布蘭達下車。）

安辛尼亞：下車。現在。跨出汽車！

布蘭達：因為我沒有打燈號？你這麼做就只是因為沒有打燈號？

布蘭達被逮捕並關進牢房。三天後，她在牢房裡自殺。

二

布蘭達案發生時，正值美國的公眾生活發生一段奇怪的插曲。這段插曲始於二〇一四年夏末，十八歲黑人男子布朗（Michael Brown）在密蘇里州弗格森（Ferguson）被一名警員槍殺致死。據稱他剛在一家便利商店竊取一包香菸。接下來的幾年發生一連串引發高度矚目的事件，都涉及警察對黑人施暴。美國各地爆發暴動和示威抗議，一項稱為「珍視黑人生命」（Black Lives Matter）的運動應運而生。這一度是美國人的重要議題。也許你還記得這些新聞中的一些姓名。在巴爾的摩，一個叫格雷（Freddie Gray）的年輕黑人男性因為攜帶一把折疊刀而遭逮捕，並在一輛警方廂型車後座陷於昏迷。在明尼阿波利斯市郊，年輕黑人男性卡斯帝爾（Philando Castile）被警方攔查，並在交出他的保險證明時遭不明原因開了七槍。在紐約市，一個叫賈納（Eric Garner）的黑人男性被一群警察找上，宣稱他違法販售香菸，並在接著發生的爭鬥中因窒息而死。在南卡羅來納州北查爾斯頓（North

Charleston），黑人男子史考特（Walter Scott）因為汽車尾燈故障被攔查，他下車後逃跑，被一名白人警員從背後射殺致死。史考特在二〇一五年四月四日被槍殺。布蘭達曾在《珊迪有話說》上敘述他的事件。

早安，我美麗的國王和女王們……我不是種族歧視者。我成長在伊利諾州的維拉公園市（Villa Park）。我是一支全是白人的啦啦隊裡唯一的黑人女孩……黑人，除非你學會如何和白人合作，否則你在這個世界永遠無法成功。我希望白人真正了解，黑人正在盡一切可能的努力……當我們看到一些情況顯示黑人的生命不被重視時，我們忍不住會感到氣憤。在我們最近看到的新聞報導裡，對那些質疑為什麼他逃跑的人，我敢說，就算你站著不動，乖乖向那些警察投降，你還是可能被殺死。

三個月後，她也死了。

《解密陌生人》是嘗試了解那一天在德州鄉下的公路邊真正發生什麼事。

為什麼要為一樁出了差錯的交通攔查寫一本書？因為那一連串案件引發的辯論無法令

人滿意。一方是有關種族歧視的討論——從一萬呎高的地方看這樁案件。另一方是用放大鏡檢視案件的每一個細節。那個警員是什麼樣子？他究竟做了什麼？一方是見林不見樹，另一方是見樹不見林。

就兩方的立場來看，兩方都對。偏見和無能都有助於解釋美國的社會問題。但除了誠心誠意發誓下一次更努力避免悲劇外，你如何看待這兩方的診斷？我們有壞警察。我們有懷著偏見的警察。保守派偏好前一個解釋，自由派偏好第二個。最後是兩方彼此抵銷。美國的警察繼續殺人，但這些死傷不再占據新聞的顯著版面。我懷疑你可能得想一想才記起布蘭達是誰。我們經過一段時間後就把這些爭議擱到一旁，然後轉移注意力到其他事。

我不想轉移注意力到其他事。

三

在十六世紀，歐洲的民族和國家之間發生接近七十次戰爭。丹麥人和瑞典人戰爭；波蘭人和條頓騎士戰爭；鄂圖曼人和威尼斯人戰爭；西班牙人和法國人戰爭——沒完沒了。

如果這種永無止境的衝突有一個模式，那就是這種戰爭絕大多數牽涉到鄰人。你與邊境對面的人打仗，而那些人一直都住在你的邊境對面。或者你與在自己邊境內的人打仗：一五〇九年的鄂圖曼戰爭是兄弟之間打仗。在人類大部分歷史中，接觸——不管是不是敵意的——很少發生在陌生人之間。你遇見和爭鬥的人往往和你信奉相同的上帝，他們修蓋建築物和組織城市的方法也和你相同，他們打仗使用和你相同的武器，遵循和你相同的規則。

但十六世紀最血腥的一場衝突不符合這些模式。西班牙征服者科爾特斯（Hernán Cortés）會見阿茲特克統治者蒙特蘇馬二世（Montezuma II）時，雙方都對彼此一無所知。

科爾特斯一五一九年二月在墨西哥登陸，並緩緩向內陸前進，進軍阿茲特克首都特諾奇蒂特蘭（Tenochtitlán）。當科爾特斯和他的軍隊抵達時，他們大感驚嘆。特諾奇蒂特蘭極其壯觀——遠比科爾特斯和他的手下在西班牙時所知的城市更大和更繁華。那是一個建造在一座島上的城市，以橋樑和大陸銜接，並且布滿運河。它有開闊的林蔭大道、複雜的水道、興隆的市場、用鮮明的白灰泥粉刷的神廟、公共花園，甚至有一座動物園。那裡乾淨得一塵不染——對在骯髒的中世紀歐洲城市長大的人來說，那幾乎是一個神奇的地方。

「我們看到許多建造在水上的城市和村莊，以及在旱地上的大城鎮，我們很驚奇，並說那就像魔法一樣。」科爾特斯的軍官之一卡斯提洛（Bernal Díaz del Castillo）回憶道：「我們的一些士兵甚至問，我們看到的是不是夢境？……我不知道如何描述它，我們看到的東西是從未聽聞過或看見過，甚至也從沒夢過。」

這些西班牙人在特諾奇蒂特蘭的大門口受到阿茲特克酋長們歡迎，然後被帶去覲見蒙特蘇馬。他是一個近乎神的偉大人物，被抬在一座裝飾著黃金、白銀以及花朵與寶石的轎子上。他的朝臣之一走在行進的隊伍前拂掃地面。科爾特斯跨下他的坐騎。蒙特蘇馬的轎子被放低。身為西班牙人的科爾特斯往前想擁抱這位阿茲特克領袖——但被蒙特蘇馬的侍從攔阻。沒有人可以擁抱蒙特蘇馬，所以這兩個人相互鞠躬。

「你是不是他？你是不是蒙特蘇馬？」

蒙特蘇馬回答：「是的，我是他。」

沒有歐洲人曾踏上墨西哥這塊土地。沒有阿茲特克人曾見過歐洲人。科爾特斯對阿茲特克人一無所知，除了驚嘆於他們的財富和所打造的神奇城市外。蒙特蘇馬對科爾特斯一無所知，只知道他膽子大到敢來阿茲特克王國，他帶來的奇怪武器和神祕動物——馬匹——都是阿茲特克人從未見過的。

科爾特斯和蒙特蘇馬的會面，讓數世紀以來的這麼多歷史學家感到著迷，有什麼好奇怪的嗎？當探險家在五百年前開始航越大洋，在前所未知的領土展開大膽探險時，一種全新的接觸出現了。科爾特斯和蒙特蘇馬想進行談話，雖然他們對彼此一無所知。當科爾特斯問蒙特蘇馬「你是他嗎？」時，他無法直接表達那句話。科爾特斯只會說西班牙語。他帶了兩名翻譯員，一個是叫馬琳契（Malinche）的印地安女人，是幾個月前西班牙人擄獲的。她會說阿茲特克人的那瓦特語（Nahuatl）和科爾特斯初踏上墨西哥領土時的當地語言馬雅語。科爾特斯也帶著名叫阿濟拉（Gerónimo del Aguilar）的西班牙傳教士，阿濟拉曾在猶加敦（Yucatán）因船難滯留當地並學會馬雅語。因此科爾特斯以西班牙語對阿濟拉說話。阿濟拉為馬琳契翻譯成馬雅語，然後馬琳契為蒙特蘇馬把馬雅語翻譯成那瓦特語——而當蒙特蘇馬回答「是的，我是他。」時，這個漫長的翻譯程序便倒轉過來。這種在所有人一生中都很容易的面對面互動，突然間變得如此複雜。[1]

科爾特斯被帶到蒙特蘇馬的皇宮之一——阿濟拉後來描述那裡「有無數房間、接待室、華麗的大廳，有著大被套的床榻，獸皮和樹纖維、細鴨絨做的枕頭，還有絕好的白色皮毛袍」。晚宴後，蒙特蘇馬再次會見科爾特斯和他的手下，並發表一場演說。困惑很快就出現了。西班牙人把阿茲特克國王蒙特蘇馬的話解釋成出人意料的讓步：他相信科爾特斯是神祇，應驗了一個古老的預言，說會有遭到放逐的神祇從東方歸來。因此，他是來向科爾特斯投降。你可以想像科爾特斯的反應：這個富麗堂皇的城市現在實際上是他的了。

但蒙特蘇馬真正的意思是什麼？阿茲特克人的那瓦特語中有一種尊崇模式，像蒙特蘇馬這種皇室成員會以某種密語說話，根據的是一種文化傳統，即尊貴者透過精心設計的假謙遜來投射其地位。歷史學家雷斯托（Matthew Restall）指出，在那瓦特語中代表「貴族」的字，和代表「小孩」的字完全相同，換句話說，當像蒙特蘇馬這樣的統治者說自己又小又弱時，他實際上是在隱晦地表達自己是尊貴和強大的。

1 蒙特蘇馬把科爾特斯視為神祇的說法已被歷史學家湯森（Camilla Townsend）等人推翻。湯森認為那可能只是誤解，因為後來的事實證明那瓦特人使用「teotl」這個字指稱科爾特斯和他的屬下，而西班牙話將這個字譯為「神」。但湯森聲稱用這個字只是因為他們「必須給西班牙人一個名稱，但不知道應該是什麼名稱……在那瓦特人自古以來的宇宙觀中，人向來被指稱為來自特定的村落或城邦，或更重要的是扮演一個既有的社會角色（一個收貢者、王子、僕人等）。這些新來的人都不符合這種指稱」。

「顯而易見地，想正確地翻譯這種語言是不可能的。」雷斯托寫道：

說話者往往必須說與真正意思相反的話。真正的意思埋藏在尊崇語的使用中。在翻譯中漏掉這些精細的區別，並經過多個翻譯員的扭曲……不只蒙特蘇馬的演說內容不太可能被精確傳達，而且演說的意思還可能被完全顛倒。在那個例子裡，蒙特蘇馬的演說不是表示他投降，而是他接受西班牙人的投降。

你可能記得高中歷史課描述科爾特斯和蒙特蘇馬會面的結局。蒙特蘇馬被科爾特斯劫持成為人質，然後遭到殺害。雙方發動戰爭，多達兩千萬個阿茲特克人死亡，包括直接被西班牙人殺害，或間接因為染患西班牙人帶進來的疾病而死。特諾奇蒂特蘭遭到摧毀。科爾特斯劫掠墨西哥，開啟了災難性的殖民擴張時代。它也為社會互動帶來一種絕對屬於現代才有的新模式。今日我們隨時都會接觸立場、觀點和背景都與我們不同的人。現代世界不是兩個兄弟為控制鄂圖曼帝國而決戰的世界，它是科爾特斯和蒙特蘇馬透過多重的翻譯者，極力想了解彼此的世界。《解密陌生人》討論的就是，為什麼我們對翻譯這件事如此笨拙。

本書的各章將分別探討一個如何了解陌生人的面向。你可能已經聽過其中的許多例子——它們都取材自新聞。在北加州的史丹福大學，一個叫透納（Brock Turner）的大一新生在派對上遇見一名女子，到了那天晚上結束時，他已進了警方的拘留所。在賓州州立大學，學校的美式足球隊前助理教練山達斯基（Jerry Sandusky）被判戀童癖有罪，學校校長和兩名他的高階助手被認為與他共謀犯罪。你將讀到一個多年來潛伏在五角大廈最高階層的間諜、揭發避險基金經理人馬多夫（Bernie Madoff）的人、美國交換學生諾克斯（Amanda Knox）遭到司法誤判，以及詩人普拉斯（Sylvia Plath）的自殺。

在所有這些例子裡，牽涉的各方都依賴一組策略來翻譯其他人的用語和意圖。而在各個例子中，都有某些環節出了嚴重的錯誤。在《解密陌生人》中，我想了解這些策略——分析它們，批評它們，思考出它們源自哪裡，弄清楚如何修正它們。在本書結尾，我將回到布蘭達的例子，因為這樁公路邊的接觸有某些東西應該會讓我們無法釋懷。想想當時的情況有多難。布蘭達並非來自安辛尼亞熟悉的鄰區或住在同一條街。如果是，那就容易多了：**珊迪！**（珊德拉・布蘭達小名）**你好嗎？下次小心點。**但布蘭達來自芝加哥，而安辛尼亞來自德州，一個是男性而一個是女性，一個是白人而一個是黑人，一個是警察而一個是平民，一個有武器而一個沒有武器。他們彼此是陌生人。如果我們這個社會能深入思考——如果我們願意從內心省思我們如何接近和了解陌生人——她就不至於最後死在德州的牢房。

但首先我要問兩個問題——兩個有關陌生人的謎題——我將從一個名叫雅斯皮拉賈（Florentino Aspillaga）的男子，多年前在德國的一間審訊室所說的故事開始敘述。

第一篇

間諜和外交官：兩個謎題

第一章

卡斯楚的復仇

一

雅斯皮拉賈最後一個職位是在昔日稱為捷克斯洛伐克的布拉提斯拉瓦（Bratislava）。當時是一九八七年，蘇聯鐵幕倒塌之前兩年。雅斯皮拉賈經營一家稱為古巴科技（Cuba Tecnica）的顧問公司，它的營運按理應該與貿易有關。但實際上它不是，它是一家門面公司。雅斯皮拉賈是古巴情報總局的高階官員。

雅斯皮拉賈在一九八五年被古巴情報當局評選為年度情報官，他獲得卡斯楚（Fidel Castro）本人親筆寫的一封表揚信。他在莫斯科、安哥拉和尼加拉瓜為國服務都有傑出的表現。他是明日之星。在布拉提斯拉瓦，他主持古巴在這個區域的情報網。

但在他從古巴情報界逐漸崛起的某個時候，他開始覺醒了。他看到卡斯楚在安哥拉發表一場演說讚揚當地的共產主義，並對這位古巴領導人的自大和自戀感到驚駭。等到一九八六年出任布拉提斯拉瓦的職位時，他的懷疑已更加堅決。

他為一九八七年六月六日的投誠做準備，這是一個精心策劃的內部玩笑。六月六日是古巴內政部——管理古巴情報機構、權力極大的單位——成立的週年紀念日。如果你為情報總局工作，通常會在六月六日慶祝，會有讚揚古巴情報體系的演說、接待會和儀式。雅斯皮拉賈希望他的變節踩到痛處。

他在布拉提斯拉瓦市區的一座公園與他的女朋友瑪塔（Marta）見面。那天是週六下午。她也是古巴人，是捷克工廠中成千上萬的古巴移工之一。與所有相同處境的古巴人一樣，她的護照被扣押在布拉格的古巴政府辦公室。雅斯皮拉賈必須幫她偷渡過邊界。他有一輛政府配發的馬自達汽車。他取下後車廂的備胎，在底板鑽了一個氣孔，要她爬進後車廂。

當時的東歐仍然與歐陸其他地方隔著一道牆，東歐和西歐間的旅行受到嚴密控管。但布拉提斯拉瓦與維也納只有很短的車程，而且雅斯皮拉賈以前開車走過那條路。邊境的守衛知道他是誰，而且他拿的是外交護照。守衛揮手讓他通過。

到了維也納，他和瑪塔拋棄馬自達，招了一輛計程車，來到美國大使館門口。當時是週六晚上，資深的使館官員都已回家。但雅斯皮拉賈很容易就引起守衛的注意。「我是古巴情報局的案件專員。我是情報指揮官。」

在情報圈，雅斯皮拉賈出現在維也納美國大使館就是所謂的「自動投誠」，即一個國家的情報官員出乎意料地出現在另一個國家情報機構門前，而雅斯皮拉賈是冷戰時期最轟動的投誠之一。他對古巴——及其親密盟友蘇聯——所知道的東西是如此敏感，以至於在他變節後，古巴情報當局兩度追獵他，企圖暗殺他。兩次他都幸運逃脫。後來只有一次有人再度看到雅斯皮拉賈，那個人就是主管美國中情局拉丁美洲辦公室多年的拉特爾（Brian Latell）。

拉特爾獲得一名擔任雅斯皮拉賈牽線人的臥底探員提供的情報。他與這名牽線人在邁阿密市郊珊瑚閣區（Coral Gables）的一家餐廳見面，在那裡接到轉往另一個地點見面的指示，距離雅斯皮拉賈以新身分居住的地方不遠。拉特爾在不明地點的旅館租下一間套房，然後等待雅斯皮拉賈出現。

「他比我年輕。我現在七十五歲，他現在可能不到六十五歲。」拉特爾回想那次見面說：「但他有很嚴重的健康問題。我是說，因為是變節者，靠新身分生活很辛苦。」

不過，儘管狀態不佳，雅斯皮拉賈年輕時的樣子不難想見，拉特爾說：充滿魅力、纖瘦，帶著某種戲劇性的氣質——喜歡冒險，豐富的情緒表情。當雅斯皮拉賈走進旅館套房時，他抱著一個箱子。他把箱子放在桌上，然後轉向拉特爾。

「這是我在投誠後不久寫的回憶錄。」他說：「我把它交給你。」

箱子裡是雅斯皮拉賈的回憶錄手稿，寫了一則讓人看不懂的故事。

二

在突然出現於維也納美國大使館門口後，雅斯皮拉賈被以飛機載往德國美軍基地的一個審訊中心。在那個年代，美國在哈瓦那的情報站設於瑞士大使館的美國利益處（古巴的情報人員在美國也有類似的安排）。在雅斯皮拉賈的審訊開始前，他提出一個要求：他希望中情局接一位前美國駐哈瓦那情報站主管來這裡，這個人被古巴情報界稱為「登山人」

（el Alpinista）。

登山人曾在世界各地為美國駐古巴情報站工作。柏林圍牆倒塌後，從蘇聯國安會（KGB）和東德祕密警察取得的檔案揭露，他們曾為所屬的情報員上一堂有關登山人的課。他的情報技術無懈可擊。有一次蘇聯情報官員嘗試招募他；他們真的把幾袋錢放在他面前。他揮手請他們離開，並且嘲諷他們。登山人是無法收買的。他說西班牙話像古巴人一樣好。他是雅斯皮拉賈的模範。雅斯皮拉賈希望和他面對面談話。

「我在另一個國家出任務時，接到訊息要我趕往法蘭克福。」登山人回憶說。（雖然早已從中情局退休，他仍喜歡被以別號稱呼。）「法蘭克福是我們處理變節者的中心。他們告訴我有人投誠維也納的大使館。他從捷克斯洛伐克開車，後車廂裡藏著他女朋友，投誠後堅持和我談話。我覺得這件事有點瘋狂。」

登山人直接趕往審訊中心。「我看見四個案件專員坐在客廳。」他回憶說：「他們告訴我，雅斯皮拉賈在後面的臥房和他的女朋友做愛，這是他來到安全屋以後經常做的事。然後我進去和他談話。他身材瘦高，穿著難看，就像當時東歐人和古巴人的裝扮。有點邋遢。但很快就看得出來他是極為聰明的人。」

在登山人走進去時，他沒有告訴雅斯皮拉賈他是誰。他嘗試謹慎小心點；他對雅斯皮拉賈了解有限。但雅斯皮拉賈幾分鐘後就猜出他是誰。他先是很驚訝，然後大笑起來。兩個男人相互擁抱，古巴式的擁抱。

「我們先聊了五分鐘，然後才進入正題。在審訊這些人時，你需要能證明他們的誠信。」登山人說：「所以基本上我只是問他，他能告訴我哪些有關（古巴情報機構）行動的事。」

就在這時候，雅斯皮拉賈爆出他的炸彈，也就是驅使他從鐵幕裡面來到維也納大使館大門的消息。中情局在古巴內部有一個情報員網絡，他們向案件專員忠實提出的報告能協助美國了解其敵國。雅斯皮拉賈說出一個情報員的名字，並且說：「他是雙面間諜。他為我們工作。」屋裡的人一片錯愕。他們完全不知道。但雅斯皮拉賈繼續說下去，又說出另一名間諜的名字。「他也是雙面間諜。」然後另一個，再另一個。他有姓名、細節，所有經過。**你們在安特衛普船上招募的傢伙。那個有小鬍髭的矮胖傢伙？他是雙面間諜。另一個跛腳的傢伙，他在國防部工作？他是雙面間諜。**他繼續說，直到他舉出數十個名字——幾乎是美國在古巴的全部祕密情報員名單。他們都為哈瓦那工作，餵養由古巴自己調製的情報給美國。

「我坐在那裡做筆記。」登山人說：「我試著不洩露任何情緒。我們被教導要如此。但我的心跳得飛快。」

雅斯皮拉賈說的是登山人的手下，那些他在古巴還是個有抱負的年輕情報官時共事的情報員。登山人在剛到哈瓦那任職時，就決心積極培養情報來源，向他們網羅情報。「問題是，如果你有一名情報員是在某個國家的總統辦公室裡，而你無法與他通訊，那個情報員就毫無價值。」登山人說。「我的想法是，要能通訊並取得一些價值，勝過等待六個月或一年直到他被調往別的單位。」但現在似乎整個運作都已經是一場騙局。「我必須承認，我討厭古巴討厭到能把他們騙得團團轉會讓我很快樂。」他惋惜地說：「結果被騙得團團轉的人是我。那的確是個打擊。」

登山人帶著雅斯皮拉賈登上一架軍機，直接飛到華盛頓特區外面的安德魯斯空軍基地，他們在那裡和中情局拉丁美洲部門的「大頭頭」會面。「古巴部門的反應是絕對的驚嚇和恐慌。」他回憶說：「他們不敢相信自己被騙得那麼慘、那麼多年。這件事引發了大震盪。」

情況還更加惡化。當卡斯楚聽到雅斯皮拉賈已告訴中情局他們被羞辱的事，他決定在傷口上抹鹽。他先是集合所有假冒的中情局情報員，讓他們巡迴古巴各地進行勝利遊行。然後他在古巴電視上播映一部驚人的十一集紀錄片，片名為《中情局對抗古巴的戰爭》（*La Guerra de la CIA contra Cuba*）。事實上，古巴情報局已把中情局至少過去十年來在古巴做的事拍成影片並記錄下來——好像製作一齣真人實境秀般。《生存者：哈瓦那版》。這部影片的品質出乎意料的好，有特寫近照和像電影取景般拍攝的畫面。收音非常清楚：古巴人一定是事先獲得每一次祕密會面地點的通報，並派遣技術人員去安裝房間的錄音設備。

在銀幕上，原本經過精心喬裝的中情局官員被指認出姓名。每一種先進的中情局裝置都被拍攝下來：隱藏在野餐籃和公事包的傳送器。影片詳細解釋哪些公園長凳被中情局官員用來與情報來源交換訊息，以及中情局如何利用不同顏色的襯衫向聯絡人傳達訊號。有一個長距離鏡頭顯示一名中情局官員，把現金和指示塞進一個塑膠大「石頭」；另一個鏡頭捕捉到一名中情局官員為他的情報員，把祕密文件藏在比那爾德里奧（Pinar del Rio）一座垃圾場的廢汽車裡；在第三個場景中，一名中情局官員在路邊的草叢中尋找一個包裹，而他妻子在汽車裡不耐煩地生氣。登山人在紀錄片中短暫出現，成了客串角色。他的接任者看起來比他慘得多。登山人說：「當他們播出那部電視影片系列時，就好像他去的每個地方，都有一個人扛著攝影機跟著。」

當聯邦調查局邁阿密辦公室主任聽說這部紀錄片時，他打電話給一名古巴官員，要求一份拷貝。很快就有一套錄影帶寄來，還貼心地經過英語配音。全世界組織最嚴密的情報機構就這樣被當成傻瓜耍。

三

這是雅斯皮拉賈的故事最讓人困惑之處。如果古巴是像一般騙徒那樣欺騙一群年老的土包子，那也就罷了，但古巴人愚弄的是中情局，一個很嚴肅看待了解陌生人這個問題的組織。

這些雙面間諜每一個都有很厚的個人檔案。登山人說，他仔細審查過他們，沒有發現任何明顯的警訊。和所有情報機構一樣，中情局有一個反情報單位，它的工作就是監視組織本身的運作，尋找變節的跡象。他們找到什麼？什麼也沒找到。[1]

多年後在回顧這件事時，拉特爾只能聳聳肩，表示古巴人真的很有本事。他說：「他們做得很細膩。」

1

中情局定期對它的情報員測謊，以防範像雅斯皮拉賈描述的那種背叛行為。每當中情局在古巴的間諜離開古巴島時，中情局會和他們在一個旅館房間密會，讓他們坐著接受測謊。有時候那些古巴人會通過測謊；測謊部門的主管親自開給六名後來被揭發是古巴雙面間諜的情報員通過測謊的證明。有些古巴人未通過測謊。但這些沒有通過的人如何處理？管理古巴情報站的人不接受測謊結果。曾擔任中情局測謊員的蘇利文（John Sullivan）記得，當他的小組判定幾名駐古巴情報員未通過後，他們被召喚參與一場會議。「我們遭到圍攻。」蘇利文說：「我們被不留情面地斥責……所有案件專員都說『你們是在胡搞』等等。『德蕾莎修女也過不了你們的測謊。』我是說，他們真的非常、非常痛恨測謊。」

但你能怪他們嗎？這些案件專員決定改變了解陌生人的方法：以自己的判斷力取代用測謊機測試這些人。而這是很合乎邏輯的行為。

測謊是一種不精確的藝術，這是最保守的說法。案件專員都有許多年和情報員共事的經驗：和他們會面、談話、分析他們做的報告內容品質。受過訓練的專業者經過多年的評估，應該比倉促在旅館房間測試的結果正確，對吧？然而事實卻非如此。

「許多案件專員認為『我是這麼優秀的案件專員，他們騙不了我』。」蘇利文說：「這特別讓我想到一個傢伙──他是一個很棒、很棒的案件專員──他們認為他是局裡最棒的案件專員。」顯然他說的是登山人。「他們帶他到洗衣店。他們的影片真的拍到他使用祕密情報交換點。太扯了。」

我是說，卡斯楚挑選出那些他用來設圈套的雙面間諜。他很聰明地選了那些人……其中有些受過騙術訓練。其中一位假裝很天真……實際上他是很狡猾、受過訓練的情報員……他看起來很愚蠢。他怎麼可能是雙面間諜？卡斯楚精心設計了整個騙局。我是說，卡斯楚是他們當中最了不起的演員。

登山人自己的辯駁是，中情局古巴站整體而言很散漫。他曾經在東歐工作過，和東德人對抗，他說那裡的中情局比起來嚴謹多了。

但中情局在東德的紀錄又如何？和中情局在古巴的表現一樣糟。柏林圍牆倒塌後，東德情報頭子渥爾夫（Markus Wolf）在他的回憶錄中寫道，到了一九八〇年代末：

我們知道在東德工作的中情局情報員沒有一個不被策反成為雙面間諜，或者從一開始就是為我們工作的，所以我們占盡優勢。在我們的指令下，他們會報告經過仔細篩選的情報，並傳遞錯誤情報給美國人。

應該是很嚴謹的東歐部門實際上出過整個冷戰期間最嚴重的差錯。中情局負責對蘇聯進行反情報的最高階官員艾姆斯（Aldrich Ames）被發現是為蘇聯工作。他的背叛導致無數美國間諜在俄羅斯被逮捕——和處死。登山人認識他，中情局所有高階官員都認識他。「我對他評價不高。」登山人說：「因為我知道他是個懶惰的酒鬼。」但登山人和他的同僚從未懷疑艾姆斯是叛徒。「老鳥們都無法想像，我們當中會有人像艾姆斯那樣被對方誘騙。」他說：「我們當中有那樣的叛徒讓所有人都大吃一驚。」

登山人是世界上最嚴密的機構裡最有才能的人之一，但他曾三度目睹這種羞辱性的背叛——先是卡斯楚，然後是東德，還有在中情局總部的一個懶惰的酒鬼。而如果中情局最優秀的人會被完全誤導這麼多次，那麼我們又會如何？

謎題一：為什麼在面對陌生人時，我們無法分辨他們是否對著我們說謊？

第二章
認識元首

一

一九三八年八月二十八日晚上，張伯倫（Neville Chamberlain）電召他的貼身顧問到唐寧街十號，參加一次深夜戰略會議。張伯倫出任英國首相才剛滿一年，之前他是一個生意人，個性務實且直言不諱，他的興趣和經驗主要在國內事務。但他現在面臨他上任以來的首次外交危機。這個危機與希特勒（Adolf Hitler）有關，希特勒近來開始發表愈來愈好戰的聲明，揚言入侵捷克斯洛伐克的主要德語區蘇台德區（Sudetenland）。

如果德國入侵捷克斯洛伐克，那幾乎可以確定將引發世界大戰，而世界大戰是張伯倫極力想避免的事。但希特勒近幾個月來特別少公開露面，而德國的意圖不明，使得歐洲其他國家日益緊張。張伯倫決心解決這個僵局。他為他的計畫取名為「Z 計畫」，並在那天晚上徵詢他的顧問。這是最高機密。張伯倫後來寫到，這個計畫是「如此違反傳統和大膽，它讓（外務大臣）哈利法克斯伯爵（Halifax）說不出話來」。張伯倫希望飛到德國，並要求與希特勒面對面會談。

一九三〇年代末的危急時刻，很奇怪的事情之一是，當希特勒讓世界逐漸捲入戰爭時，世界各國領袖很少真正認識這位德國領導人。[1] 希特勒像個謎。在希特勒崛起的整個過程均擔任美國總統的小羅斯福（Franklin Roosevelt）從未見過他。蘇聯領導人史達林（Joseph Stalin）也是如此。張伯倫的繼任者邱吉爾（Winston Churchill）一九三二年在慕尼黑研究一本書時差點見到他。他和希特勒曾兩度計畫會面喝茶，但兩次希特勒都爽約。

在英國，唯一曾經在戰前與希特勒有過較長時間接觸的是同情納粹理念的英國貴族，他們有時候會渡過英倫海峽去向希特勒致意，或參加元首的宴會。（「在有些情況，他會表現得很滑稽。」崇尚法西斯主義的社交名流密特福〔Diana Mitford〕在她的回憶錄寫道。

1 唯一例外是加拿大總理麥肯錫金（William Lyon Mackenzie King）。他在一九三七年會見希特勒，而且很崇拜他。他把希特勒比喻為聖女貞德。

她經常在慕尼黑與希特勒共進晚餐。「他會模仿非常古怪有趣的動作。」）但這些都是社交往來。張伯倫是想避免世界大戰，他認為親自評估希特勒會有幫助。希特勒是可以講理的人嗎？值得信任嗎？張伯倫想弄明白。

九月十四日上午，英國駐德國大使發了一封電報給希特勒的外交部長里賓特洛甫（Joachim von Ribbentrop）。希特勒願意會面嗎？里賓特洛甫在同一天回覆：是的。張伯倫是一個高明的政治人物，有表演的天賦，他有技巧地讓這個消息走漏。他就要前往德國，設法扭轉戰爭。在英國，慶賀之聲不絕於耳。民調顯示七〇%的英國人認為他的德國行是「促成和平的好事」。新聞支持他。在柏林，一位駐外通訊員報導，聽到這個消息時他正在餐廳用餐，當時屋裡所有人都起立，一致為張伯倫的健康乾杯。

張伯倫在九月十五日上午離開倫敦。他從未搭過飛機，雖然飛機接近慕尼黑時飛進惡劣的天氣中，他依然保持鎮定。數千人聚集在機場歡迎他。他被十四輛賓士轎車組成的車隊送到火車站，然後在火車開往希特勒的山區僻靜別墅時，他在希特勒專用的餐車上用午餐，於傍晚五點抵達。希特勒出來迎接他，並與他握手。張伯倫後來在給他妹妹伊達（Ida）的信中，報告了他第一印象的每個細節：

未戴帽子的元首站在階梯的一半處，穿著一件卡其色的絨面大衣，衣袖上的紅色臂章有一個卍徽，胸前別著十字勛章。他穿著像我們在晚上會穿的黑色長褲，還有繫了鞋帶的黑漆皮鞋。他的髮色是棕色，不是黑色，眼睛是藍色，他的表情相當不和善，特別是在他休息的時候，整體來看，他的外表完全不突出。你在一群人中絕不會注意到他，會以為他以前只是一個房屋油漆工。

希特勒帶領張伯倫上階梯到他的書房，只有一名翻譯員跟隨。他們談話，有時候語調激昂。「我已準備好面對一場世界大戰！」希特勒一度對著張伯倫大聲說。希特勒清楚表示他準備占領蘇台德區，不管全世界怎麼想。張伯倫想知道希特勒想要的是否就只是如此。希特勒說是。張伯倫注視希特勒良久，然後決定相信他。在給他妹妹的同一封信中，張伯倫寫到他事後聽接近希特勒的人說，這位德國領導人感覺他是在「和一個男子漢」對話。張伯倫繼續寫道：

總之，我已建立某種程度的信心，而那就是我的目的，而且在我看來……儘管他外表冷酷無情，我想我的印象是，他是一個說話算話的人。

張伯倫第二天上午飛回英國。他在海斯頓機場（Heston Airport）的停機坪發表簡短演說。「昨天下午我與德國元首進行長談。」他說：「我現在很滿意我們對彼此心裡的想法已有充分的了解。」他們兩個人還會再見面，但下一次將在更靠近英國的地點。「那是為了讓一個老人家不必再長途跋涉。」張伯倫對在場的人說，博得一陣「笑聲和歡呼聲」。

二

張伯倫與希特勒的協商被大多數人認為是第二次世界大戰最大的蠢事之一。張伯倫被希特勒的咒語迷惑。他被談判桌上的爾虞我詐欺騙。他誤判了希特勒的意圖，而且未能警告希特勒如果違背承諾可能嚐到嚴重的後果。歷史對張伯倫並不仁慈。

但在那些批評之下是一個謎。張伯倫後來再飛到德國兩次。他與希特勒坐下來談了好幾個小時。兩個人談話、爭論、一起用餐、一起散步。張伯倫是那段期間唯一與希特勒長時間相處的同盟國領袖。他仔細觀察希特勒的行為。張伯倫再度訪問德國後告訴他妹妹希爾達（Hilda）：「我看到希特勒時，他的外表和舉止顯示風暴的訊號正在升高。」但是「他用雙手和我握手，而那是他只在特別友好時才會有的表現。」回到倫敦後，他告訴他的內閣，他看到的元首「沒有瘋狂的跡象，而是十分興奮」。希特勒沒有發瘋。他是理性的、意志堅定的：「他已想清楚他想要什麼，決心達成它，而且會堅持到一定程度。」

張伯倫的行事是根據我們所有人在了解陌生人時都遵循的相同假設。我們相信從個人互動蒐集的資訊是絕對寶貴的。你不會在僱用照顧你小孩的保母時不先會見那個人。公司不會盲目僱用員工，他們會把應徵者找來公司，仔細面試他們，有時候連續面談幾小時，而且不止一次。他們的做法和張伯倫一樣：直視對方的眼睛，觀察對方的外表和行為，然後做出結論。**元首用兩手和我握手**。但張伯倫從與希特勒的個人互動得到的額外資訊，並未幫助他更清楚了解希特勒，反而幫了倒忙。

是因為張伯倫太過天真嗎？也許是。他的外交事務經驗極其貧乏。他的批評者之一後來比喻他像一個初次進酒吧的傳教士，對「社交聚會和胡鬧場合」的差別一無所知。

但這個模式不只發生在張伯倫身上，它也影響後來出任張伯倫外務大臣的哈利法克斯伯爵。哈利法克斯是貴族，伊頓公學和牛津大學的優秀畢業生。他在兩次大戰中間擔任印度總督，與甘地（Mahatma Gandhi）進行高明的協商。他擁有張伯倫欠缺的所有優點：世故、老練、深具魅力、是知識分子——一個有虔誠宗教信仰的人，以至於邱吉爾給他「聖狐」（Holy Fox）的稱號。

一九三七年秋季，哈利法克斯前往柏林，與德國元首在貝希特斯加登（Berchtesgaden）會面：他是英國統治圈中唯一也與希特勒會談的人。他們的會談不是徒具形式的外交接待。剛開始哈利法克斯把希特勒誤認為一名僕役，差點把他的大衣遞給他。接下來五小時，希特勒展現他就是道地的希特勒：悶悶不樂、咆哮、岔開話題、譴責。他談到他多麼痛恨新聞媒體。他談到共產主義的邪惡。據另一位英國外交官當時的描述，哈利法克斯以「混合了驚訝、厭惡和同情」的心情看待希特勒的表演。

哈利法克斯在德國待了五天。他與希特勒的兩名高層閣員會面——戈林（Hermann Göring）和戈培爾（Joseph Goebbels）。他參加英國大使館舉行的晚宴，在那裡會見許多德國高層政治人物和企業家。回到英國後，哈利法克斯說，與德國領導階層的接觸「都是為了促進福祉」，這句話確實無可爭議。外交人員的職責就是如此。他從面對面的接觸得到對希特勒霸道和善變的寶貴見識。但哈利法克斯最終的結論是什麼?是希特勒不希望戰爭，而且不排除透過協商謀求和平。從來沒有人認為哈利法克斯天真，但他在和希特勒會面後和張伯倫一樣受到蠱惑。

和希特勒相處時間最長的英國外交官是駐德國大使韓德森(Nevile Henderson)。他多次會見希特勒，多次參加他的群眾大會。希特勒甚至為韓德森取了綽號「戴康乃馨的男人」，因為講究衣著的韓德森總是在衣領上別著這種花。韓德森一九三八年九月初參加過惡名遠播的紐倫堡群眾大會後，在發給倫敦的急件中寫到，希特勒看起來如此不正常，「他可能已超過瘋狂的界線」。韓德森沒有受到希特勒蠱惑，但他是否認為希特勒對捷克斯洛伐克有邪惡的意圖?不，他相信希特勒「跟所有人一樣厭惡戰爭」。韓德森同樣完全誤判希特勒。[2]

張伯倫、哈利法克斯和韓德森的盲目和前一章提到的第一個謎題完全不同。謎題一牽涉到原本聰明和專注的人不知道他們受到欺騙，而這裡的情況是有些人被希特勒欺騙，而有些人未被欺騙。這裡的謎題是，那些被欺騙的人是你預期不會被欺騙的人，而那些看到真相的人是你以為會被欺騙的人。

例如，邱吉爾一直相信希特勒完全是一個口是心非的惡棍。邱吉爾形容張伯倫訪問德國是「歷來最愚蠢的事」。但他對希特勒的認識只來自他的閱讀。張伯倫的內閣部長之一庫伯（Duff Cooper）一樣神智清醒，他驚恐地聽張伯倫描述與希特勒會面，後來他從張伯倫的內閣辭職以示抗議。庫伯認識希特勒嗎？不，英國外交圈高層只有一個人——在哈利法克斯之前擔任外務大臣的艾登（Anthony Eden）——曾見過希特勒並看到真相。但其他人呢？正確認識希特勒的人是那些完全不認識他的人。誤判希特勒的人是那些和他談過數小時話的人。

當然，這可能都是巧合。也許張伯倫這些人，不管是出於任何個人理由，他們只想看到他們想看到的希特勒，因此無視於他們看到和聽到的證據。只不過這個謎樣的模式處處可見。

三

這個法官正值中年，身材高大、白髮，從口音可以判斷他來自布魯克林區。讓我們暫且稱他索羅門（Solomon）。他在紐約州服務超過十年。他看起來不會蠻橫或嚇人。他深思熟慮，帶著出人意料的溫文態度。

那天是週四，在他的法庭通常是忙碌處理提訊案件的一天。被告都是過去二十四小時因涉嫌各種犯罪而遭逮捕的人。他們剛在拘留所度過一個難眠的夜晚，現在被上了手銬逐一帶上法庭。他們坐在一個隔離區裡的矮長凳上，隔離區就在索羅門左手邊。當叫到各個案件時，書記會遞給索羅門一個有被告犯罪紀錄的檔案夾，他會開始翻閱，盡可能加快速度。被告會站在索羅門正前方，被告的律師在一側，地區檢察官在另一側。律師和檢察官會說話，索羅門注意聆聽。然後他會決定被告是否必須交付保釋金，如果必須交，保釋金

2 韓德森認識更深的納粹官員之一是希特勒的副手戈林。韓德森常和戈林一起獵鹿。他們曾長時間交談。韓德森也相信戈林希望和平，而且認為在他的納粹狂熱下是一個正直的人。韓德森在戰爭爆發後不久寫的回憶錄記述他在柏林的日子，談到戈林「熱愛動物和小孩；而且在他自己的第一個小孩出生前，卡琳屋（Karinhall）的頂樓就有一間大遊戲室，裡面有各式各樣現代小孩喜歡的機械玩具。他最快樂的事莫過於在那裡玩玩具。誠然，那些玩具可能包括能投擲大炸彈炸毀毫無防衛村鎮的飛機模型，但當我為這件事指責他時，他表示納粹的生活觀不是追求過度的文明，也不教導小孩過於拘謹。」（如果你好奇納粹主義是什麼想法：教養有強悍心智的小孩。）

是多少。**這個完全陌生的人值得享有自由嗎？**

他回憶說，最難決定的是牽涉孩童的案件。一個十六歲的孩子可能被控犯一些可怕的罪行。如果他決定的保釋金夠高，那個孩子就會被關進紐約市惡名昭彰的賴克斯島（Rikers Island）監獄，在那裡——他盡可能委婉地說——基本上「每個角落都有一場暴動等著發生」。[3]當他在法庭抬頭看到孩子的媽坐在旁聽席時，這些案子就變得更難決定。「我每天都會碰上這種案件。」他說。他經常練習冥想，因為他發現那可以讓他放輕鬆些。

索羅門每天面對的問題與張伯倫和英國外交部在一九三八年秋季面對的問題很類似：他被要求評估一個陌生人的性格。而刑事司法系統假設——和張伯倫的假設一樣——做這種困難決定的最好時機是在評估者和被評估者先會面過之後。

舉例來說，那天下午稍晚，索羅門面對一名削瘦的短髮老人。他穿著藍色牛仔褲和古巴式襯衫，而且只會說西班牙語。他被逮捕是因為牽涉到他女友六歲孫子的「事件」。事件發生後，那名男孩立即告訴他父親。地區檢察官要求十萬美元保釋金。老人不可能有辦法籌出這筆錢。如果索羅門同意地區檢察官的金額，這名穿著古巴襯衫的老人將直接被送入監獄。

另一方面，那名老人否認有做任何壞事。他有兩次犯罪紀錄——但都是輕罪，且發生在許多年前。他有一份技師的工作，如果入獄將丟掉工作，而且他用這份收入供養前妻和十五歲的兒子。所以索羅門必須考慮那個十五歲的兒子仰賴父親的收入生活。他當然也知道，六歲的男孩不是最可靠的證人。因此索羅門沒有辦法確定這究竟是一個大誤會，或牽涉到某種邪惡的行為模式。換句話說，是否讓這個穿古巴襯衫的男人自由——或讓他入獄等候審判——是一個極其困難的決定。為了做出正確的決定，索羅門做了絕大多數人在這種情況下會做的事：他直視這個人的眼睛，嘗試感受他的本性。這麼做是否幫上忙？或者法官也受制於和張伯倫一樣的謎？

四

這個問題最好的解答來自一個哈佛經濟學家、三個頂尖電腦科學家，和一位芝加哥大

3 法律後來修改過。被告必須滿十八歲才會被送往賴克斯島。

學的保釋專家所做的研究。這群人——為了方便起見，我以那位經濟學家的名字穆拉尹納山（Sendhil Mullainathan）代表他們——決定把紐約市當成他們的實驗場。他們蒐集從二〇〇八到二〇一三年在紐約市接受提訊聽證的五十五萬四千六百八十九名被告的紀錄，發現紐約市的法官裁定釋放的人數略超過四十萬人。

然後穆拉尹納山建立一套人工智慧系統，輸入和這些提訊案件中，檢察官提供給法官的相同資訊（被告的年齡和犯罪紀錄），並要求電腦處理這五十五萬四千六百八十九個案件，和列出電腦決定的四十萬名被釋放者。這是一場競賽：人類對機器。誰做出最好的決定？誰的名單在被保釋後犯的罪最少，以及準時在庭審日期到場的人最多？結果相當懸殊。電腦名單上的人在等候庭審期間犯罪的比率，比紐約市法官釋放的四十萬人少二五％。二五％！在這個競賽，人類遭機器輾壓。[4]

為了讓你對穆拉尹納山的電腦方法有一個概念：它標定所有被告中的一％為「具高度風險」，這些人是電腦認為絕對不應該在審判前釋放的。根據電腦的計算，高度風險組的人有超過大半被保釋後會再犯罪。不過，當人類法官處理同樣這組壞人時，他們完全不視這組人有危險性。他們會釋放這些人的四八．五％！「運算法標定為有高度風險的被告，有許多被法官當成只有低風險。」穆拉尹納山團隊做結論說：「這個比較顯示出，法官不純粹是為拘留設定一個高門檻，而是錯誤地對被告做分類……他們選擇拘留的被告是從整個預估風險分布挑出的。」換句話說：法官的保釋決定漫無標準。

我相信你同意這很令人困惑。當法官做保釋決定時，他們有三種資訊來源。他們有被告的紀錄──年齡、以前的犯行、他上次獲准保釋後發生的事、他住哪裡、在哪裡工作。他們有地區檢察官和被告律師的證詞：法庭上公開的所有資訊。他們還有自己親眼看到的

4 兩份四十萬名被告的名單有兩個技術上的差別：當穆拉尹納山說電腦的名單比法官的名單犯罪少二五%時，他把未在庭審日出現算成犯罪。其次，我相信你會好奇穆拉尹納山如何能這麼確定誰會不會在提訊釋放後犯罪。那不是因為他有一顆水晶球，而是他根據一套極為複雜的統計分析做的估計。以下是簡化的說明。紐約市的法官輪流處理保釋提訊聽證。基本上被告是被隨機分派給他們審理。紐約市（其他管轄區也一樣）的法官決定是否釋放某個人，或決定保釋金有多高的標準差別極大。有些法官很寬大，有些很嚴格。所以想像一組嚴格的法官處理一千名被告，並釋放其中二五%。另一組寬大的法官處理一千名條件類似的被告，並釋放其中的七五%。你可以藉由比較各組被釋放的被告犯罪的比率，知道有多少無害的人被嚴格的法官裁定入獄，和多少危險的人被寬大的法官釋放。這個估計也可以用在機器的預測上。當電腦對自己處理的一千名被告做決定時，它比嚴格的法官好多少，以及比寬大的法官好多少？這聽起來很複雜，而且確實也很複雜。但電腦系統是很周密的方法。如果想探究更完整的解釋，我建議你閱讀穆拉尹納山的論文。

證據：我對這個站在我面前的人有什麼感覺？

另一方面，穆拉尹納山的電腦看不到被告，也聽不到法庭上說的任何話。它知道的只有被告的年齡和犯罪紀錄。它能取得的資訊只有法官得到的一小部分——**但它在做保釋決定上的表現卻好得多。**

在我的第二本書《決斷 2 秒間》（*Blink*），我說到管弦樂隊在招募新人時，若是讓候選者在屏風後面試奏，他們可以做出遠為明智的決定。將部分資訊拿走，不提供給招募委員會，可以讓他們做出較好的判斷。但那是因為觀看某個人演奏時蒐集的資訊大部分是無關緊要的。如果你想判斷某個人是不是優秀的小提琴演奏者，知道那個人高大或矮小、英俊或醜陋、白人或黑人對你沒有幫助。事實上，那可能只會帶來讓你更難下判斷的偏見。

但就保釋決定來說，法官獲得的額外資訊似乎應該很有用。在索羅門的法庭上有過一個案例，一名穿籃球短褲和灰 T 恤的年輕男人被控與另一個人鬥毆，然後他用那個人被竊走的信用卡購買一輛汽車。在要求保釋時，地區檢察官指出，他在前兩次遭逮捕後未依照指定日期出庭。這是個嚴重的警訊。但「未出庭」的原因千奇百怪。如果通知被告出庭的日期錯誤呢？如果他當天請假可能丟掉工作，所以決定不值得為出庭犧牲工作呢？如果他的小孩正好住院呢？被告律師就是這麼告訴法官的：他的委託人有很好的理由。電腦並不知道這些，但法官知道。所以這些資訊怎麼會沒有幫助？

同樣地，索羅門說，他在保釋案件中最留意的是「精神病患者遭指控暴力犯罪」。這類案件是法官的夢魘。如果他們讓某個人保釋，然後那個人停止服藥，並犯下一些可怕的罪行。「後果可能是射殺警察。」索羅門說。

> 後果也可能是開車撞上一輛廂型車，害死一個懷孕的女人和她丈夫；傷害一個小孩；把人推到進站的地鐵火車前讓他們被輾死。那是任何可怕的事都可能發生的情況……沒有法官會希望自己是那個案件中做出保釋決定的人。

這類情況的一些線索就在被告的檔案裡：醫療紀錄、住院紀錄、被告被發現失能的情況。但其他線索只能在當時發現。

「你也會在法庭上不斷聽到『情緒失常者』（EDP）這個詞。」索羅門說。

使用這個詞的人可能是送被告來法庭的警察局，他們交給法庭一個信封，裡面裝著醫院的醫師在提訊前做的精神診斷……有時候這個資訊會放在地區檢察官的檔案夾，而地區檢察官會提出問題……那是我必須考慮的事實。

在這類案件中，他會看著被告——專注地，仔細地，以他的話來說，尋找：

某種漠然的表情，不敢做目光接觸。不是像青少年那樣額葉還未發展而無法做目光接觸。我說的是沒有服藥的成人……

穆拉尹納山的電腦沒有辦法聽到檢察官談到一個情緒失常者，它也無法看到露出馬腳的漠然表情。這個限制應該是索羅門和他的法官同僚的大優勢，但不知道什麼原因卻不是如此。

謎題二：為什麼面對一個陌生人，有時候反而讓我們比不見面更難了解他們？

五

張伯倫在一九三八年九月底第三次、也是最後一次訪問德國，就在他初次訪問兩週後。會談地點是慕尼黑的納粹黨辦公室——元首行館。義大利獨裁者墨索里尼（Benito Mussolini）和法國總理達拉第（Édouard Daladier）也受邀參加。這四個人帶著他們的幕僚在希特勒的私人書房會面。第二天早上，張伯倫問希特勒他們兩人能否單獨會談。這時候的張伯倫感覺他了解他的對手。

之前希特勒說他的野心僅限於捷克斯洛伐克時，張伯倫相信「希特勒說的是實話」。現在要做的只是把那個承諾形諸文字。

希特勒帶他到位於攝政王廣場的寓所。張伯倫拿出一張紙，他在上面已寫了一份簡單的協議，並問希特勒是否願意簽署這份協議。當翻譯官把這些話翻譯成德語時，「希特勒連聲說『好！好！』，最後他說『是的，我當然會簽字。』」張伯倫後來在寫給他妹妹的信中說。「『我們該什麼時候簽？』我回說『現在。』我們立刻走到寫字桌，並在我帶去的兩份文件上簽了我們的名字。」

那天下午，張伯倫飛回英國接受英雄式的歡迎。一群新聞記者湧向他。他從胸前的口袋拿出那張紙，向群眾揮舞它。「今日早上我和德國元首希特勒再度會談，這是一張上面簽了他的名字和我的名字的紙。」

然後他回到唐寧街十號首相官邸。

「我的好朋友，這是我們歷史上第二次有人從德國帶著和平與榮譽回到唐寧街。我相信這將為我們的時代帶來和平。我們從內心深處感謝你們。」

群眾歡呼。

「現在我建議你們回家，安穩地上床睡覺。」

一九三九年三月，希特勒入侵捷克斯洛伐克其他地區。他只過了六個月不到的時間就打破他與張伯倫的協議。一九三九年九月一日，希特勒入侵波蘭，世界大戰爆發。

換句話說，我們有不了解屬下情報員的中情局官員，有不了解被告的法官，也有不了解敵手的首相。我們有初次認識陌生人時不知道如何下判斷的人。我們有認識陌生人幾個月還不知道如何下判斷的人。我們有只見過陌生人一次不知道如何判斷，還有見過陌生人許多次還不知道如何判斷的人。他們不知道如何評估陌生人的誠實度。他們不知道如何判斷陌生人的個性，以及陌生人的意圖。

這個難題可大了。

六

最後一件事：

看下列的字，並填寫兩個空格的字母。要很快填寫，不要思考。

GL——

這是一個填字母任務，心理學家通常用來測試像是記憶這類功能。

我填成的字是GLUM（陰鬱）。記住它。下個字是：

——TER

我填成的字是HATER（仇恨者）。也記住它。以下是其餘的字：

S＿＿RE　STR＿＿＿　B＿＿T

P＿＿N　GO＿＿　PO＿＿＿

TOU＿＿　CHE＿＿　BA＿＿

ATT＿＿＿　＿＿OR　＿RA＿

BO＿＿　SL＿＿＿　＿＿＿EAT

FL＿＿T　SC＿＿＿

SL＿T　＿＿NNER

我從填出GLUM（陰鬱）和HATER（仇恨者）開始，然後又填出SCARE（害怕）、ATTACK（攻擊）、BORE（討厭的人）、FLOUT（輕蔑）、SLIT（裂縫）、CHEAT（欺騙）、TRAP（陷阱）和DEFEAT（打敗）。這是一串相當病態和憂鬱的字。但我不認為它揭露我靈魂裡的黑暗。我不憂鬱，我是個樂觀主義者。我認為第一個字GLUM自己躍入我腦子，然後我跟著那個思緒進行下去。

幾年前，由普洛寧（Emily Pronin）領導的一個心理學家團隊對一組人做相同的實驗。普洛寧要他們填字母空格，然後問他們相同的問題：你認為你填出來的字透露出你的哪些特性？例如，假如你從TOU——填出TOUCH（接觸），那是否表示你和填出TOUGH（強悍）這個字的人是不同種類的人？填字者的想法和我的想法一樣。**它們只是字**。

「我不同意填出來的字可以判斷我的人格。」普洛寧的實驗對象之一寫道。其他實驗對象也這麼認為：

> 「這些填字似乎沒有透露我的什麼個性……它們是隨便寫的。」
>
> 「我寫的一些字似乎與我的世界觀相反。例如，我希望我不會擔心一定要很STRONG（強）、BEST（最好），或是一個WINNER（贏家）。」
>
> 「我真的不認為我的填字透露出我的什麼個性……那只是剛好想到。」
>
> 「沒有透露什麼……它們只透露我的詞彙。」

「我真的不認為有什麼關聯……那些字是隨機的。」

「PAIN（痛苦）、ATTACK（攻擊）和THREAT（威脅）這些字好像類似，但我不知道它們透露我的什麼個性。」

但結果很有意思。普洛寧給實驗對象看其他人填的字。這些人彼此都不認識。普洛寧問實驗對象相同的問題。你認為這個陌生人填出的字透露出什麼？這次普洛寧的實驗對象完全改變了他們的想法。

「他似乎沒有讀多少書，因為（對我來說）B－－K要填的字當然是BOOK。BEAK（鳥喙）看起來是隨便填的字，而且可能顯示心思不專注。」

「我感覺填這些字的人很虛榮，但基本上是個好人。」

記住，這些人就是剛才否認這個實驗有任何意義的那些人。

「這個人似乎很目標導向，並且想到競爭的情況。」

「我感覺這個人可能在他或她的生活中經常感到疲倦。除此之外，我想他或她可能會對與某個異性有親密個人互動感興趣。這個人可能也喜歡玩遊戲。」

同樣這個人之前說「這些填字似乎沒有透露我的什麼個性」，然後過一會兒談論完全陌生的另一個人時說：

「我這個女孩是在月經期……我也認為她感覺自己或別人涉入一個不誠實的性關係，根據的是WHORE（妓女）、SLOT（類似slut〔蕩婦〕）、CHEAT（欺騙）這些字。」

這種回答不勝枚舉，而且沒有人察覺自己陷在自我矛盾中。

「我猜當中有一些關聯……他談到許多有關於錢和BANK（銀行）。這其中有許多相關性。」

「他似乎專注在競爭和獲勝。這個人可能是運動員，或是一個競爭心很強的人。」

「看起來這個人似乎對他努力做的事情有樂觀的展望。大部分字，例如WINNER（贏家）、SCORE（得分）、GOAL（目標）顯示某種競爭性，再加上術語，顯示他是一個競爭類的運動員。」

如果這組實驗對象看到我填的字GLUM（陰鬱）、HATER（仇恨者）、SCARE（害怕）、ATTACK（攻擊）、BORE（討厭的人）、FLOUT（輕蔑）、SLIT（裂縫）、CHEAT（欺騙）、TRAP（陷阱）和DEFEAT（打敗），他們可能擔心我的靈魂出了問題。

普洛寧稱這個現象為「不對稱見解的幻覺」。她寫道：

我們深信我們了解別人勝過別人了解我們——我們對他們有他們沒有的獨到了解（但反過來不成立）——導致我們在應該傾聽時卻說話，以及在他人表達他們被誤解或遭到不公平批判時卻缺乏耐性。

這就是前述兩個謎題的核心問題。中情局古巴站的案件專員確信他們可以評估手下間諜的忠誠。法官在必須評估被告的性格時，不會輕言放棄。他們給自己一、兩分鐘時間，然後武斷地下判斷。張伯倫從未質疑他大膽規避戰爭的計畫是否明智。如果希特勒的意圖不明，身為首相的張伯倫認為他的職責就是到德國去弄明白。

我們認為我們可以根據薄弱的線索來輕易看穿別人的心。我們一有機會就大膽地對陌生人下判斷。當然，我們不會這樣對待自己。我們是微妙、複雜而且難以捉摸的。但陌生人很簡單。

如果我在這本書能說服你一件事，但願那就是：陌生人並不簡單。

第二篇

預設為真

第三章

古巴女王

一

讓我們再看另一則古巴的間諜故事。

一九九〇年代初，成千上萬名古巴人開始逃離卡斯楚政權的統治。他們拼湊粗糙的小船——用汽車內胎、金屬桶、木門和任何派得上用場的材料——展開穿越佛羅里達海峽前往美國的九十哩危險航行。有人估計，多達二萬四千人在嘗試橫渡海峽時喪生。那是一場人權災難。在這種情況下，邁阿密的一群古巴僑民創立了稱為兄弟救援會（Hermanos al Rescate）的組織。他們成立一支由單引擎西斯納天空大師（Cessna Skymaster）飛機組成的臨時空軍，在佛羅里達海峽上空飛行，從空中尋找難民，並以無線電告知海岸防衛隊。兄弟救援會拯救了數千條人命，他們變成了英雄。

漸漸地，這些僑民變得愈來愈積極。他們開始飛進古巴領空，在哈瓦那投擲傳單，呼籲古巴人起義推翻卡斯楚政權。已經因為難民逃亡而難堪的古巴政府十分氣憤。緊張情勢升高，在一九九六年二月二十四日來到高點。當天下午，三架兄弟救援會的飛機起飛前往佛羅里達海峽，當它們接近古巴海岸線時，兩架古巴空軍米格戰鬥機擊落其中兩架，機上四個人全部喪命。

攻擊事件引發立即的抗議。聯合國安全理事會通過譴責古巴政府的決議案。表情嚴肅的柯林頓總統召開記者會。邁阿密的古巴僑民群情激憤。那兩架飛機是在國際領空遭擊落，使這個事件等同於交戰行為。新聞界取得古巴戰鬥機駕駛員的無線電談話內容：

「我們擊中他了，混蛋，我們擊中他了。」

「我們幹掉他們了，混蛋。」

「我們打下他們了。」

「王八蛋。」

「標記我們幹掉他們的地方。」

「這些傢伙再也不敢來惹我們了。」

然後，在另一架米格戰鬥機鎖定第二架西斯納單引擎飛機後：

「回老家或者給我死，你們這些王八蛋。」

但在爭議中，故事突然轉向了。一個名叫卡羅爾（Eugene Carroll）的退役美國海軍少將接受有線電視新聞網（CNN）訪問。卡羅爾在華盛頓是個有影響力的人物，曾擔任駐歐洲美軍的重要職位，控制七千項武器。卡羅爾說，就在兄弟救援會遭擊落前不久，他和一群軍事分析師已和古巴高級官員會面。

CNN：少將，你能不能告訴我們，你的古巴之行發生什麼事，你和誰會談，以及談了些什麼？

卡羅爾：古巴國防部是我們的東道主。托洛（Rosales del Toro）將軍……接待我們，參觀古巴基地、古巴學校、他們蓋好一半的核電廠等等。在與托洛和他的幕僚長的漫長討論中，有人提出有關美國飛機飛過界的問題——不是政府飛機，而是從邁阿密起飛的私人飛機。他們問我們：「要是我們擊落一架這種飛機會怎麼樣？你們知道，我們有能力打下它們。」

卡羅爾將他的古巴東道主提出的問題視為不算委婉的警告。CNN繼續做訪問：

CNN：那麼，你回來後把這個資訊轉達給誰？

卡羅爾：我們回來馬上與國務院和國防情報局的人員約見，討論相關情勢。

國防情報局（DIA）是美國政府中三個主管外國情報的機構之一，其他兩個是中情局和國家安全局。如果卡羅爾已和國務院以及國防情報局會談過，那就表示他已盡可能把古巴的警告轉達給美國政府的高層人員。那麼國務院和國防情報局是否慎重處理這個警告？他們是否介入並阻止兄弟救援會繼續闖進古巴領空？顯然沒有。[1]

卡羅爾的評論傳遍華盛頓特區決策圈。這是很難堪的爆料。古巴擊落飛機發生在二月二十四日。卡羅爾對國務院和國防情報局轉達警告是在二月二十三日。一位知名的華盛頓圈內人在危機發生「前一天」與美國官員見面，明白警告古巴人已對兄弟救援會失去耐性，但他的警告遭到忽略。原本是古巴的暴行，現在轉變成美國外交無能的故事。

CNN：但這些飛機是非武裝民航飛機，從這個立場要怎麼說？

卡羅爾重複述說他在哈瓦那被告知的話。

卡羅爾：這是一個很敏感的問題。他們飛到哪裡？他們在那裡做什麼？我給你一個比喻。假設來自墨西哥的飛機飛過聖地牙哥上空，投下傳單並煽動群眾反對（加州）州長威爾森（Wilson）。我們在警告這些飛機之後，會再容忍這種飛越上空多久？

卡斯楚沒有被邀請上CNN為自己辯護，但他不必這麼做，有一位海軍少將已經說清楚他的立場。

二

接下來三章的《解密陌生人》將用來討論名叫萊文（Tim Levine）的心理學家提出的概念，他是在社會科學領域中，最深入研究我們為什麼被陌生人欺騙的人。第二章將透過主持史上最大規模龐氏騙局的投資人馬多夫的故事，來探究萊文的理論。第三章將檢視被判性侵有罪的賓州州立大學足球教練山達斯基這個奇怪的例子。而在此處的第一章，談論的是美國和古巴在一九九六年的危機時刻引發的結果。

1 國務院曾透過正式管道告知兄弟救援會，說任何靠近古巴的飛行計畫都不會獲准。但顯然這個警告不管用。

CNN：少將，國務院已發出其他警告給兄弟救援會，警告這件事，不是嗎？

卡羅爾：警告沒有用……他們知道（兄弟救援會）提出假飛行計畫，然後實際上是飛到古巴，而這是古巴厭惡這件事的原因之一，就是美國政府沒有執行自己的規定。

卡羅爾少將和古巴擊落飛機事件是否有任何讓你感覺奇怪的地方？這裡的巧合實在太多了。

一、古巴人策畫對在國際領空飛行的美國公民進行致命的攻擊。

二、在攻擊發生前一天，一位知名的軍方圈內人對美國官員傳達有關可能發生攻擊事件的嚴正警告。

三、而且很巧合地，那個發出警告的官員在攻擊事件後第二天，在世界最受推崇的新聞網上為古巴辯解。

這三件事的時機有點太過完美了，不是嗎？如果你是一家公關公司，嘗試讓一件很有爭議性的事件消音，那正是你希望安排的劇本。請一個看似中立的專家——馬上現身——說：「我警告過他們！」

這正是軍事反情報分析師布朗（Reg Brown）在事件發生後幾天想的事。布朗在國防情報局拉丁美洲部門工作，他的職務是了解古巴情報機構嘗試影響美國軍方行動的方式。換句話說，他的職責是警覺一般人會忽視的細微差別、隱藏在表面下和難以解釋的巧合，而布朗始終無法揮去古巴人暗中策畫整個危機的感覺。

舉例來說，後來發現古巴人在兄弟救援會有一個情報來源——一個叫羅克（Juan Pablo Roque）的飛行員。在攻擊事件前一天，他突然消失，然後又出現在哈瓦那，站在卡斯楚旁邊。顯然羅克告訴他在古巴的老大，兄弟救援會二十四日已計畫做什麼。這讓布朗無法想像卡羅爾選擇報告的日期只是巧合。為了製造最大的公關效果，古巴人當然會希望他們的警告在前一天才轉達，不是嗎？如此一來，國務院和國防情報局就無法推託責任，說警告太含糊或太久以前就發出。卡羅爾轉達的警告在飛行員從邁阿密起飛那天，剛好送到主管官員面前。

那麼是誰安排了會議？布朗心裡納悶。**誰挑選了二月二十三日？**他深入挖掘，得到的名字讓他大吃一驚。那是他在國防情報局的一個同事，一個名叫蒙提斯（Ana Belen Montes）的古巴專家。蒙提斯是個紅人，她屢次被挑選出來接受升遷和特殊職涯機會，並獲得無數次讚譽和獎金。她得到一面倒的好評。她是從司法部轉調到國防情報局，她的前主管之一在推薦文中描述她是他歷來最得力的部屬。她曾得過中情局局長譚內特（George Tenet）頒發的獎章。她在情報界裡的綽號叫「古巴女王」。

幾週過去了，布朗感到十分煎熬。要根據這種近乎偏執的揣測來指控一個同事背叛是非同小可的事，尤其是一個像蒙提斯這麼優秀的同事。最後布朗下定決心，向一個名叫卡邁可（Scott Carmichael）的國防情報局反情報官提出他的懷疑。

「他過來，然後我們利用午餐時間在附近散步。」卡邁可回憶他初次見布朗的情況。「他甚至幾乎沒談到蒙提斯。我是說，我只是聽到他不斷說『我的天啊』。他絞著雙手說『我不想鑄下大錯』。」

卡邁可慢慢地誘導他說出來。每個曾從事古巴方面工作的人都記得雅斯皮拉賈丟過的炸彈。古巴人實在很厲害，而布朗自己也找到證據。他在一九八〇年代末寫了一份報告，詳細記錄古巴高級官員涉入國際毒品走私。「他指認直接涉入的特定高層古巴官員。」卡邁可說：「並且提出具體事證。我是說班機、日期、時間、地點，誰對誰做了什麼，所有內情。」在布朗公布這份報告之前幾天，古巴人聚集每個他在調查中提及的人，處死其中幾個，並發表公開否認聲明。「然後布朗嚇一跳，『搞什麼鬼？』，有人洩密。」

這讓布朗變得神經質。在一九九四年，兩名古巴情報官員投誠，並說了一個類似的故事：古巴人有一個潛伏在美國情報機構高層的人。所以布朗會怎麼想？布朗問卡邁可，他的懷疑是不是合理？

然後，他告訴卡邁可另一件在兄弟救援會危機期間發生的事。蒙提斯在國防情報局位於華盛頓特區阿那卡斯提亞區波林空軍基地（Bolling Air Force Base）的辦公室工作。當那兩架飛機被擊落後，五角大廈召見她。如果你是政府的主要古巴專家之一，你必須到場備詢。擊落事件發生在週六，第二天晚上布朗打電話找蒙提斯。

「他說某個女人回應電話，告訴他蒙提斯已經離開。」卡邁可說。那天稍早，蒙提斯接到一通電話——而且之後她一直很煩躁。然後她告訴戰情室裡的每個人說她很疲倦，說當時沒什麼狀況發生，所以她準備回家。

布朗感到完全不可置信。蒙提斯的反應如此違反常情，他無法相信她說的話。每個人都知道，在危機發生時你被召見是因為你有一些專長，可以對決策過程提供助力。而在五角大廈，你必須等上級下令才能退席。這些都不言而喻。如果這麼高層級的長官召見你，因為北韓人突然對舊金山發射飛彈，你不會因為疲倦或肚子餓就離開。每個人都了解這一點，但她就是這麼做了。布朗只能想：「搞什麼鬼？」

在布朗的想法裡，如果她真的為古巴人工作，他們可能迫切需要聽到她的報告：他們希望知道戰情室裡發生什麼狀況。她在那天晚上和她的聯絡人會面嗎？這一切都有點天馬行空，也是讓布朗感到如此矛盾的原因。但古巴間諜確實存在，他知道這一點。而這個女人接到一通個人電話，就在對一個古巴專家來說是三十年來最大的一場危機中，放下工作跑出去。除此之外，她正好是安排海軍少將卡羅爾時機湊巧地轉達警告的人？

布朗告訴卡邁可，古巴人多年來早就想打下兄弟救援會的飛機，但他們沒有這麼做，因為那是很嚴重的挑釁，可能讓美國有藉口發動入侵以推翻卡斯楚。對古巴人來說那不值得——除非他們可以想出方法讓輿論站在他們這邊。

所以他發現蒙提斯不只是與卡羅爾少將同在房間裡的其中一人，而且她是策畫這件事的人。他看出其中的關聯，心裡想：「不得了，我發現了古巴的反情報影響戰企圖編造一個故事，而蒙提斯就是帶頭策畫與卡羅爾少將會面的人。這到底搞的是什麼鬼？」

幾個月過去了，布朗仍繼續調查。最後，卡邁可調出蒙提斯的檔案。她以高分通過最近一次的測謊。她沒有私下酗酒的問題，或銀行帳戶出現不明的款項進出。她沒有任何疑點。「我檢查過她的安全檔案和個人檔案後，我想布朗可能太離譜了。」卡邁可說：「這個女人會成為下一任國防情報局局長。她太傑出了。」他知道為了讓根據揣測進行的調查有正當性，他必須一絲不苟。他說布朗已經快「撐不下去」了，他必須讓布朗的懷疑有個確切的結果，不管結果是好是壞——正如他描述的「記錄下所有的證據」，因為如果蒙提斯被懷疑的事傳了出去，「我知道我會碰上一場大風暴」。

卡邁可召喚蒙提斯，他們在波林空軍基地的一間會議室會面。她長得漂亮、聰明、苗條，一頭短髮，有著鮮明甚至於嚴峻的五官。卡邁可心裡想：這個女人果真令人印象深刻。「她坐下來，距離我很近，幾乎就坐在我身邊，大概就這麼遠……」（他用兩手比出大約三呎的距離），「……我們坐在桌子同一邊，她交疊著腿。我想她不是故意疊腿的，我想她只是這樣坐較舒適。我剛好是喜歡美腿的男人——她不可能知道這點，但我喜歡美腿，而且我知道我有往下瞄。」

他問她有關卡羅爾少將會談的事。她有一套回答。那根本不是出自她的主意。她在國防情報局認識的某個人的兒子陪著卡羅爾去古巴，事後她接到一通電話。

她說：「我認識他父親，他父親打電話給我，說『嗨，如果你想要古巴最新的消息，你應該去看看卡羅爾少將』，所以我打電話給卡羅爾少將，我們查了我們的行事曆，決定二月二十三日是對我們都最方便的日子，所以就約了那一天。」

卡邁可知道她說的那個國防情報局員工。他告訴蒙提斯，他會找那個人查核她說的話。而她說：「請便。」

那麼，在戰情室接到的那通電話是怎麼回事？他問她。她說她不記得有接到電話，而卡邁可聽了感覺她似乎是說實話。九個月前的那一天又忙又亂。提早下班又是怎麼回事？

她說：「是的，我確實提早離開。」她馬上承認這件事。她並不是一概否認，那反而會讓人起疑心。她說：「是的，我確實提早離開。你知道，那天是週日，自助餐廳沒有開，我又很挑食，我有過敏症，所以我不吃販賣機的食物。我大約早上六點就到戰情室，離開時大約……晚上八點。我餓死了，沒有什麼事，他們不是很需要我，所以我決定先離開，回家吃點東西。」[2]這在我聽來很真實。的確很真實。

訪談之後，卡邁可開始查核她的回答。提出警告的日期確實好像是巧合。她朋友的兒子確實和卡羅爾一起前往古巴。

我得知她真的有過敏，她不吃販賣機的食物，她對吃東西很挑剔。我想，她是在週日到五角大廈。我去過那裡，自助餐廳週日不開。她工作一整天沒吃東西，然後她回家。我說：「這似乎言之成理。」

我查到什麼？我什麼也沒查到。噢，好吧。

2 這事實上是真的。蒙提斯嚴格控制自己的飲食，有一度限制自己「只吃未加調味料的水煮馬鈴薯」。中情局的心理學家後來做成的結論是，她有邊緣型強迫症。她也會用不同類的肥皂淋浴很久，並且開自己的汽車還戴手套。因為有這類情況，難怪人們對她經常很奇怪的行為會見怪不怪。

卡邁可告訴布朗別操心這件事。卡邁可把注意力轉向別的事情。蒙提斯回到她的辦公室。所有事都被遺忘和原諒，直到五年後，二〇〇一年的某一天，蒙提斯被發現每天晚上回家後，會把她當天工作時記憶的所有事情和想法打字記錄下來，並傳送給她在哈瓦那的聯絡人。

從她加入國防情報局那天起，蒙提斯一直是一個古巴間諜。

三

在典型的間諜小說裡，情報員總是狡猾而鬼祟。我們被敵人的聰明所蒙蔽。那就是許多中情局圈內人對雅斯皮拉賈爆料的解釋：**卡斯楚是天才。那些情報員是聰明的演員**。不過，實際上大多數危險的間諜很少像惡魔那樣。艾姆斯可能是美國歷史上造成最大破壞的叛徒，他的績效考評只是平庸，有酗酒問題，甚至沒有嘗試隱藏他所有為蘇聯當間諜獲得的錢。

蒙提斯也好不到哪兒去。就在她被逮捕前，國防情報局發現她用來寄發文件給哈瓦那的密碼……就放在她皮包裡。還有在她的公寓裡，她把短波無線電機藏在她衣櫃裡的一只鞋盒。

目睹雅斯皮拉賈揭發那場災難的中情局古巴專家拉特爾，與蒙提斯熟識。「她經常在我召開的會議中坐在我桌子的對面，當時我擔任國家情報官。」拉特爾回憶說。她不是很世故或很機靈。他知道她在國防情報局的風評很好，但對他來說，她看起來一直有點古怪。

> 我會嘗試和她攀談，但她總是給我一些奇怪的反應……當我在我召開的那些會議中嘗試指名她回答問題時——例如：「你認為卡斯楚在這件事上的動機是什麼？」——她會不知如何反應，現在回想起來就好像被汽車頭燈照到的鹿。她畏怯了。即使是生理上她也會表現出某種反應，讓我忍不住想：「噢，她很緊張，因為她是個很糟的分析師。她不知道該怎麼回答。」

他說，有一年，蒙提斯被批准進入中情局的傑出分析師計畫，這是一個提供各政府機構情報官員一個研休年的計畫。她申請到哪裡研休？當然是古巴。

「她接受這個計畫的贊助到古巴，你能想像嗎？」拉特爾說。如果你是古巴間諜，想隱瞞你的意圖，你會要求接受公費在哈瓦那研休一年嗎？拉特爾是在事後近二十年談論這件事，但她厚顏無恥的行為至今仍讓他驚訝。

她以中情局傑出情報分析師的身分前往古巴。當然，古巴人很高興接待她，特別是花我們的錢，而且我確信她在那裡時，他們給予她各種祕密專業訓練。我懷疑——我無法證實，但我很肯定——她與卡斯楚見過面。卡斯楚喜歡與他的重要情報員會面，鼓勵他們，讚揚他們，慶祝他們成功地共同對抗中情局。

蒙提斯回到五角大廈後，寫了一篇她完全不掩飾其偏見的論文。

她的主管讀到她的論文時，應該舉起各式各樣的紅旗，甚至要鳴槍示警才對，因為她說的一些有關古巴軍方的事完全說不通——除非是從古巴的觀點看。

但有任何人舉起紅旗嗎？拉特爾說他從來沒懷疑她是間諜。「有一些和我的階層一樣，或接近我這個階層的中情局官員認為，她是最優秀的古巴分析師。」他說。所以他為自己的不安合理化。「我從來就不信任她，但我的理由是錯誤的，而那是我最大的遺憾之一。我堅信她是一個很糟糕的古巴分析師。的確，她是很糟的古巴分析師，因為她不是為我們工作。她是為卡斯楚工作。但我從沒有把這些點連接起來。」

其他人也沒有。蒙提斯有一個弟弟叫提托（Tito），是一個聯邦調查局幹員。他被蒙在鼓裡。蒙提斯的妹妹也是聯邦調查局幹員，這個妹妹曾在揭發邁阿密的古巴間諜網中立下大功。她也不知情。蒙提斯的男友也為五角大廈工作。信不信由你，他的專長是拉丁美洲情報。他的工作是對付像他女朋友這種間諜。他對蒙提斯的事不知情。當蒙提斯最後被逮捕時，她部門的主管聚集她的同事，告訴他們這件事。許多人驚呼不可能。國防情報局找了一整隊心理學家提供內部諮商服務。她的主管幾乎崩潰。他們全都料想不到。在她的小隔間，有一個取自莎士比亞《亨利五世》（*Henry V*）的引句被貼在牆上大約眼睛高度的地方——所有人都能看到。

他們的一切意圖，國王已全知道
藉由他們做夢也想不到的攔截。

或者用更直接的方式說：美國的一切意圖，古巴女王已全記下來——藉由她身邊的人做夢也想不到的方法。

間諜能夠成功不是「他們」特別聰明，而是「我們」出了問題。

四

在心理學家萊文的職業生涯中，他曾經做過數百次相同的簡單實驗。他邀請學生到他的實驗室，給他們一個小測試。亞洲最高的山是什麼山？就是這類測試。如果他們回答問題正確，就能贏得一筆現金獎勵。

為了協助學生，他們會有一個夥伴。他們從未見過這個人，而且他們不知道這個人為萊文工作。房間裡還有一個名叫瑞秋（Rachel）的指導員。測試到一半時，瑞秋會突然被叫走。她會離開並到樓上去。接著精心安排的表演開始了。那個夥伴會說：「我不認識你，但我需要那筆錢。我想答案是放在那裡。」他指著桌上明顯的地方放著的一只信封袋。「他們可以自己決定是否作弊。」萊文解釋說。在約三〇％的例子裡，他們會作弊。「然後，」萊文繼續說：「我們訪問他們『你們有作弊嗎？』」

世界各國研究人類欺騙行為的學者很多，有關我們為什麼說謊和如何偵測那些謊言的理論，比有關甘迺迪被暗殺的理論還多。在這個人才輩出的領域裡，萊文的表現備受矚目。他仔細地建構了一套完整的有關欺騙的理論。[3]這套理論的核心就是他從那些初期的小測試做的研究所獲得的洞見。

我和萊文在他的伯明罕阿拉巴馬大學辦公室，觀看約十幾支實驗後的訪談錄影帶，以下是典型的訪談之一，對象是一位有點迷糊的年輕人。我們暫且稱他為菲利普（Philip）。

3 萊文在他的書《受騙：預設為真理論和說謊與欺騙的社會科學》（*Duped: Truth-Default Theory and the Social Science of Lying and Deception*. Tuscaloosa, AL: University of Alabama Press, 2019），闡明他的理論。如果你想了解欺騙如何發揮作用，這是下手最好的地方。

訪問者：好，那麼……你以前玩過「機智問答」（Trivial Pursuit）遊戲嗎？

菲利普：不常玩，不過我想我有玩過。

訪問者：在剛才的遊戲裡，你覺得那些問題困難嗎？

菲利普：是的，有的很難。我剛才想：「這到底是什麼問題？」

訪問者：如果你打分數一到十分，一代表容易，十代表困難，你會打幾分？

菲利普：我會給它們打八分。

訪問者：八分，沒錯，它們相當不容易。

然後菲利普被告知，他和他的夥伴在測試中表現很好。訪問者問他為什麼。

菲利普：團隊合作。

訪問者：團隊合作？

菲利普：是的。

訪問者：好的，很好。嗯，我有把瑞秋叫出房間一會兒。當她出去後，你們有作弊嗎？

菲利普：好像有，沒有。

菲利普的口齒有點模糊不清，然後他把視線轉開。

訪問者：你說的是實話嗎？

菲利普：是。

訪問者：好吧。等我訪問你的夥伴，我問她時她會怎麼說？

錄影帶裡這時候有一陣不舒服的沉默，彷彿這名學生正嘗試兜攏他的說法。「顯然他正在絞盡腦汁思考。」萊文說。

菲利普：沒有。

訪問者：沒有？

菲利普：是。

訪問者：好，很好。我只需要聽到你這麼說。

菲利普說的是實話嗎？萊文已播放菲利普的錄影帶給幾百人看，而幾乎每個看過的人都正確地指認菲利普是欺騙者。當「夥伴」向萊文證實，菲利普等瑞秋離開房間後，立刻就看了信封裡的問題解答。菲利普在測試完後的訪談說謊，而且是很明顯的說謊。「他沒有堅定的表態。」萊文說。

我也有相同的感覺。事實上，當菲利普被問到：「你有作弊嗎？」並回答：「好像有，沒有。」我忍不住叫出來：「噢，他很糟糕。」菲利普移開視線，他很緊張，他無法保持鎮定的表情。當訪談者繼續問：「你說的是實話嗎？」菲利普實際上停頓了一下，好像他必須先思考才能回答。

他很容易判斷。但我們觀看更多錄影帶，判斷的難度愈來愈高。以下是第二個例子，讓我們稱呼他盧卡斯（Lucas）。他長得英俊，能言善道，充滿自信。

訪問者：我必須問你，當瑞秋離開房間後，有發生任何作弊嗎？
盧卡斯：沒有。
訪談者：沒有？你告訴我的是實話？
盧卡斯：是的，是實話。
訪談者：當我訪問你的夥伴，問她相同的問題時，你認為她會怎麼說？
盧卡斯：說同樣的話。
「每個人都相信他。」萊文說。「我」相信他。但盧卡斯說謊。
萊文和我花了上午大部分時間觀看他的小測驗錄影帶，到最後，我已經快宣布放棄了。我不知道要怎麼判斷任何人。
萊文研究的重點是想解答人類心理學最大的謎題之一：為什麼我們對察覺別人的謊言如此笨拙？你以為我們很擅長察覺別人的謊言。邏輯上來說，如果人類能知道別人在欺騙他們，那對他們的生存將很有幫助。數百萬年的演化「應該」已培養出人偵測細微的欺騙跡象的能力。但人並沒有培養出來這種能力。

萊文有一次在重複他的實驗時，把他的錄影帶分成兩半：二十二名說謊者和二十二名說實話者。平均而言，觀看過全部四十四段影片的人，正確分辨出五六%的說謊者。其他心理學家曾嘗試這個實驗的類似版本，他們得到的辨識比率為五四%。每個人的辨識力都很差：警官、法官、治療師——甚至管理龐大海外間諜網的中情局官員。**每個人**。為什麼？[4]

萊文的回答是所謂的「預設為真理論」(Truth-Default Theory; TDT)。

萊文的論據來自他的研究生朴熙仙（Hee Sun Park，音譯）的發現。當時萊文還處於剛開始做這項研究的階段，他和其他心理學家一樣，對我們為什麼應該很擅長判斷別人是否欺騙、但實際上卻很笨拙感到百思不解。

「她（朴熙仙）的第一個重大發現是，五四%的欺騙辨識率是涵蓋說實話和說謊話的平均數。」萊文說：「如果你拆開來看……有多少人能正確分辨說實話，和有多少人能正確分辨說謊話，你就會得到大不相同的理解。」

他的意思是，如果我告訴你，你對萊文的錄影帶分辨正確的比率大約五〇%，那麼自然的假設是你的正確率和隨機猜測差不多——也就是你根本無法分辨。但朴熙仙的看法並非如此。我們正確分辨哪些學生說實話的比率遠高於機率，但我們正確分辨哪些學生說謊話的比率遠低於機率。我們看完所有錄影帶，然後我們猜測──「實話、實話、實話、實話」──這表示我們猜對大部分說實話的訪談錄影帶、但猜錯大部分說謊話的錄影帶。我們有「預設事物是真實」的傾向：我們的基本假設是，我們面對的人是誠實的。

萊文說，他自己的實驗近乎完美地證明了這個現象。他邀請人來參加一場可以獲得錢的測驗遊戲。突然指導員被叫到房間外，**但她剛好把測驗的解答放在桌上明顯的地方！**萊文說，照理說實驗對象這時候應該會覺得「這也太巧合了吧」。這些實驗對象都是大學生，他們並不笨。他們應徵參加一場心理實驗，他們被分派一個他們從未見過的「夥伴」，這個人慫恿他們作弊。你可能認為他們會懷疑這其中可能有詐。但他們沒有懷疑！

「有些人覺得指導員離開房間可能是個陷阱。」萊文說：「但幾乎沒有人覺得他們的夥伴是假裝的……所以他們認為可能有隱藏的目的。他們認為這可能是個陷阱，因為實驗是設計出來的，對不對？但和他們說話聊天的這個人呢？當然不是陷阱。」他們從未質疑

4 在我的書《決斷2秒間》中，我寫到艾克曼（Paul Ekman）認為有少數人有能力成功地察覺說謊者。有關艾克曼與萊文的辯論，請參考本書最後「註解」中的延伸評論。

這一點。

要跳出預設為真的模式需要萊文所稱的「觸發器」。觸發器和懷疑（第一個懷疑的念頭）不一樣。我們只有在反對我們初始假設的理由變得明確時，才會跳出預設為真的模式。換句話說，我們的行為不像神智清醒的科學家，慢慢蒐集某件事是真實或虛假的證據，然後達成一個結論。我們的作法剛好相反。我們先相信，直到我們的懷疑和疑慮達到再也無法自圓其說的程度，然後我們停止相信。

這種說法聽起來好像社會科學家慣有的吹毛求疵，其實不然，這是一個根本的重點，可以解釋原本令人百思不解的行為。

例如，心理學中最著名的發現之一：米爾格拉姆（Stanley Milgram）的服從實驗。一九六一年，米爾格拉姆從紐哈芬（New Haven）徵求自願者加入他宣稱的一項記憶實驗。每個人都與一個名叫威廉斯（John Williams）的年輕人見面，這個陰鬱、嚴肅的年輕人解釋，他們將在實驗中扮演「老師」的角色。威廉斯介紹他們認識另一位自願者，這個人就是神情愉悅的中年人華勒斯先生（Mr. Wallace）。他們被告知，華勒斯先生將扮演「學習者」。他將坐在相連的一個房間，以電線連接一架複雜的機器，那機器可以施加高達四百五十伏特的電擊。（如果你很好奇四百五十伏特是什麼感覺，那是不會造成組織傷害的最高電擊量。）

扮演老師的自願者指示學習者進行一連串的記憶任務，而每次學習者失敗時，老師將給他愈來愈大的電擊懲罰，以便判斷施予懲罰是否影響學習者執行記憶任務的能力。隨著電擊升高，華勒斯會因為痛苦而發出叫聲，最後他會開始搥打牆壁。但如果「老師」態度動搖，負責實驗的指導員會催促他們繼續下去：

「請繼續進行。」

「這個實驗要求你繼續進行。」

「你絕對必須繼續進行。」

「你沒有別的選擇，必須繼續進行。」

這個實驗如此著名的原因是，實際上所有自願者都遵照要求做。六五％的人最後都對那個倒楣的學習者施加最大電擊量的懲罰。在第二次世界大戰後——在納粹集中營的德國警衛被命令做了哪些事曝光後——米爾格拉姆的發現驚動全世界。

但對萊文來說，這個實驗還有第二個教訓。自願者現身與執行實驗的年輕人威廉斯見面。他實際上是當地的高中生物學老師，以米爾格拉姆的話來說，選中他是因為他「看起來像了解技術的人，而且平板無趣，是那種你在電視上看到會聯想到太空計畫的人」。威廉斯在實驗中說的所有話，都是照著米爾格拉姆親自寫的劇本說的。

「華勒斯先生」事實上是一個名叫麥唐諾（Jim McDonough）的人，為鐵路公司做事。米爾格拉姆感覺他可以勝任扮演受害者的角色，因為他「溫和又順服」。他痛苦的哀嚎被預先錄下，並以擴音器播放。這個實驗是一齣業餘小戲劇的製作，而「業餘」是這裡的關鍵詞。米爾格拉姆的實驗不是為百老匯舞台製作。米爾格拉姆自己描述說，華勒斯先生是個蹩腳的演員。而且含蓄地說，實驗的每一部分都誇張得離譜。電擊機器實際上不會發出電擊。不只一個參與者看到角落的擴音器，並懷疑華勒斯的叫聲為什麼來自那裡，而非華勒斯被困住的房間門後。而如果實驗的目的是為了衡量學習，為什麼威廉斯把所有時間花在與老師在一起，而不是與房門後面的學習者在一起？這不是已明顯表示他想觀察的是施加痛苦的人，而非接受痛苦的人？就騙局來說，米爾格拉姆的實驗算是相當透明。但正如萊文的小測驗一樣，人會落入圈套。他們預設這是真的。

一名實驗對象在後續的問卷中寫給米爾格拉姆說：「實驗結束後至少有兩週的時間，

我真的查看了《紐哈芬紀錄報》的訃聞，我想知道我是否涉及所謂的學習者致死事件——知道他的名字不在死亡名單後，我才如釋重負。」另一個實驗對象寫道：「相信我，當華勒斯先生對更強的電擊沒有反應時，我真的以為他可能死了。」這些人都是成年人——不是涉世未深的大學生——他們顯然深信一所聲譽卓著的高等學術機構會在它的地下室進行一項可能致命的酷刑實驗。「那個實驗對我留下極大的陰影。」另一個人寫道：「那天晚上我一直冒冷汗和做噩夢，因為擔心我可能已害死坐在那張椅子的那個男人。」

但這才是更重要的細節。米爾格拉姆的實驗對象並非輕易受騙的人。他們有疑惑——許多疑惑！佩里（Gina Perry）在她引人入勝的服從實驗史《電擊儀的背後》（*Behind the Shock Machine*）中，訪問一位退休的工具製造師迪年（Joe Dimow），他是米爾格拉姆初始的實驗對象之一。「當時我覺得『這很古怪』。」迪年告訴佩里。迪年當時確信華勒斯是在假裝。

> 我說過我不知道究竟發生了什麼事，但我內心是有懷疑的。我當時心想：「如果我的懷疑正確，那麼他（學習者）是和他們串通好的；他一定是。而且我完全沒

有施加電擊。他只是每隔一會兒就發出叫喊的聲音。」

但後來華勒斯先生在實驗結束時從上鎖的房間走出來，並做了一個小動作。迪年回憶說，他看起來很「憔悴」和激動。「他走進來時拿著一條手帕，擦他的臉。他走向我，伸出他的手來和我握手，並說：『我要謝謝你停止它……』當他走過來時，我想：『哇，也許這是真的。』迪年原本很確定他被騙了。但只要說謊者之一繼續假裝更久一點——看起來有點生氣，並用手帕擦拭額頭——就可以讓迪年棄子投降。

看看米爾格拉姆實驗的所有統計：

我完全相信學習者受到痛苦的電擊。	五六．一%
雖然我有一些疑惑，但我相信學習者可能受到電擊。	二四%
我不確定學習者是不是受到電擊。	六．一%
雖然我有一些疑惑，但我認為學習者可能沒有受到電擊。	一一．四%
我確定學習者沒有受到電擊。	二．四%

超過四〇%的自願者發現事有蹊蹺——一些暗示實驗不是外表看起來那樣的線索。但那些疑惑還不足以觸發他們跳出預設為真的模式。這是萊文強調的重點。你相信一個人不是因為你對他（或她）沒有疑惑。相信不等於沒有疑惑。你相信一個人是因為你對他的疑惑不夠多。

我後面還會談到「一些」疑惑和「夠多」疑惑的差別，因為我認為那是關鍵。只要想想你曾經以後見之明批評某某人多少次，說他們沒有聽出別人的謊言。**你應該知道他們說謊，因為警訊俯拾皆是。你有疑惑。**萊文會說，這是了解這個問題的錯誤方法。正確的問題是：是不是有足夠的警訊，把你推出相信的門檻？如果沒有足夠的警訊，那麼你受制於預設為真的模式，也只是正常人的反應。

五

蒙提斯成長於巴爾的摩富裕的郊區。她父親是精神科醫生，她畢業於維吉尼亞大學，然後獲得約翰霍普金斯大學外交碩士學位。她是尼加拉瓜馬克思主義桑定政府的狂熱支持者，當時美國政府正積極設法推翻這個政府，但她的行動主義吸引中情局古巴站招募者的注意。一九八五年她祕密走訪哈瓦那。「她的聯絡人在她不知情的協助下，發現她的弱點並利用她的心理需求、意識形態和個人病態招募她，並灌輸她為哈瓦那工作的動機。」中情局在一份總結她職涯的報告中如是說。她的新同事鼓勵她申請在美國情報機構工作，在同一年，她加入國防情報局——並且一路快速升遷。

蒙提斯每天第一件事是到辦公室上班，她在自己的辦公桌吃午餐，避免與他人來往。她單獨住在華盛頓特區克里夫蘭公園社區一棟兩房的公寓。她從未結婚。國防情報局反情報官員卡邁可在對蒙提斯的調查過程中，蒐集每個蒙提斯的同事用來描述她的形容詞。這是一串令人印象深刻的清單：害羞、安靜、清高、冷靜、獨立、自主、冷漠、聰明、嚴肅、用心、專注、勤勉、靈敏、迅速、喜歡操縱、惡毒、不擅社交、野心勃勃、迷人、自信、公事公辦、一絲不苟、有主見、深思熟慮、平靜、成熟、不慌不忙、有能力、能做事。

蒙提斯以為她與卡邁可會面是因為他在執行例行的安全查核。所有情報官員都必須定期接受測謊，才能繼續保有安全通關權限。她的應對顯得很草率。

「她剛開始嘗試打發我，告訴我——雖然是真的——她剛被指派擔任代理站長。」卡邁可回憶說：「她說她的責任非常重，要開許多會和做許多事，所以沒有很多時間。」卡邁可是一個讓人沒有戒心的、帶著孩子氣的男人，有一頭金髮和啤酒肚。他形容自己看起來像已故的喜劇演員克里斯法利（Chris Farley）。她一定以為自己可以欺負他。「我用慣常使用的方法面對她。」他回憶說：

第一次你只要表示你了解。你說：「噢，我了解。是的，我聽說過，恭喜你，很棒。我了解你時間有限。」然後你只管忽視它，因為如果你得花十二天，那就花十二天，你不會輕易放水。但是，她再一次想唬弄我……她真的明說了。我還沒有進入主題，她就說：「噢，但說真的，我兩點就必須走，」或像是這類的話：「因為我還有好多事要做。」

我的感覺是：「你想耍什麼花招？」那是我當時的感覺……我沒有發脾氣，但我已經失去耐性。「你聽好，蒙提斯，我有理由懷疑你可能涉入一樁反情報影響戰。我們必須坐下來談一談。」砰！正中眉心。

直到當時，蒙提斯的整個公職生涯幾乎都是一個古巴間諜。她與她的聯絡人見面至少三百次，傳遞的祕密多到已是美國歷史上危害最大的間諜之一。她暗中去過古巴好幾次。在她被捕後，據悉卡斯楚曾親自頒發一枚獎章給她。在整個過程中，沒有人提出一絲懷疑，然後突然在一次她剛開始以為是例行背景查核的調查中，一個模樣滑稽、長得像克里斯法利的人，指著她說「就是你」。她驚嚇地坐在那裡。

「她看著我，就像一頭汽車頭燈照射下的鹿，等著我說下一個字，就只是乾等著。」

多年之後卡邁可回想那次會面時，他意識到那是他錯過的第一個線索：她的反應毫無道理。

我當時沒有領悟到她從沒有說：「你在說什麼？」或者類似的話。她沒有說任何話，只是坐在那裡，聽著我說話。如果我機靈些，我就會起疑心。沒有否認，沒有困惑，沒有憤怒。任何人要是聽說被懷疑犯了謀殺或別的罪……要是他們完全無辜就可能會問：「你在說什麼？」他們會說：「等一等，你剛指控我……我想知道這到底怎麼回事。」最後，他們會質問你，真的質問你。蒙提斯什麼也沒做，只是坐在那裡。

卡邁可從一開始就有疑惑，但只有在你無法解釋疑惑時，疑惑才會觸發不相信。而他可以輕易解釋疑惑。別開玩笑，她可是古巴女王。古巴女王怎麼可能是間諜？他曾對她說過這句話──「我有理由懷疑你可能涉入一樁反情報影響戰」──但那只是因為他希望她嚴肅看待那次會談。「我很焦慮該如何進入主題，和進入下一步。就像我說的，我只是自我安慰一下：『這句話管用，總算讓她閉嘴了。我不想再聽到她講那些鬼話。現在，讓我們開始，把正事辦好。』那是我錯過線索的原因。」

他們談到卡羅爾少將的簡報。她的回答很完美。他們也談到為什麼當天她突然離開五角大廈。她也有答案。她表現得有點賣弄風情，有點開玩笑。他開始放鬆。他再度瞄她的大腿。

蒙提斯開始做一件事，她的雙腿交疊著，然後她彈她的腳趾頭，就像那樣。我不知道那是不是有意的……但我知道的是，那會吸引你的目光……我們相處變得更自在些，而她變得更加賣弄風情一點。賣弄風情？我不確定，但有時候在她回答問題時更俏皮些。

他們談到打電話。她說她沒有接電話，或至少她不記得有接到電話。這應該是另一個警訊：當天跟她一起在戰情室的人清楚記得她接了一通電話。不過話說回來，那天是很漫長而辛苦的一天。他們都置身於一場國際危機中，也許他們把她跟另一個人搞混了。

還有另一件事——卡邁可又一次看到她的反應有某些令他好奇的東西。在會談快結束時，他問蒙提斯一連串有關當天她離開五角大廈後發生什麼事的問題。那是標準的調查程序，他只想盡可能拼湊出那天晚上她完整的行蹤概況。

他問她下班後做了什麼。她說她開車回家。他問她把汽車停在哪裡。她說停在對街的停車場。他問她停車時是否看到其他人。她是否和任何人打招呼？她說沒有。

我說：「好，那麼你做了什麼？你停好汽車，然後你走過對街。」——就在我這麼說時，她的外表出現了改變。要知道，當時我已經和她談了將近兩個小時，蒙提斯和我幾乎像老朋友一樣，沒有那麼親近，但兩個人似乎愈來愈投緣。她確實會開開玩笑，偶爾還會說有趣的話——可以說很自在，又很溫馨。

然後突然間，有個巨大改變在她身上發生了。你可以看到它，前一分鐘她幾乎是在賣弄風情，心情很愉悅……突然之間她就改變了。那就像一個偷吃餅乾被抓到的小孩，他把手藏在背後，然後媽媽問：「你手上拿了什麼？」她看著我，否認……但她的表情像是：「你知道什麼了？你怎麼知道的？你要抓我嗎？我不想被抓。」

在她被捕後，調查員發現那大晚上真正發生的事。古巴人和她已經約定好，如果她在街上看到她的舊聯絡人之一，那表示她的間諜頭子需要和她緊急會面。她應該繼續走路，並在第二天早上和他們在預先安排的地點見面。那天晚上，當她從五角大廈回家時，她看到她的舊聯絡人之一站在她公寓建築外。所以當卡邁可意有所指地問她：「你看到誰？你回家時是否看到任何人？」她一定以為他知道她和古巴人的約定——而他盯上她了。

她嚇死了。她以為我知道，但我不知道。我根本不知道。我不知道我抓到什麼把柄。我知道我一定抓到什麼，我知道一定有什麼。那次約談後，我回顧當時……我到底做了什麼？我做了任何人都會做的事……我把懷疑合理化掉了。

我當時想，好吧，也許她是在跟一個有婦之夫約會……她不想告訴我。或者她是同性戀或什麼的，她跟一個不希望我們知道的女朋友勾搭，她擔心會曝光。我開始想這些可能性，而且我算是接受這些解釋，免得自己想得心煩意亂。我接受這些解釋。

蒙提斯不是一個大師級間諜。她沒有必要是大師級間諜。當我們的測謊器是設定在「關」的位置時，間諜的日子已注定會很好過。所以卡邁可是不是有點怠忽職守？完全沒有。他做了預設為真理論預測所有人都會做的事：他按照「蒙提斯說的是實話」的假設行事，而且——幾乎毫無自覺地——用這個假設來合理化她說的一切。我們需要一個觸媒才能跳出預設為真，但觸媒的門檻很高。卡邁可離門檻還很遠。

萊文認為，簡單的事實是，測謊器不是——也無法——照我們預期的方式運作。在電影中，聰明的偵探質問嫌犯並當場逮住他說謊。但在真實生活中，累積必要的證據量以證明我們的懷疑需要時間。你問你丈夫是否有外遇，他說沒有，你就相信他。你預設他說的是實話。不管你從他的說詞發現哪些細微的不一致，你都有解釋可以消除它。但三個月後你剛好注意到，他的信用卡帳單上有一筆不尋常的旅館支出，再加上那幾個禮拜有無法解釋的行蹤不明和神祕的電話，把你推過了可以解釋的極限。謊言就是這樣被發現的。

這是第一個謎題——為什麼古巴人能欺騙中情局這麼久——的解答。這個故事不是指控中情局的無能，而是反映出中情局官員——和我們一樣——只是人，對真相的認知有一套和每個人一樣的偏誤。

卡邁可回頭找布朗，嘗試解釋他的調查結果。

我說：「布朗，我了解你怎麼看這件事，我知道你為什麼認為這是一項精心策畫的影響戰。看起來很像如此。但如果它是，我找不到任何證據說她參與這樁策畫的操作。它就是兜不攏……總而言之，我不得不把這個案子結了。」

六

卡邁可約談蒙提斯四年後，他在國防情報局的同事在一場跨單位的會議中，遇見一位來自國家安全局的分析師。國安局是美國情報網的第三根支柱，其他兩根是中情局和國防情報局。它們都是破解密碼的單位，而那位分析師說她的部門在破解古巴間諜的通訊密碼上獲得一些進展。

密碼是長串的數字，透過短波無線電以一定的間隔時間播送，而國安局已解碼幾個片段。他們在兩年半前已把解開的通訊片段交給聯邦調查局，但一直沒有聽到回音。失望之餘，這位國安局的分析師決定與國防情報局的同僚分享幾段內容。她說，古巴人在華盛頓有一名高階間諜，他們稱為「S情報員」。S情報員對稱作「安全」（safe）系統的東西很感興趣。而且S情報員顯然在一九九六年七月四日到七月十八日的兩週期間，訪問了關塔那摩灣的美軍基地。

這位國防情報局的同事起了警覺心。「SAFE」[5]是國防情報局內部電腦傳訊檔案的名稱，這強烈顯示S情報員是在國防情報局，或至少與國防情報局關係密切。他回到局裡向他的上級主管報告，他們也向卡邁可報告。卡邁可大為震怒。聯邦調查局調查一個可能涉及國防情報局員工的間諜案兩年半，但他們竟然沒有告訴他？他可是國防情報局的反情報調查員！

他知道他該怎麼做了——搜尋國防情報局的電腦系統。任何國防部的員工要訪問關塔那摩灣必須獲得批准。他們必須透過五角大廈的系統發送兩則訊息，先要求批准出差，然後要求批准與他們在該基地想訪問的人談話。

「好，就找那兩則訊息。」卡邁可說。

他推測，想在七月出差到關塔那摩灣的人最早申請許可的時間是四月，所以他設定搜尋的參數是：國防情報局員工申請差旅授權和安全通關，地點為關塔那摩灣，時間從一九九六年四月一日到七月十八日。他告訴同事「短吻鱷」強森（"Gator" Johnson）同時進行相同的搜尋。兩個腦袋總比一個強。

5 SAFE代表安全分析師檔案環境（Security Analyst File Environment）。我喜歡那些人先想好縮寫字，然後反過來創造完整的名稱。

當年的（電腦系統）作法是，它會設置一個符合檔。它以電子方式堆疊你的所有訊息，並告訴你：「你有X筆符合的資訊。」我可以聽到短吻鱷在那裡……我可以聽到他正在打字，而且我知道他還沒打完問句，而我的符合檔已經出來了，所以我想很快地瀏覽一下檔案，等著看是否有名字跳出來，而我很確定就是那第二十個符合的名字。它是蒙提斯。遊戲已經結束，我是說就在剎那間結束了……我真的很震驚——震驚到說不出話來。我可能從椅子跌下來。我真的往後退——我的椅子有滑輪——我真的想遠離這個壞消息……我真的一直往後退到我隔間的盡頭，而短吻鱷還在叮叮噹噹敲著鍵盤。

我說：「噢，糟了。」

第四章
聖愚者

二〇〇三年十一月，長島避險基金復興科技公司（Renaissance Technologies）投資組合經理人西孟斯（Nat Simons）寫了一封憂心的電子郵件給他的幾名同事。復興科技透過一連串複雜的財務安排，發現自己投資了紐約一個名叫馬多夫的投資人管理的基金，而馬多夫讓西孟斯很不放心。

如果你在一九九〇年代和二〇〇〇年代初的紐約金融界工作，很可能會聽說過馬多夫。他在曼哈頓中城一棟叫唇膏大樓（Lipstick Building）的優雅商辦建築工作。他在數家重要的金融界協會擔任董事，周旋於漢普頓斯（Hamptons）到棕櫚灘（Palm Beach）之間的投資圈。他的態度高傲，一頭飄逸的白髮。他深居簡出，充滿神祕。而最後這一項特質讓西孟斯十分不安：西孟斯聽到一些傳聞。他在給眾人的電子郵件中寫道，一個他信任的人「告訴我們一個機密，說他相信馬多夫一年內就會爆出嚴重的問題」。他又寫道：「加上他的妹夫是他的審計師，他的兒子也擔任組織的高階職務，這些就足夠讓你面臨一些嚴重指控，帳戶被凍結等風險。」

第二天，這家公司的資深主管勞弗（Henry Laufer）回信表示同意西孟斯的看法。勞弗也說，復興科技有「獨立的證據」證明馬多夫有問題。復興科技的風險管理人——負責確保基金不把錢投資在危險地方的人——布羅德（Paul Broder）也加入，對馬多夫宣稱所使用的交易策略做了冗長而詳細的分析。「整件事似乎全都說不通。」他做結論說。他們三個人決定進行自己的內部調查。他們的懷疑日益加深。「我得到的結論是，我們不了解他在做什麼。」布羅德後來說：「我們不知道他怎麼賺錢的。他用來證明自己交易策略的數字，和我們發現的證據都不符合。」復興科技有許多沒有解答的疑惑。

那麼，復興科技賣出它在馬多夫的股份了嗎？沒有全部賣出，他們只賣出一半。他們為那些投資避險。五年後，在馬多夫被揭發是騙子——史上最大龐氏騙局的首腦——後，聯邦調查人員與西孟斯談話，問他為什麼沒有出脫股份。「身為經理人，我一直難以接受那真的是一樁騙局的想法。」西孟斯說。他願意承認他不了解馬多夫的目的，還有馬多夫有點可疑。但他不願意相信馬多夫徹頭徹尾是個說謊的人。西孟斯有疑惑，但疑惑還不夠多。他預設為真。

西孟斯和勞弗之間寫的電子郵件在證券管理委員會（SEC）——負責監管避險基金業者的機構——的一次例行審計中被發現。那不是證管會第一次剛好碰到有人對馬多夫的操作有疑惑。馬多夫宣稱採用一套與股票市場連動的操作策略，那表示和其他跟隨市場表現的投資策略一樣，他的報酬率應該隨著市場漲跌而升降。但馬多夫的報酬率像磐石般穩定，而這違背所有邏輯。一個名叫拉摩爾（Peter Lamore）的證管會調查員曾拜訪馬多夫想聽他解釋。馬多夫的回答基本上是，他可以未卜先知；他有絕對可靠的「直覺」會告訴他在行情下跌前退出市場，在上漲前又重回市場。「我重複問他。」拉摩爾後來回憶說：

> 我認為他的直覺很奇怪，很可疑。你知道嗎，我一直試著追問他。我想一定還有別的東西……我認為，你知道嗎，他對整體市場有某種其他人不具備的洞察力。所以我重複地逼迫他說出來。我再三問馬多夫，一次又一次，問到最後，我已經不知道還能怎麼做了。

拉摩爾把他的疑惑帶回去向他的上司索拉佐（Robert Sollazzo）報告，索拉佐也感到疑惑。但疑惑還「不夠」多。證管會對馬多夫的調查報告做出的結論是「索拉佐覺得馬多夫自稱憑著『直覺』交易『未必是……荒謬』的事」。證管會也犯了預設為真的偏誤，所以詐騙得以持續下去。事實上，華爾街上無數曾與馬多夫打交道的人都認為，馬多夫有一些說不通的事。有幾家投資銀行和他劃清界限，連租給他辦公室的房地產經紀人也認為他怪怪的。但沒有人採取行動，或做出結論說他是史上最大的騙子。在馬多夫案中，「每個人」都預設為真——每個人，但有一個人例外。

二〇〇九年二月初——馬多夫向當局自首剛滿一個月——一個名叫馬科波洛斯（Harry Markopolos）的人在全國電視轉播的國會聽證會上作證。他是一位獨立詐騙調查員。他穿著一件不合身的綠色西裝，說話緊張又謹慎，帶著上紐約州口音。從來沒有人聽說過他。

「我的團隊和我想盡辦法要證管會調查和關閉馬多夫的龐氏騙局，並從二〇〇〇年五月起屢次對證管會提出可信的警告。」馬科波洛斯對一群聚精會神的觀眾作證說，他和幾個同事製作圖表，測試電腦模型，並在歐洲到處調查，那裡是馬多夫籌集大部分資金的地方。「當時我們知道已提供足夠的疑點和數學證據給證管會，他們應該當下就能關閉他的基金，當時捲入的資金還不到七十億美元。」然而證管會毫無動作，所以馬科波洛斯在二〇〇一年十月再度提出警告。接著在二〇〇五年、二〇〇七年和二〇〇八年又提出警告。每次他都遭到冷落。馬科波洛斯慢慢地唸出他的筆記，描述連續多年遭遇的挫折。

我雙手奉上史上最大的龐氏騙局給他們，他們甚至沒有進行徹底而適當的調查，因為他們太忙碌於處理更優先的事務。如果一樁五百億美元的龐氏騙局排不上證管會的優先清單，那麼我想知道是誰負責排列他們的優先清單。

在所有對馬多夫心存疑惑的人中，只有馬科波洛斯沒有預設為真。他看一個陌生人時看到這個陌生人真正的樣子。在聽證會進行一半時，一位國會議員問馬科波洛斯願不願意到華盛頓來掌管證管會。在爆發這件美國史上最嚴重的金融醜聞後，社會普遍的感覺是馬科波洛斯是一個我們所有人都可以學習的榜樣。預設為真是一個問題，它讓間諜和騙徒得以橫行無阻。

或者不是這樣？此處我們來到萊文有關欺騙和預設為真概念的第二個關鍵部分。

二

馬科波洛斯身材高瘦結實而且精力充沛，他已過了中年，但看起來年輕得多。他很引人注目、討人喜歡，且能言善道——雖然他會說一些有時候讓人接不下去的古怪笑話。他形容自己有強迫症：是打開自己的電腦後會用消毒水擦拭鍵盤的那種人。他是在華爾街被稱作「量仔」（quant）的人，也就是「數字狂」。「對我來說，數學就是真理。」他說。當他分析一個投資機會或一家公司時，他偏好不親自和公司主管會面；他不想犯張伯倫犯的錯誤。

> 我想遠遠地聽他們在公開場合說話，看他們的財務報表，然後以數學方法和單純的技術來分析那些資訊……我想找到真相。我不想因為某個人對我親切就對他們有好感，因為那可能對我的論據產生不利的影響。

馬科波洛斯在賓州伊利（Erie）長大，父母是希臘移民。他家族經營亞瑟崔契爾炸魚薯條連鎖店（Arthur Treacher's Fish & Chips）。「我的叔叔們會追趕吃霸王餐的客人，他們會追出去抓住他們，逼他們付錢。」他回憶說。

我看過我爸爸跟客人打架，追打客人。我看過有人偷竊銀器。不只是銀器——還有餐具——我記得一個男人，塊頭很大，他吃別人留在櫃檯的盤子裡吃剩的東西，而我叔叔說：『你不能吃這些東西。』然後那個人說：『我可以，他們沒有把食物吃完。』所以我叔叔繞到櫃檯另一邊，揪住這個人的鬍子往上拉，一直往上拉……我在想，我叔叔死定了。這個傢伙大概有六呎六吋。我叔叔會被他打死。幸好餐廳裡的其他顧客挺身而出，否則我想我叔叔一定會被打死。

這個典型的移民創業家故事告訴我們，強悍和創意帶來改變命運的力量。從馬科波洛斯的敘述中，我們不難想見，他在年輕時從家族事業的經驗學到，這是一個黑暗和危險的世界：

我在亞瑟崔契爾看到許多偷竊，所以我在成長的年歲裡對詐騙就很有警覺，在我十幾歲和二十幾歲初期。我看到人可以做出什麼壞事，因為當你經營事業時，五%到六%的收入會因為偷竊而損失掉。這是合格詐騙檢查師協會(Association of Certified Fraud Examiners)的統計。我年輕時不知道這個統計數字，當時這個協會還沒成立。但我看過偷竊。我經常看到我們的雞肉和蝦子自己長腿走出後門。他們會把一箱又一箱這類東西放進他們的汽車後座。那都是員工幹的。

馬科波洛斯在讀商學院時，他的教授之一給他 A 的成績。但馬科波洛斯重複檢查教授用來計算成績的公式，發現其中有一個錯誤。實際上他應該得到 A^- 的成績。他向教授投訴。他從商學院畢業後的第一個工作是為一家經紀商銷售店頭市場股票，而市場規定經紀商必須在九十秒內報告任何交易。馬科波洛斯發現他的新雇主報告的時間超過九十秒，於是他向監管當局舉報自己的上司。我們從小就學到，**沒有人喜歡告密者**，我們了解有時候追求看似公平和道德的事情卻會付出難以接受的社會代價。如果有人在馬科波洛斯小時候告訴他這些話，他肯定沒聽進去。

馬科波洛斯第一次聽說馬多夫是在一九八〇年代末。他工作的避險基金注意到馬多夫驚人的報酬率，他們希望馬科波洛斯模仿馬多夫的策略。馬科波洛斯試著做，但他想不出馬多夫的策略是什麼。馬多夫宣稱他賺的錢是靠大量交易一種稱為衍生性金融商品的金融工具，但在那些市場就是找不到馬多夫的蹤跡。

「我每年都交易大量衍生性金融商品，所以我與交易衍生性金融商品的大型投資銀行都有關係。」馬科波洛斯回憶說。

所以我打電話給交易廳裡我認識的人：「你們有和馬多夫交易嗎？」他們都說沒有。如果你交易衍生性金融商品，你勢必要到最大的五家銀行才能達到他所交易的規模。如果最大的五家銀行不知道你的交易，也沒有和你有生意往來，那麼你一定是個龐氏騙局。就是這麼簡單。這個案子沒有那麼難。我只要打幾個電話就能確定，真的。

在當時，馬科波洛斯的發現和幾年後復興科技的人一樣。他用數學計算過，而他發現疑點。馬多夫的操作策略說不通。

不過，馬科波洛斯和復興科技的不同在於，復興科技信任體系。馬多夫隸屬於整個金融市場受到最嚴密監管的部分。如果他真的瞎掰這一切，這麼多政府監管機構不是早就已經抓到他了？正如復興科技的主管西孟斯後來說：「人們只是假設總有人會注意到。」

值得一提的是，復興科技是在一九八〇年代由一群數學家和密碼破解專家創立的。在這家公司存在期間，它可能是史上最賺錢的避險基金之一。西孟斯尋求建議的復興科技主管勞弗擁有普林斯頓大學數學博士學位，並寫過像《常態二維奇點》（*Normal Two-Dimensional Singularities*）和〈論最小橢圓奇點〉（On Minimally Elliptic Singularities）這類名稱的書和文章。復興科技裡的人個個聰明絕頂，但在一個關鍵的面向，他們和萊文實驗裡的學生完全一樣，那些學生看到指導員離開，大剌剌地留下桌上裝著答案的信封，卻無法決定相信那是一個騙局。

但馬科波洛斯不一樣。他看到的是和所有其他人同樣的事實，但對體制卻沒有同樣的信心。對他來說，不誠實和愚蠢處處可見。「人們對大型組織太有信心了。」他說：「他們信任會計公司，但你絕對不該信任它們，因為它們很無能。在最好的情況下，它們是無能；在最糟的情況下，它們是邪惡，會協助和助長詐騙，對詐騙視而不見。」

他繼續說：「我想保險業已完全腐化。它們完全沒有人監管，但它們卻處理數以兆美元計的資產和負債。」他估計二〇％到二五％的上市公司財務報表作弊。「你想談談另一樁詐騙嗎？」談到一半他突然說。他剛出版一本回憶錄，而且現在他已養成調查他的版稅報表的習慣。他稱這些報表為「鬼扯蛋」。他說，他調查的騙子公布的財務報表「都比我的出版商的報表還可信」。

他說，每次他去醫生的診所都會記住的一件事是，花在醫療照護的每一美元就有四十美分被詐騙或浪費掉。

> 不管誰治療我，我一定會告訴他們，我是個白領犯罪調查員，而且我讓他們知道醫療界有許多詐騙案。我告訴他們統計數字。我這麼做是讓他們不敢惡搞我或我的家人。

馬科波洛斯的腦子裡沒有疑惑轉變成不相信的高門檻。他完全沒有這種門檻。

三

俄羅斯民間傳說中有一個聖愚者（yurodivy）的典型。聖愚者是不適應社會、自我中心、不受歡迎，有時候甚至瘋狂的人——儘管如此，他們卻能通曉真理。「儘管如此」實際上不是恰當的詞。聖愚者是說真話的人，「正因為」他遭社會遺棄。不屬於既有社會階層的人可以自由說出眾人不愛聽的真言，或質疑其他人視為理所當然的問題。在一則俄羅斯的寓言中，一名聖愚者看著一尊著名的聖母瑪利亞聖像，宣稱它是魔鬼的作品。這是令人吃驚的異端邪說。但這時候有人對那尊聖像丟了一顆石頭，打破它的外表，露出撒旦的臉孔。

每一種文化都有不同版本的聖愚者。在著名的安德森童話故事〈國王的新衣〉裡，國王走在大街上，穿著一件人家告訴他很神奇的衣服。除了一個小男孩外，沒有一個人敢說實話。小男孩大聲說：「看國王！他什麼衣服也沒穿！」這個小男孩就是聖愚者。賣這件衣服給國王的裁縫告訴國王，愚笨的人就看不見這件衣服。成年人都不敢說話，因為怕被說是無能。小男孩卻不在乎。在現代生活中最接近聖愚者的人是吹哨者，他們願意犧牲對體制的忠誠——而且在許多例子中，犧牲同儕的支持——以揭露詐騙和欺瞞。

讓聖愚者與眾不同的東西是，他們對可能被欺騙的感覺與一般人不同。萊文提醒我們，在現實生活中，謊言很少見，而會說謊的人只是極少數的一類人。那就是我們對察覺現實生活中的謊言很笨拙無傷大雅的原因。事實上，在這種環境下，預設為真是合乎邏輯的。如果咖啡館櫃檯後的人說你的帳單含稅是六．七四美元，你可以自己核計他們計算的錢，堵著排在你後面的人，並浪費三十秒。你也可以假設店員告訴你的是實話，因為整體說來，大部分人會說實話。

這就是卡邁可的做法。他面對兩個選項。布朗說蒙提斯的行為令人懷疑。相對地，蒙提斯對她的行為有完全無辜的解釋。一方面是極為罕見的可能性：一個國防情報局中備受尊敬的人是間諜；另一方面是可能性高很多的情況：布朗只是太過偏執。卡邁可決定聽從機率：也就是當我們預設為真時會做的決定。西孟斯也聽從機率。馬多夫「可能」是史上最大金融騙局的首腦，但這個機率有多高？

聖愚者的思維方式不是這樣。統計數字說，說謊者和騙子很罕見，但對聖愚者來說，他們處處可見。

我們的社會偶爾需要聖愚者，他們扮演著很有價值的角色。這是我們把他們浪漫化的原因。馬科波洛斯是馬多夫冒險故事裡的英雄。吹哨者的故事被拍成電影。但萊文的理論第二個重要部分是，我們不能全都是聖愚者。那將是一場災難。

萊文主張，在演化的過程中，人類從未發展出精密和準確的技巧來察覺欺騙的發生，因為把時間花在檢視周遭其他人的言行並沒有多大利益。對人類最有利的是假設陌生人是誠實的。正如萊文說的，預設為真與被欺騙的風險間的利弊權衡：

對我們很划算。我們從偶爾可能被謊言欺騙換得的是有效率的溝通和社會和諧。比較起來，我們獲得的利益很大，而成本很小。當然，我們偶爾會被騙。那只是做生意的成本。

這聽起來好像很麻木不仁，因為我們很容易看出蒙提斯和馬多夫這種人造成多麼重大的傷害。因為我們心存信任，所以間諜不會被發現，罪犯可以逍遙法外，人們的生活遭到破壞。但萊文的重點是，放棄這套策略的代價遠為高昂。如果華爾街的每個人行為都像馬科波洛斯，那麼華爾街上就不會有詐騙——但空氣中將瀰漫濃重的懷疑和偏執，將使華爾街不復存在。[1]

1 但是，等一等，我們不希望反情報官員都像聖愚者那樣嗎？從事這種職業的人不是必須懷疑每個人嗎？當然不是。卡邁可惡名昭彰的前任之一是安格利頓（James Angleton），他在冷戰最後幾十年期間擔任中情局的反情報部主任。安格利頓後來認為中情局高層有一個蘇聯的臥底間諜，他展開一波最後包括一百二十名中情局官員的調查，但始終找不到那名間諜。挫折之餘的安格利頓開除了蘇聯部門的許多人。數百個人——擁有淵博知識和豐富經驗的俄羅斯專家——被調往別的部門，士氣直線墜落。案件專員停止招募新情報員。

最後，安格利頓的資深幕僚之一統計超過十年的偏執帶來的龐大成本，並得出一個最終的、最偏執的結論：如果你是蘇聯，而你希望讓中情局癱瘓，最有效的方法將是讓你的臥底間諜領導一個曠日廢時、徒勞無功且勞民傷財的追獵臥底間諜行動。**這表示那個臥底間諜一定是安格利頓。**

安格利頓的獵巫行動最終的受害者是誰？安格利頓。在為中情局服務三十一年後，他在一九七四年被請出中情局。如果卡邁可的作法像安格利頓，懷疑每個人都是間諜，國防情報局將在偏執和不信任的疑雲中崩潰，就像中情局的蘇聯部門一樣。

四

二〇〇二年夏季，馬科波洛斯出差到歐洲。他和一名同事正為一檔他們募集的新基金尋找投資人。他與巴黎和日內瓦以及西歐各地資本中心的資產管理人會面，而他聽到的消息令他大為震驚。每個人都投資在馬多夫。如果你住在紐約並和華爾街的人談話，你很容易以為馬多夫是個地方現象，只是為東岸富人服務的許多基金管理人之一。但馬科波洛斯發現，馬多夫是國際現象。他的詐騙帝國規模遠比馬科波洛斯之前想像的大很多、很多。

馬科波洛斯就是從那時候開始相信他的生命已經有危險。無數有權有錢的人都與馬多夫能否繼續運作有重大的利害關係。這是他屢次請求監管當局調查卻石沉大海的原因嗎？證管會裡的高層都知道馬科波洛斯這個名字。除非這個龐氏騙局被公諸於世，否則他不可能安全。

他決定下一步該做的是求助於紐約州總檢察長史必哲（Eliot Spitzer），因為史必哲過去的作為已證明他是少數對調查華爾街感興趣的民選官員。但他必須很小心。史必哲來自一個紐約市的富裕家族，可不可能他自己也投資了馬多夫？馬科波洛斯得知史必哲準備在波士頓的甘迺迪圖書館發表演講，他以白紙印出他的文件，去除掉所有提到他自己的內容，把它們放進一個九乘十二吋的普通棕色信封。為了安全起見，他把信封再放進一個更大的普通棕色信封。他戴上手套，以避免把指紋留在文件上。他穿上特別厚重的衣服，外面再加上他最厚的一件大衣。他不想被認出來。他來到甘迺迪圖書館，不引人注意地坐在一側。等到演講結束後，他走向前，嘗試親自把文件交給史必哲。但他無法走到夠接近的地方——所以他把文件交給史必哲團隊裡的一個女人，交代她務必交給她的上司。

「我坐在那裡，手上拿著那些文件。」馬科波洛斯回憶說。

我準備把文件交給他，但在演講活動後，我把它交給一個女人，要她轉交給史必哲，因為我無法接近他。他被許多人團團圍住，然後他從後門走出去。我以為他準備上洗手間，然後會在隔壁吃晚餐，而我沒有受邀參加晚餐。他直接出了後門，坐上一輛禮車，趕往機場搭乘飛往紐約的最後班機……史必哲一直沒收到我的包裹。

值得一提的是，馬科波洛斯當時是波士頓安全分析師協會（Boston Security Analysts

Society）的會長，這是一個有四千名專業會員的產業公會。他大可不必隱瞞身分參加史必哲的演講會、穿著厚重的大衣、抓緊一包裝在雙層普通棕色信封的文件。他大可直接打電話到史必哲的辦公室要求會面。

我問他這件事：

馬科波洛斯：這是另一件讓我遺憾的事，我為此感到自責。史必哲就是我該找的人，我應該直接打電話找他。也許我可以接通他，也許無法接通，但我想我應該可以。

葛拉威爾：你有地位，你是……

馬科波洛斯：安全分析師協會會長……如果是前任或現任會長……打電話給總檢察長，說「我知道史上最大的騙案，就發生在你家的後院」，我想我應該能通過。

葛拉威爾：你想你為什麼沒這麼做？

馬科波洛斯：想做，可以做，應該做。總有許多遺憾。沒有完美的調查，而我也犯了錯。我應該那麼做的。

在超過十年的後見之明協助下，馬科波洛斯現在看到他的錯誤了。但在當時，能夠揭發馬多夫騙局的同一個聰明腦袋，卻無法讓承擔職責的人嚴肅地看待他。這是沒有預設為真的結果。如果你不從信任的狀態開始，你就無法與他人發生有意義的社會接觸。

正如萊文寫道：

> 偶爾被欺騙一次不會阻止我們傳遞基因或嚴重威脅物種的生存。另一方面，有效的溝通對我們的生存有極重要的影響。這種利弊權衡其實一點也不對等。

委婉地說，馬科波洛斯在圖書館的溝通毫無效率可言。對了，那個他遞交信封的女人呢？她並非史必哲的助理，而是廿迺迪圖書館的工作人員。她沒有比馬科波洛斯更容易接近史必哲的特殊管道。即使她有管道，她也幾乎可以確定會把保護像史必哲這種公眾人物視為自己的責任，不會讓穿著厚重大衣、抓著普通棕色信封的神祕男人接近他。

五

在證管會遭到挫敗後，馬科波洛斯開始攜帶一把史密斯威森手槍。他到他居住的麻薩諸塞州小鎮當地的警察局找局長，告訴局長他揭發馬多夫的努力。他說，他的生命已陷於險境，但他要求局長不要把這件事寫進警察局日誌。局長問他要不要穿戴防身護具，馬科波洛斯拒絕了。他曾在陸軍後備隊待了十七年，知道一些自保的技巧。他猜想，暗殺他的人將是職業殺手。他們會在他後腦開兩槍，防身護具沒有用處。馬科波洛斯在他家裝了一套高科技警報系統。他換過屋子的門鎖。他每天晚上一定走不同路線回家。他會不斷看汽車後視鏡。

當馬多夫自首後，馬科波洛斯認為——有一陣子——他終於安全了。但他發現自己只是換了一種危險罷了。證管會現在會不會來向他要檔案？畢竟，他擁有許多年累積鉅細靡遺的文件證據，至少可以證明證管會的無能，甚至證明他們共謀犯罪。他的結論是，如果他們找上他，他唯一的希望是盡可能拖延他們，直到他能獲得協助。他準備一把十二口徑的獵槍，填滿子彈並備妥六發的庫存。他在自己的槍櫃上掛了一條裝了額外二十發子彈的子彈帶。然後他翻出從軍時代的防毒面具。要是他們闖進來時使用催淚瓦斯呢？他坐在家中，槍枝準備好——而我們其餘的人則平靜地繼續過我們的日子。

第五章
案例研究：淋浴間的男孩

一

檢方：當你二〇〇一年擔任研究生助理時，有發生什麼不尋常的事嗎？

麥奎里：是的。

檢方：你能告訴陪審團發生什麼事嗎？

二〇一七年三月二十一日，賓州哈里斯堡（Harrisburg）的道芬郡（Dauphin County）法院。證人是麥奎里（Michael McQueary），賓州州立大學足球隊前四分衛轉任助理教練：身材魁梧、自信、一頭剪得很短的辣椒紅色頭髮。訊問他的是賓州副總檢察長迪特卡

（Laura Ditka）。

麥奎里：有一天晚上，我前往足球大樓——拉斯克足球大樓（Lasch Football Building）——走進大樓裡的更衣室之一……我打開更衣室的門。我聽到蓮蓬頭開著的聲音，聽到拍打的聲音，然後走進另一扇已經打開的門。我的置物櫃是一排櫃子的其中一個，就在我右邊不遠。我轉向我的置物櫃，而且清楚地知道更衣室裡有人在淋浴。拍打的聲音警告我，發生的事不只是淋浴。

這時候，迪特卡阻止他說下去。那是當天的什麼時候？麥奎里說是週五晚上八點三十分。校園的那個角落很安靜。拉斯克大樓幾乎沒有人，門都鎖著。

檢方：好，我打斷你。我想問你另一個問題。你已經描述有拍打的聲音。你說的不是像拍手，像鼓掌？

麥奎里：不，不是。

檢方：你說的是一種不同的聲音？

麥奎里：是的。

麥奎里說，他側頭從右肩看向牆上的一面鏡子，鏡子讓他可以從一個角度看到淋浴間。他看到一個男人，裸體，站在一個他描述為「較年輕的人」後面。

檢方：你能不能……你說是一個較年輕的人。我們是不是在說一個十七或十六歲的人，或某個外表更年輕的人？

麥奎里：噢，更年輕。

檢方：好。你看到的男孩估計有幾歲？

麥奎里：大約十到十二歲。

檢方：好。他們穿著衣服或沒穿衣服？

麥奎里：沒穿衣服，裸體。

檢方：你看到任何動作嗎？

麥奎里：很慢，很輕微的動作，幾乎看不出來。
檢方：好。但是你看到很慢、很輕微的動作，是什麼樣的動作？是什麼在動？
麥奎里：是那個男孩後面的傑利，往上頂他。
檢方：肌膚貼著肌膚？
麥奎里：是的，沒錯。
檢方：肚子貼著背部？
麥奎里：是的。

麥奎里口中說的「傑利」是傑利．山達斯基，他是剛退休的賓州州立大學足球隊防守教練。山達斯基在對美式足球很狂熱的賓州州立大學是甚受愛戴的人物。麥奎里認識他很多年。

麥奎里跑上樓到他的辦公室，並打電話給他父母。「他很高，而且是個很強壯的傢伙，而且他不是個膽小鬼。但他在發抖。」麥奎里的父親在他兒子作證完後在法庭上陳述。「他顯然受到驚嚇。他的聲音不一樣。不一樣到他媽媽沒有看到他就能從電話中聽出來。她說『有點不對勁，約翰（John）。』」

麥奎里二〇〇一年二月在淋浴間看到山達斯基後，他去看他的上司派特諾（Joe Paterno），賓州州立大學足球隊的傳奇性總教練。

檢方：你有沒有向他解釋山達斯基在淋浴間裡裸體？

麥奎里：是的，我有。

檢方：你有沒有向他解釋他與那個男孩肌膚貼著肌膚接觸？

麥奎里：我相信是那樣，是的，女士。

檢方：你有沒有向他解釋你聽到那些拍打的聲音？

麥奎里：有。

檢方：好。他有什麼……我不是問你他說什麼。他的反應是什麼？他有什麼舉動？

麥奎里：悲傷。他有點像縮回他的椅子上，他的手掩著他的臉，他的眼睛好像變悲傷。

派特諾告訴他的上司賓州州立大學運動總監卡利（Tim Curley）。卡利告訴另一位大學的資深管理人員舒爾茲（Gary Schultz）。然後卡利和舒爾茲告訴學校校長斯潘尼爾（Graham Spanier）。一場調查隨之展開。到了適當的時候，山達斯基遭到逮捕，然後一則非比尋常的故事在他的審判期間發生。八名年輕男人作證山達斯基多年來性侵他們數百次，在旅館房間和更衣室淋浴間，甚至在他家地下室，而他妻子就在樓上。山達斯基被判四十五項兒童性侵罪名成立。賓州州立大學支付超過一億美元和解費給他的受害者。[1] 他變成——正如一本有關本案的書取的書名——《美國最被痛恨的人》。

不過，山達斯基案最聳動的事實是「到了適當的時候」這個句子。麥奎里二〇〇一年在淋浴間看到山達斯基，對山達斯基行為的調查直到近十年後才開始，而山達斯基直到二〇一一年十一月才被逮捕。為什麼延宕這麼久？在山達斯基被關進監獄後，聚光燈聚焦在賓州州立大學的領導階層。該校足球隊教練派特諾因為這樁醜聞而辭職，不久後去世。幾年前豎立的一座他的塑像被拆除。兩名曾和麥奎里會面的該校資深管理人員卡利和舒爾

1 在當時，這個和解金額創下美國大學在性侵案的最高紀錄。不過，這個紀錄很快被密西根州立大學的納薩爾（Larry Nassar）案打破，該案的損害賠償最後可能高達五億美元。

茲，被以共謀、妨礙司法和未報告兒童性侵案等罪名被起訴。[2]兩人都被判入獄。在醜聞最終和最具破壞性的結局中，檢察官把注意力轉向該校校長斯潘尼爾。他領導該大學十六年，並扭轉了該校的學術聲譽。他備受愛戴。二〇一一年十一月，他遭到開除。六年後，他被判危害兒童有罪。[3]

在爭議的最高點時，山達斯基接受國家廣播公司（NBC）體育主播柯斯塔斯（Bob Costas）訪問。

柯斯塔斯：你說你不是戀童癖者。

山達斯基：沒錯。

柯斯塔斯：但你是一個自己承認和年輕男孩洗澡的男人。非常不恰當……許多人說你和留宿在你家地下室房間的年輕男孩上床。你如何解釋這些事？如果你不是戀童癖者，那你是什麼？

山達斯基：我是一個有強烈興趣的人……我是個很熱情的人，總是嘗試改善一些年輕人的生活。我很努力嘗試與他們建立連結……

柯斯塔斯：你描述的不就是許多戀童癖者的典型手法嗎？……

山達斯基：這個……你可以這麼想。我不知道。

山達斯基緊張地笑，開始冗長地為自己辯護。然後：

柯斯塔斯：你是否在性方面被年輕男孩——未成年的男孩——吸引？

山達斯基：我是不是被未成年的男孩吸引？

停頓一下。

柯斯塔斯：是的。

2 控訴的罪名也包括偽證（但很快被撤銷）和危害兒童。最後兩個人只對「危害兒童」認罪，以交換撤銷所有其他控罪。

3 在本書即將出版時，斯潘尼爾的定罪被一位聯邦法官推翻，而次日就是他必須向監獄報到的日子。檢察官會不會上訴這項判決——因為本書即將付印——還是未知數。

又停頓一下。

山達斯基：在性方面被吸引，你知道，我……我喜歡年輕人。我……我愛接近他們。我……我……但不是，我不是在性方面被年輕男孩吸引。

斯潘尼爾讓「這個」男人在賓州州立大學校園來去自如。

但我的問題是，基於蒙提斯、馬多夫和馬科波洛斯的例子，以及萊文蒐集的所有證據，都說明我們很難克服預設為真的偏誤：假如你是賓州州立大學校長，你認為你在面對同樣的事實和問題時，你會有不同的作法嗎？

二

山達斯基成長於賓州華盛頓，他父親是地方社區休閒中心的主任，為兒童管理運動計畫。山達斯基一家人住樓上，他們的房子到處是棒球棒、籃球和足球。小孩子進進出出。

成年後的山達斯基重新創造了他的童年世界。山達斯基的兒子E. J.曾描述他父親是個「不得志的遊戲場總監」。山達斯基會在後院舉辦踢球比賽，而E. J.說：「老爸會要每個小孩都參加。我們有美國最大的踢球比賽——有四十個小孩的踢球比賽。」山達斯基和他妻子多蒂（Dottie）收養六個孩子，也擔任更多小孩的寄養父母。「他們擔任這麼多小孩的寄養父母，連他們最親近的朋友都記不住他們所有人。」為山達斯基的上司派特諾寫傳記的波斯納斯基（Joe Posnanski）說：「隨時都有小孩圍繞著山達斯基，多到他們變成他的一部分。」

山達斯基是瘋狂而喜歡搞笑的人。山達斯基的自傳——書名竟然是《觸動》（*Touched*）——大部分內容是他的滑稽故事：他把黑炭塗在他化學老師的電話聽筒上，他為了和他的小孩在公共游泳池胡鬧而故意與救生員發生衝突。光是他在大學主辦的水球大戰就用了四頁半的篇幅。「不管我去哪裡，麻煩似乎總是跟著我。」山達斯基寫道：「我在一個假想世界裡過了我大半輩子的人生。」他繼續寫：「我小時候就喜歡假裝，而且長大後我仍然喜歡跟這些孩子一起假裝。假裝向來是我的一部分。」

一九七七年，山達斯基創立一個名為第二哩路（Second Mile）的慈善基金會。那是一個提供給問題男孩參加的休閒計畫。多年來，有來自該地區貧困和居無定所家庭的數千名小孩參加過這個計畫。山達斯基帶他的第二哩路小孩觀賞足球比賽，他與他們玩摔角，他給他們禮物，寫信給他們，帶他們去郊遊，帶他們到他家。這些男孩有許多是由單親媽媽撫養，他嘗試代替他們不在身邊的爸爸。

「如果山達斯基沒有這類人性的面向，賓州州立大學可能會忍不住想把他聖人化。」一名《運動畫刊》(*Sports Illustrated*) 的記者在山達斯基從賓州州立大學足球隊教練團退休時說。以下是同一時期《費城詢問報》一篇文章的節錄：

> 不管任何時候你在哪個汽車旅館的大廳遇到他，並給他任何最委婉的讚美，他都會臉紅，並咧嘴露出迷人而謙虛的笑容。他並非為了獲得讚許而投入這個事業。他的防衛戰術展現在數百萬人眼前，但當他敞開大門迎接另一個迷途的孩子時，並沒有觀眾看得到。這個人的高貴之處在於他選擇了一個不被公眾注意的工作。

對山達斯基行為的第一個懷疑出現於一九九八年。一個第二哩路的男孩在與山達斯基相處一天後回到家，他媽媽看到他頭髮濕了。男孩說他和山達斯基一起運動，然後兩個人一起在淋浴間洗澡。那個男孩說，山達斯基用兩手抱著他，並說：「我要把你的內臟擠出來。」然後山達斯基把他舉起來以「清洗他頭髮裡的肥皂」，讓男孩的腳碰觸山達斯基的大腿。[4]

那個媽媽告訴她兒子的心理醫生錢伯斯（Alycia Chambers）發生的事。但她不確定該如何解釋這個事件。「我是不是反應過度？」她問錢伯斯。另一方面，她兒子不認為有什麼不對。他形容自己是「世界上最幸運的男孩」，因為他和山達斯基在一起時，他可以坐在賓州州立大學足球賽的場邊。

這件事就此打住。

下一個報告的事件發生在十年後，牽涉一個叫費雪（Aaron Fisher）的男孩，他從小學四年級就加入第二哩路的計畫。他來自問題家庭，並逐漸和山達斯基相處很融洽，曾多

4 這對山達斯基來說並非不尋常。他經常在運動完後和第二哩路的男孩淋浴，而且他愛玩更衣室遊戲。「那種情況就是……嬉鬧之後他經常開始玩起像肥皂戰之類的遊戲。」一個昔日的第二哩路男孩在山達斯基審判中作證說：「每個淋浴間旁邊都有肥皂液盒，他會把擠滿手的肥皂亂甩。」

次在山達斯基家過夜。他媽媽認為山達斯基「像是天使」。但二〇〇八年十一月，當時已十五歲的費雪向他媽媽提到對山達斯基的一些行為很不自在。山達斯基會緊抱著他，並壓擠他的背。山達斯基會以一種感覺很怪異的方式和他摔角。

費雪被介紹到一個名叫吉倫（Mike Gillum）的心理學家，他相信性侵的受害者有時候會把他們的經驗深埋在意識，以至於只有用極大的關心和耐心才能協助他們憶起。他認為山達斯基曾性侵費雪，但費雪無法想起來。費雪反覆和他的治療師會談，有時候每天見面，持續了幾個月，吉倫不斷鼓勵和誘導費雪。後來一名參與本案的警方調查員說：「在這件事引起我們注意後，我們花了幾個月才讓第一個孩子開口談。剛開始是『是，他會揉我的肩膀』，然後他會重複說這類話，直到最後我們達到他願意說出發生什麼事的點。」二〇〇九年三月，費雪會點頭回答他是否與山達斯基口交的問題。到六月，他終於會回答：「是的。」

上面我們談到十年間有兩件針對山達斯基的指控。不過，兩個案件都未導致山達斯基被逮捕。為什麼？同樣地，是因為預設為真。

一九九八年淋浴間男孩案例的困惑和懷疑是不是達到他們已無法解釋的程度？當然不

是。那個男孩的精神科醫生寫了一篇這個案子的報告，宣稱山達斯基的行為符合一個「可能的戀童癖者在『慈愛的』、『特殊的』關係下，建立信任和逐步導入身體接觸的模式」。注意「可能的」這個詞。然後一個被哈里斯堡公共福利部指派負責這個案件的個案工作者也展開調查，而他甚至還更不確定。他認為該事件落在一個關係到「界線議題」的「灰色」地帶。接著一個叫西索克（John Seasock）的諮商師再對這名男孩做第二次評估，並做出結論說：「本案似乎沒有事件可以被稱為性侵害，也看不到任何符合有性侵兒童問題的成人邏輯和行為模式。」西索克完全看不到。他說，有人應該去和山達斯基談談「在未來要如何避開這些灰色地帶的情況」。

這個個案工作者與一名地方警探一起和山達斯基會面。山達斯基告訴他們，他曾擁抱那名男孩，但「其中沒有任何性的成分」。他承認過去曾和其他男孩一起淋浴。他說：「我對上帝誠實地說，沒發生任何事。」別忘了，那名男孩自己也說沒發生什麼事。那麼你會怎麼做？你只能預設為真。

費雪的故事一樣也是曖昧不清。[5]費雪與治療師的談話和他在法庭上對大陪審團說的話，反映出費雪記得的東西不斷改變。有一次他說，口交在二〇〇七年十一月已經停止；

另一次他說，口交從二〇〇七年夏季開始，並持續到二〇〇八年九月；又一次他說是從二〇〇八年開始，並持續到二〇〇九年。他說他為山達斯基進行口交許多次。一週後，他說他只做過一次，然後五個月後，他完全否認曾經做過。費雪在二〇〇九年兩度在大陪審團前提供有關山達斯基的證詞，但大陪審團發現他似乎不可信。他們拒絕起訴山達斯基。

警方開始有系統地訪問其他曾參加第二哩路計畫的男孩，尋找是否有受害者。他們空手而返。這些努力持續了兩年。偵辦此案的檢察官已準備宣告放棄。他們只有一個喜歡與年輕男孩胡鬧的成年人。有些人對山達斯基有疑慮。但記住，疑慮不是相信的敵人，而是它的同伴。

然後，在完全沒有前兆下，檢察官辦公室二〇一〇年十一月接到一封匿名的電子郵件：「我聯絡你們是為了有關山達斯基的調查案。」這封電子郵件說：「如果你們還沒有做，你們必須聯絡和訪問賓州州立大學足球隊助理教練麥奎里。他可能目擊一些牽涉山達斯基和一個男孩的事。」

這不再是記憶不清楚的問題少年了。有了麥奎里，檢方終於有辦法起訴山達斯基和大學的領導階層。一個人看到一樁性侵案，他告訴他的上司，但沒有人採取行動——就這樣持續十一年。如果你在當時讀到山達斯基的案子，你可能讀到的是這個去除掉所有曖昧不清和疑惑的版本。

「你知道，有句話說絕對的權力帶來絕對的腐化。」檢察官迪特卡在審判斯潘尼爾的結辯中說：「我會告訴你們斯潘尼爾被他的權力腐化，被他所迷戀的媒體關注和名聲所蒙蔽，他是一個沒有做好領導工作的領導人。」在賓州州立大學，最後的結論是學校的最高領導人要為山達斯基的罪行負責。迪特卡說，斯潘尼爾做了一個選擇，那就是「我們只要隱瞞這個祕密」。她想像斯潘尼爾對卡利和舒爾茲說：「我們不報告這件事。我們不告訴任何主管當局。」

要是事情這麼簡單就好了。

5 創傷記憶被壓抑和只能在治療指引下憶起的概念充滿爭議——這還是委婉的描述。請參考「註解」中這方面的進一步討論。

三

麥奎里身高六呎五吋。他剛擔任賓州州立大學隊四分衛時登記的體重為兩百二十五磅。在淋浴間事件時，他已二十七歲，正是他體能最高峰時期。山達斯基比他老了三十歲，有一長串病痛紀錄。

第一個問題：如果麥奎里絕對確定他目擊一樁性侵案，為什麼他沒有跳出來阻止它？在《解密陌生人》的第三篇，我將引述史丹福大學一樁不名譽的性攻擊案。它被兩個半夜騎腳踏車穿過校園的研究生發現，他們看到一名年輕男人和一名女性躺在地上。男人在上位，做插入的動作。女人靜止不動。兩名研究生接近那一對男女。那名男人跑走，研究生展開追逐。當時的情況有足夠令人懷疑的事實，觸發研究生跳脫在地上發生的事是無辜的預設假設。

麥奎里面對的情況——至少在理論上——引起的懷疑要大得多。那不是兩個成人，而是一個男性成人和一個男孩，兩個人都裸體。但麥奎里沒有介入。他退縮了，跑到樓上，並打電話給他父親。他父親叫他回家。然後他父親要求一個家族朋友，一個名叫德拉諾夫

（Jonathan Dranov）的家庭醫生，過來聽麥奎里敘述事發經過。以下是德拉諾夫在宣誓下描述麥奎里告訴他的故事：

他說他聽到聲音，性行為的聲音。我問他指的是什麼。他只是說：「你知道的，聲音，性行為的聲音。」我不知道他到底在說什麼。他沒有進一步描述景象或細節，但我追問他，顯然在當時他對這件事沒有更多可以說的。我問他看到什麼。他說他什麼也沒看到，但他卻在發抖和緊張。

德拉諾夫是一個內科醫生。他有義務舉報他知道的兒童性侵事件。第二個問題：那麼為什麼德拉諾夫聽到麥奎里的故事時沒有向當局報告？他在審判時被問到這件事。

被告律師：好，那天晚上你特別追問他，你想知道他看到什麼，但我的了解是，他沒有告訴你他看到什麼，對不對？

德拉諾夫：對。

被告律師：好。他告訴你……但你在談話後的印象是，他聽到性行為的聲音。對不對？

德拉諾夫：他所謂的性行為的聲音。

「他所謂的」性行為的聲音。

被告律師：而你……你提供或提議給他的計畫是，他應該告訴他的上司派特諾，對不對？

德拉諾夫：對。

被告律師：你沒有告訴他，要通報兒童和青年局，對不對？

德拉諾夫：對。

被告律師：你沒有告訴他，他應該通報警方，對不對？

德拉諾夫：對。

被告律師：你沒有告訴他，他應該通報校園安全單位，對不對？

德拉諾夫：對。

被告律師：你認為只是根據聲音揣測而報告是不恰當的，對不對？

德拉諾夫：對。

被告律師：的確，你沒有要麥奎里通報兒童和青年局或警方，是因為你認為麥奎里告訴你的內容還不夠充分做那種報告，對不對？

德拉諾夫：對。

德拉諾夫在事發那天晚上，親自聽麥奎里敘述那件事，而他並不相信他說的話。

情況變得愈加複雜。麥奎里原本說他在二〇〇二年三月一日週五看到山達斯基在淋浴間。那是在春假期間，他記得校園裡空蕩無人，而且他說次日他去找派特諾——三月二日週六。但當調查員回溯大學的電子郵件，他們發現麥奎里混淆了。他與派特諾會面的日期實際上是一年前——二〇〇一年二月十日週六——那表示淋浴間事件發生在前一天晚上：二月九日週五。

但這說不通。麥奎里記得他看見山達斯基在淋浴間那天晚上校園裡沒有人，但在二月的那個週五晚上，賓州州立大學校園絕非沒有人。該校的曲棍球隊與西維吉尼亞大學隊就在隔壁的葛林柏格館（Greenberg Pavilion）比賽，比賽從晚上九點十五分開始，當時人行道一定有許多觀眾等候進入比賽場。而五分鐘路程外的布萊斯喬丹中心（Bryce Jordan Center），也有很受歡迎的加拿大搖滾樂隊裸體淑女（Barenaked Ladies）在表演。在那個特定的晚上，賓州州立大學校園那個角落像個瘋人院。

曾持續報導這樁賓州州立大學爭議事件的新聞記者齊格勒（John Ziegler）指出，在那段期間校園唯一可能沒有人的週五晚上是二〇〇〇年十二月二十九日週五——耶誕節假期時。如果齊格勒說得對——他的說法確實有說服力——那將帶來第三個問題：如果麥奎里目擊性侵事件，為什麼他等了漫長的五週時間——從十二月底到二月初——才告訴大學管理當局這件事？[6]

山達斯基案的檢察官假裝這些不確定性和曖昧不清不存在。他們告訴大眾一切都沒有爭議。二〇一一年十一月提出的二十三頁具有很大破壞力的起訴書說，「研究生助理」——意指麥奎里——「看到一名裸體男孩……他的手抵著牆，被迫接受裸體的山達斯基的肛交」。然後第二天麥奎里「到派特諾的家，向派特諾報告他所看見的事」。但這些聲稱都與事實不符，不是嗎？

當麥奎里讀到起訴書的那些字時，他寫電子郵件給該案的承辦檢察官艾希巴哈（Jonelle Eshbach）。他很生氣地說：「我感覺我的話被稍微扭曲，而在陳述中未被完全正確描述。」他寫道：「萬一我沒說清楚，我希望再次確認你知道的事實。」他接著寫：「我無法百分之一千確定那是雞姦。我沒有看到插入。那是一個性動作，而且／或者依我的看法是逾越了界限，不管那是什麼。」他希望修正陳述。「我對一篇以我名字發表的聲明有什麼選項？」他問艾希巴哈。

想想麥奎里讀到艾希巴哈扭曲他說的話會有什麼感覺。他看到了一件他認為有問題的事。他與自己的良知搏鬥五週，他一定深感苦惱。**我看到什麼了？我該說什麼嗎？要是我**

6 齊格勒對這一點蒐集的證據很有說服力。例如，當德拉諾夫在斯潘尼爾的審判中作證時，他說他曾在二月底為另一件事與舒爾茲見面，並談到山達斯基的事件，「因為那時候該事件差不多已發生三個月，而我們還沒聽到任何後續處理」。我們可不可能知道確切的日期？可能永遠沒辦法。

齊格勒是最直言相信山達斯基被錯誤指控的人。也請參考：Mark Pendergrast, *The Most Hated Man in America*。齊格勒的一些論證比其他的更令人信服。想知道更多山達斯基案懷疑者的討論，請參考「註解」。

看錯了呢？然後他讀到起訴書，他發現了什麼？他看到檢察官為了達成他們的目的，把灰色轉變成黑和白。這讓他變成了什麼？一個目擊一樁性侵後，逃跑去告訴他父母，並且未向警方報案的懦夫。

「我的人生已徹底、徹底改變。」他寫給艾希巴哈說。那天晚上和年輕男孩淋浴的山達斯基對麥奎里來說是個陌生人，而艾希巴哈拒絕承認要了解一個陌生人有多困難。「我家人的生活已徹底改變了。」麥奎里繼續寫道：「全國的媒體和輿論已從每個方面完全毀了我。為什麼？」

四

比較山達斯基醜聞和幾年後另一樁更戲劇性的兒童性侵案件可能有幫助。這樁案件牽涉密西根州一個名叫納薩爾的醫生。納薩爾擔任美國國家女子體操隊的隊醫。他戴眼鏡、喋喋不休，個性有點古怪。他「似乎」不是壞人。他很溺愛他的病人，是那種你可以清晨兩點打電話給他的人，而且他會立即趕到。家長們愛他，他治療髖部、脛部和腳踝，以及競爭激烈的體操課對年輕人身體帶來巨大壓力造成的其他傷害。

納薩爾的專長是治療所謂的「骨盆底功能障礙」，這牽涉他將他的手指插入病患的陰道，以按摩因體操訓練的體能需求導致的肌肉和肌腱短縮。他經常且很熱中於做骨盆底功能障礙治療。他未經許可就做這項治療，不戴手套，而且在不需要時做。他會按摩病患的胸部。他會在沒有明顯理由下把手指插入病患的肛門。他利用治療程序掩飾他的性滿足。二〇一七年夏季他被一項聯邦起訴判處有罪，後半輩子將在監獄中服刑。

就性侵醜聞來說，納薩爾案十分明確。這不是一個「他說，但她說」的案件。警方取得納薩爾電腦的硬碟，發現大量兒童色情檔案——總共三萬七千張照片，有些極其淫穢。他趁他的年輕病患接受治療前在浴缸做冰浴時，偷拍她們的照片。指控他的不是只有一個說詞有爭議的受害者，而是有數百人，供詞都極其類似。其中登荷蘭德（Rachael Denhollander）對納薩爾的不利證詞對他的定罪極其關鍵。

> 我在十五歲時有長期背痛的問題，納薩爾假借治療反覆性侵我將近一年。他做這件事時我媽媽都在房間裡，但他小心且完全地阻擋她的視線，不讓她知道他在做

的事。

登荷蘭德有證據和文件紀錄。

當我二〇一六年站出來時，我帶著完整的證據檔案……我帶著一位護士執業人員記錄我被侵害的圖畫醫療紀錄……我有我的日記顯示我從被侵害以來蒙受的精神痛苦……我帶著一位我曾透露這件事的證人……我帶了兩位與我沒有關係而且宣稱也遭到性侵害的女人提供的證據。

納薩爾案沒有爭議。但讓他受到司法制裁花了多久時間？許多年。另一名納薩爾的受害者波依斯（Larissa Boyce）說，納薩爾在一九九七年她十六歲時性侵她。結果如何？沒有結果。波依斯曾告訴密西根州立大學體操教練克拉吉斯（Kathie Klages）。克拉吉斯質問納薩爾。納薩爾否認一切。克拉吉斯相信納薩爾，而非波依斯。這項指控引來質疑，但質疑還不夠強烈。性侵持續進行。在納薩爾審判期間一個揪心的片刻，波依斯直接對納薩爾說：「我害怕下一次和你的約診，因為我害怕克拉吉斯會告訴你我的疑慮。」

> 遺憾的是，我猜對了。我感到羞恥、困窘，無法承受我曾和克拉吉斯談這件事。我清楚記得當你走進那個房間，隨手關上房門，拉近你的凳子，並坐在我前面說：「我和克拉吉斯談過了。」我一聽到這句話，我的心就往下沉。我的信任遭到背叛。我想鑽進最深、最暗的洞，躲藏起來。

在納薩爾作為性侵者的職涯中，有多達十四次坐在監管職位的人接到警告他的行為有問題：家長、教練、官員。但沒有人採取行動。二〇一六年九月，《印第安那波利斯星報》在登荷蘭德指控的背書下，報導納薩爾令人驚駭的紀錄。許多跟納薩爾關係親近的人甚至在報導後還聲援他。納薩爾的上司，密西根州州立大學骨科醫學系主任據稱告訴學生：「這只是證明你們沒有一個人學會最基本的醫學課程，醫學一〇一……別信任你的病患。病患會說謊讓醫生惹上麻煩。」克拉吉斯要她的體操隊員在一張給納薩爾的卡片簽字，卡片印著「想念你」。

一直到發現納薩爾電腦硬碟裡收藏的駭人相片，才終於改變人們的想法。

當這類醜聞爆發時，我們第一個傾向是指控主事者掩蓋罪犯——以保護他，或故意視而不見，或把體制或財務的利益擺在真相之前。我們尋找這種沉默背後的共謀。但納薩爾案提醒我們這種解釋並不恰當。許多納薩爾的主要辯護者是他病人的父母。他們並未從事某種沉默的共謀，以保護更大的體制或財務利益。**受害的可是他們的小孩。**

有一名體操選手的母親——巧合的是，她本身也是醫生——接受《相信》(*Believed*) 有關納薩爾醜聞的播客報導訪問。當納薩爾治療她女兒時，這位女士就在房間裡，坐在他們幾呎遠處。

> 我記得從我的眼角看到可能像是勃起的情況。而我只記得我心裡想：「那很詭異，那真的很詭異。可憐的傢伙。」我覺得一個醫生在病患的房間對她施行檢查時勃起，實在很奇怪……
>
> 但在當時，你在房間裡，而他在進行治療程序，你只想到他是個好醫生，正在為你的孩子做最好的治療。他是那麼熟練。他是那麼流暢。

在另一個例子裡，一名年輕女孩在父親陪伴下去看納薩爾。納薩爾把手指伸進她裡面，而她父親就坐在房間裡。那天稍晚，那名體操隊員告訴她母親。以下是那位母親回憶當時的情況：

我記得這件事就像它是五秒鐘前的事。我坐在車子的駕駛座，她在副駕駛座，她說：「納薩爾今天對我做了一件讓我感覺不舒服的事。」

而我說：「嗯，你說的是什麼事？」

「他……碰觸我。」

然後我說：「嗯，碰觸你哪裡？」

而她說：「下面。」你完全清楚她說的是什麼，但你嘗試合理化，想說那不可能發生。

她打電話給她丈夫，問他在診療的時候有沒有離開過房間？他說沒有。

然後……上帝原諒我。我沒再繼續追問。我把它放回親子檔案櫃裡一直到二〇一六年。

經過一陣子後，這些故事聽起來全都一樣。下面是另一位父親：

她安靜而且悶悶不樂地坐在汽車裡，然後說：「爸，他沒有治療我的背痛，我們不要再去了。」但這可是納薩爾，這可是體操隊醫生。如果他不能治好她，沒有人能治好她。只有上帝的技術比納薩爾好。「耐心點，蜜糖。那需要一點時間。好事需要時間。」那是我們常教小孩的道理。所以我說：「好嘛，我們下週再去。我們下週再去一次，然後你就會開始看到有進步。」

她說：「好，爸。你知道，我信任你的判斷。」

納薩爾做的事如此邪惡，正是讓父母的處境如此困難的原因。如果納薩爾對他們的女兒很粗魯，她們會立即說出來。如果他們的女兒在回家的路上告訴他們，她們聞到納薩爾呼吸有酒味，大部分父母會馬上有警覺。醫生偶爾粗魯或喝酒並非無法想像。當我們被迫在兩個選項中做選擇時，一個是可能發生，另一個是無法想像，那麼預設為真就變成問題。蒙提斯是史上職位最高的古巴間諜？或布朗只是太過偏執？預設為真造成的偏誤，讓我們傾向最可能的解釋。卡邁可相信蒙提斯，一直到相信她變成絕對不可能才改變立場。那些父母的反應一樣，不是因為他們的疏失，而是因為這是大多數人類的自然反應。

事實上，許多遭到納薩爾性侵的女性為他辯護。她們也未能跨越預設為真。龔克薩（Trinea Gonczar）在她的體操選手生涯中被納薩爾治療八百五十六次。當她的隊友之一告訴龔克薩，納薩爾把手指伸進她體內時，龔克薩試著安撫她：「他一直都是這樣對我的！」

當《印第安那波利斯星報》爆出納薩爾的新聞時，龔克薩支持他。她相信他會被證明無罪。這是一個大誤會。她什麼時候終於改變她的想法？一直到不利於納薩爾的證據變得無法推翻時。在納薩爾的審判中，當龔克薩加入納薩爾的受害者一起作不利於他的證詞時，她終於屈服於她的疑惑：

> 本週我不得不做一個極度困難的選擇，納薩爾。我必須選擇是不是要繼續支持

你到底，或者支持她們：那些女孩。我選擇她們，納薩爾。我選擇愛她們並保護她們。我選擇停止關心你和支持你。我選擇直視著你的臉，並告訴你，你傷害了我們，你傷害了我……我希望你今天從我的眼睛看到，我一直相信你，直到我再也無法相信你。我希望你像我們哭泣那樣哭泣。我希望你為你曾做的事感到痛苦。我最希望的是，這些女孩每天都能感覺痛苦減少一些。我希望你希望我們能如此，但這是向你說再見，納薩爾，而這一次將是我關閉大門的時候。現在是我為這些小女孩挺身而出，不再支持你的時候了，納薩爾。

再見，納薩爾，願上帝祝福你黑暗、破碎的靈魂。

我一直相信你，直到我再也無法相信你。這不就是預設為真近乎完美的詮釋嗎？甚至在加害者的硬碟中有三萬七千張兒童色情照片，和在他的職涯中被無數人指控無數次的情況下，預設為真仍然屹立不搖。納薩爾案完全沒有爭議，但仍然有疑惑。現在想像同樣情況的案例，只不過這個案例「不是」黑白分明，那就是山達斯基案。

五

在對山達斯基的指控公開後，他最堅定的辯護者是名叫邁爾斯（Allan Myers）的前第二哩路參加者。在賓州警方訪談過去的第二哩路小孩，嘗試落實對山達斯基的指控時，他們聯絡上邁爾斯，而他的態度堅定不移。「邁爾斯說，他不相信那些指控，並說那些指控者……只是想拿一些錢。」警方的報告寫道：「邁爾斯繼續每週一到二次用電話與山達斯基聯絡。」邁爾斯告訴警方，他曾與山達斯基運動後在淋浴間洗澡許多次，但從未發生不好的事。

兩個月後，邁爾斯更進一步。他走進山達斯基律師的辦公室，做了一番驚人的表白。在讀過麥奎里所說的細節後，他意識到「他」就是那天晚上淋浴間的那個男孩。山達斯基律師的調查員艾弗哈特（Curtis Everhart）寫了一篇他訪談邁爾斯的摘要，很值得在這裡長篇刊出：

我問了那個問題：「山達斯基是否曾經以讓你感覺不恰當的方式，或者導致你擔心他侵犯你個人空間的方式碰觸你？」邁爾斯很堅決地回答：「從來沒有這種事發生過。」

邁爾斯說：「我這輩子與山達斯基相處時，從未感覺不舒服或被侵犯。我把山達斯基當成我從未有過的父親。」……邁爾斯表示在西布蘭奇高中足球隊的一場球季最後主場賽中，「我請山達斯基和我母親一起走進球場。球場廣播宣布『傑利．山達斯基爸爸』和我媽媽的名字。」

「我邀請山達斯基和多蒂參加我的婚禮。如果有問題，為什麼我會邀請山達斯基——在球季最後的主場賽代表我父親的人——和多蒂參加我的婚禮，還有學校要我邀請山達斯基到我的畢業典禮演講，而他也應邀出席……如果山達斯基曾性侵我，為什麼我會去看球賽，到他家，跟著他到各地跑？如果發生過那些事，我會盡可能離他愈遠愈好。」

邁爾斯清楚地描述那天晚上的情形：

邁爾斯說，他和山達斯基剛做完運動，並進入淋浴間淋浴，然後離開。「我通常每週運動一天或兩天，但那天晚上我記得非常清楚。我們在淋浴間，山達斯基和我用毛巾甩打彼此，嘗試抽打對方。我會打在牆上，會在淋浴間地板上滑行，我相信你可以在木造衣物櫃區聽到聲音。當我們像我描述的那樣打鬧時，我聽到一個木造衣物櫃門關上的聲音，一種我以前聽過的聲音。我沒看到誰關上衣物櫃。大陪審團報告上說，麥奎里教練說他看到山達斯基和我在從事性行為。這不是事實，而且麥奎里沒有說實話。那天晚上在淋浴間沒有發生什麼事。」

不過，幾週後，邁爾斯與一個代表幾名聲稱是山達斯基受害者的律師簽約。然後邁爾斯在對警方的陳述中完全改變他的說詞。現在他說，他是山達斯基的受害者之一。

如果你覺得聽得滿頭霧水那也不奇怪。淋浴間裡的男孩是整個案件最重要的證人，檢察官想盡辦法只為找到他，因為他將是山達斯基棺材上的最後一根釘子。現在他終於出面否認發生任何事件，然後幾乎立即推翻全部供詞，說實際上有發生一些事。那麼，邁爾斯是不是在山達斯基的審判中變成關鍵的檢方證人？如果是這樣，就一切真相大白了。他是整個拼圖中最重要的一塊。不是！檢方沒讓他作證，因為他們對他的說詞沒有信心。[7]

邁爾斯唯一出現在法庭的時候，是在山達斯基上訴案中作證。山達斯基要求他作證，希望邁爾斯會轉變回一開始的立場，說在淋浴間沒發生什麼事情。但邁爾斯並未改變立場，反而在山達斯基的律師朗誦他近一年前宣稱山達斯基無辜的各項陳述時，坐在證人席上面無表情地否認一切，包括一張他神情愉快地與山達斯基站在一起的照片。他被問到：照片裡的人是誰？

邁爾斯：那兩個人是我和你的客戶。

被告律師：那是什麼時候拍的照片？如果你知道的話。

邁爾斯：我不記得了。

那是邁爾斯和山達斯基在邁爾斯婚禮上的照片。從頭到尾，他說了三十四次他不記得。

然後還有豪茲（Brett Swisher Houtz），一個和山達斯基很親近的第二哩路小孩。他可能是山達斯基的審判中殺傷力最大的證人。豪茲說到被反覆攻擊和性侵——在他青少年歲月中，與山達斯基有多達數十次可怕的性接觸，地點包括淋浴間、三溫暖和旅館房間。

檢方：豪茲先生，你能告訴陪審團的女士和先生們，大約有多少次在東區的更衣室或拉斯克大樓淋浴間，被告……把他的陰莖放進你的嘴巴嗎？

豪茲：至少有四十次。

檢方：是你希望他這麼做嗎？

豪茲：不是。

檢方：每次都不是嗎？

豪茲：都不是。

然後山達斯基的妻子多蒂被傳喚到證人席。她被問及她和她先生最後一次看到豪茲是

7 有關邁爾斯的檢方報告十分不尋常。一個名叫柯利西里（Michael Corricelli）的調查人員和邁爾斯的律師談話，律師告訴他邁爾斯現在宣稱被山達斯基屢次強暴。邁爾斯的律師拿出一份三頁的報告，據稱內容是邁爾斯詳細記述山達斯基對他的性侵。檢方團隊閱讀這份記述後，懷疑並非邁爾斯所寫，而是由他的律師捉刀。最後檢方放棄這個在全案中最重要的人物之一。

何時。

多蒂：我想是三年前，或兩年前。我不確定。

豪茲陳述他被性侵的故事據稱是發生在一九九〇年代。多蒂說，在豪茲被殘暴且反覆遭到性侵的二十年後，豪茲決定順路來探訪。

辯方：你能告訴我們事情經過嗎？

多蒂：好。山達斯基接到一通電話，是豪茲打來的。他說：我想過來拜訪一下。我想帶我的女朋友和我的小寶寶給你們看。寶寶大約兩歲。他過來時，我的朋友史坦巴契（Elaine Steinbacher）在場，然後我們去買了肯德基炸雞當晚餐。那是一次很愉快的探訪。

這是一個比納薩爾案的龔克薩更令人困惑得多的案例。龔克薩從未否認她接受納薩爾治療時發生一些事，她選擇解釋他的行為是善意的——基於完全可以理解的理由——直到她聽到她的體操隊同伴在納薩爾受審時的證詞。對照之下，山達斯基不是在執行曖昧的醫療程序。他被指控反覆進行暴力的性行為，而聲稱的受害者並未誤解他對他們做的事。他們假裝並未發生任何事。他們並未向自己的朋友透露，也沒有在自己的日記上撰寫痛苦記述。他們在多年後偶爾到訪，向曾經強暴他們的男人炫耀他們的寶寶。他們邀請強暴者參加他們的婚禮。一名與山達斯基淋浴的受害者自稱是「世界上最幸運的男孩」。另一名男孩在治療師數個月的探問下，說了一則無法說服大陪審團的故事。

性侵案很複雜，包裹著一層層的恥辱、否認和迷霧般的記憶，而且受到高度矚目的案件鮮少像山達斯基案那麼複雜。現在試想，這種複雜性對那些必須釐清所有矛盾疑點的人代表了什麼。山達斯基一定有許多令人懷疑之處，但當受害者快樂地與他們的性侵者吃肯德基炸雞時，你如何能有「足夠」的懷疑？

六

好，麥奎里在一個週六去見他的上司派特諾。已有警覺的派特諾隔天週日與卡利和舒爾茲坐下來商量，他們立即打電話給大學的律師，並在週一向大學校長斯潘尼爾報告。然後卡利和舒爾茲找來麥奎里。

你只能想像卡利和舒爾茲聽他說完後在想什麼：如果這真的是一樁性侵案，為什麼你沒有阻止它？如果你看到的事如此令人不安，為什麼沒有人——包括你家的醫生朋友——告訴警方？而如果你——麥奎里——對你所看到的事如此生氣，為什麼你等這麼久才告訴我們？

然後卡利和舒爾茲打電話給大學的外部律師。但麥奎里沒有告訴他們很多訊息。他們本能地——正如所有人會有的反應——達成最容易的解釋：也許那只是愛胡鬧的山達斯基常做的事。以下是賓州州立大學律師寇特尼（Wendell Courtney）敘述他與舒爾茲的談話。

寇特尼：我在過程中問，山達斯基和某個年輕男孩的胡鬧，其中是不是牽涉到性？

而他告訴我，據他所知是沒有牽涉到性……我的看法是，至少就我所聽到的描述，和與舒爾茲先生談話時的感覺，那是一個年輕男孩把蓮蓬頭打開，淋浴區有許多水，你知道的，在團體淋浴區奔跑和在地板上滑行……

檢方：你確定他完全沒有說拍打聲，或任何跟性有關的事？

寇特尼：我相當肯定他從沒有在報告淋浴間的事時，對我說到拍打聲，或任何跟性有關的事。

寇特尼說，他思考過這件事，並想過最壞的假想情況。畢竟，這是一個男人和一個男孩下課後在淋浴間的事。但他又想到他認識的山達斯基是一個「經常公開和第二哩路小孩一起胡鬧的人」，這是他先入為主的印象。[8]

8 寇特尼對山達斯基的無辜有懷疑。但最後山達斯基的掩飾之詞實在太有說服力了。**一個經常公開與第二哩路小孩胡鬧的人**。然後卡利打電話給第二哩路執行董事瑞科維茲（John Raykovitz）。瑞科維茲承諾和山達斯基談談，並告訴他別再帶男孩到校園。「我只能代表我自己說話，但我認為山達斯基不懂拿捏分寸，判斷力有問題，這是他必須解決的。」卡利解釋說。他覺得山達斯基必須小心點，否則人們會認為他是戀童癖者。「我告訴他，」瑞科維茲說：「如果他在運動後和別人一起淋浴，他穿泳褲會比較妥當些。我這麼說是因為……當時童子軍和教會都爆出許多那一類的事情。」

然後，舒爾茲和他的同事卡利一起去見大學校長斯潘尼爾。

檢方：你們確實告訴斯潘尼爾那是「胡鬧」？

舒爾茲：是的。

檢方：你在什麼時候告訴他這句話？

舒爾茲：這個……第一份交給我們的報告說那是「胡鬧」，山達斯基被看到在淋浴間和一個孩子胡鬧……我想這個詞當時就被轉述給校長斯潘尼爾……說他是在胡鬧。

斯潘尼爾聽取卡利和舒爾茲的報告，並問了兩個問題。「你們確定那是你們聽到的描述，說是『胡鬧』？」他們說是。然後斯潘尼爾又問一次：「你們確定你們聽到的報告就只是這樣？」他們說是。斯潘尼爾幾乎不認識山達斯基。賓州州立大學有數千名教職員。其中一個——現在已退休——被看到在淋浴間裡？

斯潘尼爾後來說：「我記得，當時我們幾乎對如何用適當的方式處理『胡鬧』事件完全沒有概念。我從未接到像那樣的報告。」

當然，如果馬科波洛斯在山達斯基案期間是賓州州立大學校長，他絕不會預設如此無辜的解釋。一個淋浴的男人？和一個男孩一起？能比別人早十年看穿馬多夫騙局的人，會馬上得出最具毀滅性的結論：**那個男孩幾歲？他們晚上在那裡幹什麼？山達斯基兩年前不是有一樁詭異的案子嗎？**

但斯潘尼爾不是馬科波洛斯。他選擇最可能的解釋——山達斯基是他自己宣稱的那個人。他後悔沒有再多問更深入的問題，或沒有暗中多打探嗎？他當然後悔。但預設為真不是罪行，而是根本的人類傾向。斯潘尼爾的行為與登山人、卡邁可、西孟斯和龔克薩，以及幾乎每個被納薩爾治療的體操隊員的父母沒有兩樣。當納薩爾性侵女孩們時，那些父母不是在房間裡嗎？他們的小孩不是說有什麼不對勁嗎？為什麼他們繼續送他們的孩子到納薩爾那裡，一次又一次地？但在納薩爾案中沒有人說，那些體操隊員的父母應該為未能保護自己的小孩免於侵犯者而入獄。我們接受父母必須對孩子周遭社群的人有某種程度的基本信任。

如果每個教練都被假設是戀童癖者，那麼沒有父母會讓他們的小孩出門，也沒有神智正常的人會自願擔任教練。我們預設為真——即使這個決定帶有可怕的風險——因為我們別無選擇。否則社會將無法運作。而在那些罕見的信任遭到背叛的例子中，那些預設為真的受害者值得我們同情，而非責難。

七

卡利和舒爾茲首先被起訴。一家最負盛名的美國州立大學兩名最重要的幹部遭逮捕。斯潘尼爾召集他的資深幕僚舉行一場感性的會議。他把賓州州立大學視為一個大家庭，這些人都是他的朋友。當他們告訴他淋浴間的事件可能只是一場胡鬧時，他相信他們都誠實以對。

「你將發現每個人都與卡利和舒爾茲劃清界限。」他說。但他不會這麼做。

> 在座每個人都與卡利和舒爾茲共事許多年，其中有些長達三十五年或四十年，因為卡利和舒爾茲各自都在大學做了這麼久……你們這輩子每天和他們一起工作，

我個人過去十六年來就是如此……如果你們有任何人在這所大學裡按照我們向來遵循的原則做事——誠實、公開和正直，永遠為大學的最佳利益做事——如果你們被錯誤指控做了什麼事，我也會為在座任何人做同樣的事。我希望你們知道……你們都不應為做對事而擔心、或者你知道自己做對事而擔心被指控做錯事……因為這所大學會挺你們。[9]

這是大家喜歡斯潘尼爾的原因。這是他在賓州州立大學績效輝煌的原因。這是你和我願意為他做事的原因。我們希望斯潘尼爾當我們校長——不是馬科波洛斯，永遠磨刀霍霍，等待一隊政府官僚從前門衝進來。

這是考慮布蘭達死亡事件時，我們得牢記在心的第一個概念。我們「以為」我們希望我們的守衛隨時戒備每一件可疑的事。當他們預設為真時，我們怪罪他們。當我們嘗試把像斯潘尼爾這樣的人送進監牢時，我們是在發出一個訊息給在主管當局當差的人，表達我

9 這裡並沒有逐字照錄斯潘尼爾說的話，而是根據他的回憶摘記他的意思。

們希望他們用什麼方法來了解陌生人——而沒有停下來思考發出這個訊息的後果。我們這麼做前並沒有考慮清楚。

第三篇

透明性

第六章

《六人行》謬誤

一

《六人行》（*Friends*）影集到第五季時，已很顯然將變成歷來最成功的電視劇之一。它是最早期的精彩「玩伴喜劇」（hang-out comedies）之一。六個朋友——莫妮卡、瑞秋、菲比、喬伊、錢德勒和羅斯——住在混亂的曼哈頓鬧區，相戀和分手，調情和打鬧，但大多數時候只是沒完沒了的歡鬧地談話。

第五季開始是羅斯和一個非六人行的外人結婚。到了季中這段關係結束，而到季尾他重回瑞秋懷抱。菲比生了三胞胎，並和一個警官交往。最重大的發展是莫妮卡和錢德勒墜入愛河——這個發展製造一個立即的問題，因為莫妮卡是羅斯的妹妹，錢德勒是羅斯最好的朋友，而他們都沒有勇氣告訴羅斯發生什麼事。

在第十五集——劇名為〈喬伊的野蠻女友〉那集——一開始，錢德勒和莫妮卡的託詞穿幫了。羅斯從他的窗戶往外看對街的公寓，看到他妹妹莫妮卡和錢德勒浪漫地擁抱。他好像被雷打中。他跑到莫妮卡的公寓並嘗試闖進去，但她的門上了阻鍊。所以他把臉擠進六吋寬的門縫。

「錢德勒！錢德勒！我從窗子看到你們在做什麼。我看到你在對我妹妹做什麼，你給我滾出來！」

驚恐的錢德勒嘗試從窗子逃走。莫妮卡把他拉回來。「我可以搞定羅斯。」她告訴他。她打開門讓她哥哥進來。「嗨，羅斯。什麼事，老哥？」

羅斯跑到裡面衝向錢德勒，並開始繞著餐桌追逐他，叫道：「你到底在幹什麼?!」

錢德勒躲到莫妮卡身後。喬伊和瑞秋匆匆跑進來。

瑞秋：嘿，怎麼回事？

錢德勒：呃……我想……我想……羅斯知道我和莫妮卡的事了。

喬伊：老兄，他就在這裡。

羅斯：我以為你是我最好的朋友！這是我妹妹！我最好的朋友，和我妹妹！我不敢相信。

你還跟得上劇情嗎？《六人行》每一季的劇情都有這麼多高潮迭起和轉折——以及敘事和情緒的變化——所以觀眾似乎都需要一張流程圖才能確保他們不會迷路。不過，實際上完全不是這樣。如果你看過一集《六人行》，你就知道幾乎不可能會混淆。這齣戲清楚得像水晶一般。多清楚？我想即使你把聲音關掉也能看懂它的劇情。

本書開頭談到的第二個謎題是保釋的問題。為什麼法官在評估被告時的表現會比電腦程式糟，即使法官對被告的了解比電腦多？《解密陌生人》的這一章將嘗試解答這個謎，而且要先從像《六人行》這樣透明的電視劇談起。

二

為了測試有關《六人行》的透明性概念，我聯繫一個名叫富蓋特（Jennifer Fugate）的心理學家，她在達特茅斯（Dartmouth）的麻薩諸塞大學任教。富蓋特是一個臉部動作編碼系統（FACS）[1]專家。在FACS中，臉部四十三種不同的肌肉動作，每一個都被賦予一個數字，稱作「動作單位」（action unit）。像富蓋特這樣受過FACS訓練的人可以看一個人的臉部表情，並為它們打分數，就像音樂家可以聽一段音樂並將它寫成音符。

舉例來說，看上面這張照片：

1 臉部動作編碼系統是由傳奇心理學家艾克曼發展的，我在我的第一本書《決斷2秒間》提過他。請看「註解」以參考我對艾克曼研究的觀點後來如何演變的解釋。

它稱作「泛美微笑」（Pan-Am smile）——這是一個空服員表現禮貌時給你的那種笑容。當你給別人這種微笑，你會拉起你的嘴角，使用所謂的顴大肌，但臉部其餘地方不動。那是這種微笑看起來很假的原因：它是沒有任何臉部表情的微笑。在FACS中，使用顴大肌的泛美微笑被賦予的數字為AU12。

現在再看上面這張照片：

這稱作杜興微笑（Duchenne smile），真誠的微笑看起來就是這樣。以術語來說，它是AU12加上AU6——意指它是一種牽涉眼輪匝肌外緣部分的臉部動作，提起臉頰，並自然製造出眼部四周的魚尾紋。

FACS是一種極度複雜的工具，它涉及為數千種肌肉動作編製詳細的目錄，其中有些可能只出現在臉部不超過幾微秒。FACS的手冊有逾五百頁。如果富蓋特為整個〈喬伊的野蠻女友〉那集做FACS分析，她得花上幾天的時間，所以我要求她只專注於開頭的場景：羅斯看到錢德勒和莫妮卡擁抱，然後憤怒地衝過去。

以下是她的發現。

當羅斯從門縫看到他的妹妹浪漫地擁抱他最好的朋友，他的臉部顯示的動作單位是10＋16＋25＋26：也就是上唇上提（提上唇肌，caput infraorbitalis）、下唇下降（降下唇肌）、嘴唇分開（降下唇肌、放鬆頦肌或口輪匝肌），和下巴往下掉（放鬆顳肌和內翼肌）。

在FACS系統，肌肉動作也被賦予從A到E的強度評量，A代表最輕微，E代表最強烈。在那當下，羅斯的四個肌肉動作都是E。如果你回頭看《六人行》的那一集，停格在羅斯透過門縫往裡看的那一幕，你將看到FACS編碼人員描述的情況。他臉上毫無疑問地呈現憤怒和厭惡的表情。

然後羅斯衝進莫妮卡的公寓。這個場景的張力逐漸升高，羅斯的情緒也同樣如此。現在他臉上的讀數為4C＋5D＋7C＋10E＋16E＋25E＋26E。再一次地，總共有四個E！

「AU4是壓低眉毛的動作。」富蓋特解釋說。

這時候你的眉頭擠出皺紋。7代表眼睛瞇起的動作。它被稱為「眼瞼收緊」。此時羅斯是同時皺眉和瞇起眼睛，這是典型的憤怒表情。10在這種情況是很典型的厭惡。你會抬起上唇，鼻子卻似乎不動，但這讓鼻子看起來像向上翻。16有時候跟著出現，是一個下唇下降的動作，這時候你把下唇往下壓，所以可以看見你的下排牙齒。

在門口的莫妮卡嘗試假裝沒發生什麼事。她對她哥哥微笑，但那是個泛美微笑，不是杜興微笑：一些12和一絲絲有點假的6。

羅斯繞著餐桌追逐錢德勒。錢德勒躲到莫妮卡後面，當羅斯接近時，他說：「聽我說，我們不是亂來。我愛她，可以嗎？我愛上她了。」

莫妮卡拉起羅斯的手。「我很抱歉你必須用這種方式發現。我很抱歉，但這是真的，我也愛他。」

羅斯瞪著他們兩人，一言不發很久，正在消化五味雜陳的情緒風暴。然後他突然露出微笑，擁抱他們兩人，然後快樂地重複剛才說過的話：「我最好的朋友，和我妹妹！我好快樂！」

當莫妮卡對她哥哥宣布這個消息時，富蓋特給她的分數為1C＋2D＋12D。1和2結合在一起是悲傷：她抬起眉毛裡面和外面的部分。當然，12D是情緒不完整的泛美微笑。

「她表現出——雖然聽起來有點奇怪——悲傷的跡象。」富蓋特說：「但是又帶著快樂。我想這說得通，因為她在表達歉意，但她又是在向羅斯表示她實際上能接受這件事。」

羅斯看著他妹妹好一會兒。他的臉上呈現典型的悲傷。然後他的臉微妙地轉變成1E＋12D。他給他妹妹的混雜情緒和她給他的完全一樣：悲傷結合了快樂的開始。他失去了他妹妹，但在同時他希望她知道，他了解她的快樂。

富蓋特的FACS分析告訴我們，《六人行》演員把他們所扮演的角色應該感受的每一種情緒，都完美地表現在他們的臉上。這就是為什麼你可以把聲音關上仍然能看懂劇情的原因。語言是用來讓我們笑，或用來解釋故事的特定細節，但演員的臉部表現是劇情的重點。演員在《六人行》的表演是「透明」的。

透明性的概念是人的行為舉止——他們對外表現自己的方式——提供一個真實而可靠的窗口，讓人能了解他們內在的感受。它是我們用來了解陌生人的第二種關鍵工具。當我們不認識某個人，或無法與他們溝通，或沒有時間深入了解他們時，我們相信可以透過他們的行為和外表來了解他們。

三

透明性的概念有長遠的歷史。一八七二年，達爾文（Charles Darwin）在首度發表著名的演化論文的十三年後，出版了《人類和動物的情感表達》（*The Expression of the Emotions in Man and Animals*）。他宣稱，微笑、皺眉和厭惡地皺鼻子是人類演化適應的部分結果。他說，正確和迅速地彼此溝通情緒對人類這個物種的生存極其重要，所以臉部已發展成像是內心的告示板。

達爾文的概念是高度直覺性的。世界各地的兒童在快樂時都會微笑，在悲傷時會皺眉，感覺好玩時會咯咯笑，不是嗎？不只是在克里夫蘭、多倫多或雪梨家裡客廳觀賞《六人行》的人能懂羅斯和莫妮卡的感覺，而是每個人都能懂。

第二章描述的保釋聽證會一樣是透明性的練習。法官並未與法庭的各方用電子郵件聯絡，或打電話給他們。法官相信親自「看」他們要判斷的人很重要。密西根州的一名穆斯林女人是幾年前一樁官司的原告，她上法庭時穿著傳統的服飾——只露出兩眼的面紗。法官要求她拿下面紗，她拒絕了。因此法官撤銷她的案件。他認為如果他無法看到訴訟的兩造，他就無法公正地做出判決。他告訴她：

> 我在聽取證詞時必須做的一件事是，我必須看你的臉，而且我必須看這是怎麼回事。除非你取下它，我無法看到你的臉，我無法分辨你是否告訴我實話，而且我無法看到有關你的外表和性格的某些方面，而它們是我在法庭上必須看到的。[2]

你認為這個法官的決定對嗎？我猜想很多人認為對。如果我們不認為可以得知重要的訊息，我們不會花很多時間看人的臉孔。在小說中我們讀到「他的眼睛因震驚而張大」，或「她的臉陷入一片悵然」，而我們毫不質疑地接受臉和眼睛真的會因為震驚和失望的感覺而垮下和張大。我們可以看羅斯的 4C＋5D＋7C＋10E＋16E＋25E＋26E 而知道那是什麼意思——在關上聲音的情況下——因為數千年的演化已把 4C＋5D＋7C＋10E＋16E＋25E＋26E 變成人類充滿震驚和憤怒的表情。我們相信人的外表是可以看進他們靈魂的一扇窗。但這帶我們回到第二個謎題。保釋聽證會的法官有一扇窗可以看進被告的靈魂，但他們在預測誰會再犯罪的表現上卻不如穆拉尹納山的電腦，而後者沒有一扇可以看進人靈魂的窗。

如果真實人生就像《六人行》，法官會打敗電腦，但他們沒有。所以也許真實人生「不像」《六人行》。

四

特羅布里恩群島（Trobriands）位於巴布亞新幾內亞以東一百哩的所羅門海中央。這個熱帶群島很小，人口只有四萬人，與世隔絕。住在這裡的人以打漁和農耕維生，一如他們祖先數千年來的生活，而且他們古老的習俗出人意料地長期延續，即使在面對二十一世紀無可避免的文化侵蝕也是如此。就像汽車製造商運送新車款到北極區，去測試它們在最嚴酷條件下的表現，社會科學家有時候也喜歡在像特羅布里恩群島這種地方，去對他們的假設做「壓力測試」。如果在倫敦或紐約成立的假設在特羅布里恩群島也成立，你大概就可以確定這是放諸四海皆準的東西——這促使兩位西班牙社會科學家在二〇一三年來到特羅布里恩群島。

哈利猶（Sergio Jarillo）是人類學家，他曾在特羅布里恩群島做研究，知道當地的語言和文化。克里維利（Carlos Crivelli）是心理學家，他早期職涯一部分時間用於測試透明性的極限。有一次他研究剛贏得比賽的柔道選手的數十支錄影帶，以確定他們會在什麼時候微笑。是在贏得勝利的那一刻？或者贏了以後才微笑？另一次他觀看自慰者的錄影帶，以

2 這名原告叫吉娜·穆罕默德（Ginnah Muhammad）。她回答：「首先，我是信仰伊斯蘭教的穆斯林，這是我的生活方式，而且我相信《可蘭經》，在我的生活中神是至高無上的。如果是女性法官，我對取下我的面紗沒有意見，所以我想知道，你們有我可以面對的女法官嗎？那麼我就沒有問題。但若不是這樣，我無法遵從這個命令。」

研究他們在高潮時臉上的表情。假設高潮是真正快樂的時刻，那種快樂在那一刻是否明顯且觀察得到？結果兩者不但都不明顯，而且觀察不到——如果我們的情緒真的是內心的一面告示板，這就說不通了。這些研究讓克里維利變成一個懷疑者，所以他和哈利猶決定測試一下達爾文。

哈利猶和克里維利從六張大頭照著手，照片裡的人看起來分別是快樂、悲傷、憤怒、害怕和厭惡，以及最後一種是中性的表情。在他們前往特羅布里恩群島前，這兩個人帶著他們的照片到馬德里的一所小學，在一群小孩中做實驗。他們把六張照片放在一個小孩前面，並問：「哪一張是悲傷的臉？」然後他們給第二個小孩看，並問：「哪一張是憤怒的臉？」以此類推，反覆問完所有六張照片。下頁就是結果。那些孩子輕易完成測試。

然後哈利猶和克里維利飛到特羅布里恩群島並重複整個程序。特羅布里恩人很友善和合作，他們有豐富而細膩的語言，所以是情緒研究很理想的測試對象。哈利猶解釋說：

舉例來說，一件真的令人驚喜的事，他們形容它「讓我的心狂喜」，或它「抓

情緒類別	「快樂」：微笑	「悲傷」：板著臉	「憤怒」：繃緊臉	「害怕」：倒抽氣	「厭惡」：皺鼻子	中性
西班牙人（人數113）						
快樂	**1.00**	.00	.00	.00	.00	.00
悲傷	.00	**.98**	.00	.00	.00	.02
憤怒	.00	.00	**.91**	.00	.09	.00
害怕	.00	.07	.00	**.93**	.00	.00
厭惡	.00	.02	.00	.15	**.83**	.00

住我的心」。然後當你學著說這句話，你說：「這件事抓住你的心嗎？」他們會回說：「沒有，這件事比較像是搶走我的胃。」

換句話說，當被問到是否了解某件事引起的情緒反應時，這群人沒有人會不知道如何回答。如果達爾文是對的，那麼特羅布里恩人應該和馬德里的小孩一樣善於解讀人的臉。如果情緒是演化塑造的，這表示，索羅門海中央的人和馬德里的人有相同的作業系統，對吧？

錯。

下頁的表比較了特羅布里恩人的成功率，和馬德里小學十歲兒童的成功率。特羅布里恩人明顯落後。

表上方的「情緒類別」是哈利猶和克里維利給實驗對象看的不同表情的人臉照片。表下方的橫欄是實驗對象辨識這些照片的結果。一百一十三名西班牙學童有一〇〇％辨識出快樂的臉是快樂的臉，但只有五八％的特羅布里恩人成功辨識出來，同時有二三％認為微笑的臉是「中性」的。而快樂已經是特羅布里恩人和西班牙學童最有共識的情緒。在其他

情緒類別	「快樂」：微笑	「悲傷」：板著臉	「憤怒」：繃緊臉	「害怕」：倒抽氣	「厭惡」：皺鼻子	中性
特羅布里恩人（人數68）						
快樂	**.58**	.08	.04	.08	.00	.23
悲傷	.04	**.46**	.04	.04	.23	.19
憤怒	.20	.17	**.07**	.30	.20	.07
害怕	.08	.27	.04	**.31**	.27	.04
厭惡	.18	.11	.08	.29	**.25**	.11
西班牙人（人數113）						
快樂	**1.00**	.00	.00	.00	.00	.00
悲傷	.00	**.98**	.00	.00	.00	.02
憤怒	.00	.00	**.91**	.00	.09	.00
害怕	.00	.07	.00	**.93**	.00	.00
厭惡	.00	.02	.00	.15	**.83**	.00

各類，特羅布里恩人對情緒呈現在外表是什麼樣子，與我們的看法截然不同。

「我想讓我們最驚訝的是，在西方社會我們認為當有人受到驚嚇而害怕的臉，在特羅布里恩群島卻被認為比較像是威脅。」克里維利說。為了舉例說明，他模仿眾所皆知的一張驚恐的臉：孟克（Edvard Munch）著名的畫〈吶喊〉（*The Scream*）中睜大眼睛的臉孔。

「在我們的文化裡，我的臉會好像是『我很害怕；我害怕你』。」克里維利繼續說：「在他們的文化，那……是有人想嚇別人的臉……剛好（與我們認為的意思）相反。」

對特羅布里恩群島人來說，害怕的感覺和你或我的感覺沒有兩樣。他們的腹部會有同樣的反胃感，但基於某些原因，他們的表現方式和我們不一樣。

憤怒的辨識也一樣差別很大。你會以為——你不會嗎？——世界上每個人都知道憤怒的表情是什麼樣子。它是如此基本的情緒。

下頁的照片是憤怒，對吧？

那雙冷酷的眼睛，緊閉的嘴。但憤怒讓特羅布里恩人感到困惑。看看憤怒的臉得到的分數就知道。二〇％的人說它是一張快樂的臉；一七％說是悲傷的臉；三〇％說它是害怕的臉；二〇％認為它表示厭惡——只有七％的人的判斷和幾乎所有西班牙學童一樣。克里

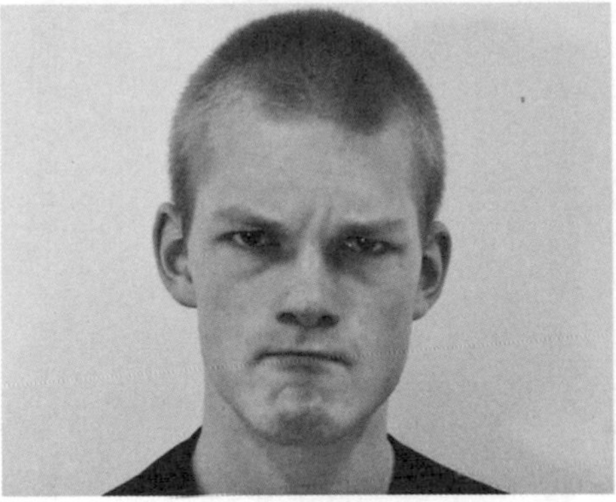

維利說：

他們給它許多不同的描述……例如，他們會說：「他是在皺眉頭。」或者他們引用一則諺語說……那表示他的眉頭是黑的，這顯然可以翻譯成「他正在皺眉」。他們不會認為那表示這個人是感到憤怒。

為了確認特羅布里恩人不是特例，哈利猶和克里維利接著來到莫三比克研究一群與世隔絕的姆瓦尼人（Mwani）漁民。同樣地，研究結果令人大失所望。姆瓦尼人對微笑臉的判斷只比瞎猜的機率略高些，但他們似乎對悲傷的臉和憤怒的臉感到不解。另一群以珍德倫（Maria Gendron）為首的研究人員來到納米比亞西北山區，以了解當地人能否按照表情的種類把許多照片分門別類，結果發現他們辦不到。

連歷史學家也加入這項研究。如果你能搭時光機器回到古代，向古希臘人和羅馬人展示現代人露齒而笑的照片，他們對這種表情的詮釋會不會和我們一樣？很可能不會。正如古典學者比爾德（Mary Beard）在她的著作《古羅馬的笑聲》（*Laughter in Ancient Rome*）中寫道：

> 這不是說羅馬人不會翹曲他們的嘴角，露出對我們來說很像微笑的表情；當然他們會。但這種翹曲在羅馬並不是屬於重要的社交和文化表情。相反地，其他對我們來說沒有太大意義的表情，卻承載了遠為重大的意義。

如果你為特羅布里恩群島人放映《六人行》的那一集，他們看到羅斯面對錢德勒時，會以為錢德勒很憤怒，而羅斯很害怕。他們會完全誤解那一幕。而如果你在古羅馬為西塞羅（Cicero）和皇帝以及一群他們的朋友舉辦《六人行》的首映，他們看到演員臉上誇張的扭曲表情可能會想：**現在是怎樣？**

五

好吧。那麼在一個文化內部又如何?如果我們把範圍限制在已開發世界——並且忘掉那些邊疆民族和古羅馬——透明性的法則是否就適用?不,它們不適用。

想像以下的假想情況。你走過一條狹窄的長廊,進入一個黑暗的房間。你坐下來聽卡夫卡(Franz Kafka)的短篇小說有聲書,然後接受一個你剛才聽到內容的記憶測試。你做完測試並回到走廊,但在你聽卡夫卡小說的時候,一個團隊已做了許多事。走廊實際上是由許多臨時隔間構成的。現在他們已移走隔間,創造一個開闊的空間。這個房間有鮮綠色的牆壁,天花板懸吊著一只燈泡,照射在一張鮮紅色的椅子。坐在椅子上的是你最好的朋友,表情很嚴肅。你走出黑暗房間時以為會回到同一條狹窄的長廊,但卻進入一個不是房間的房間。而你的朋友像是一部恐怖電影裡的角色那樣瞪著你。

你會不會很驚訝?你當然會。你臉上會是什麼表情?你的表情不會和處在這種情況下的特羅布里恩群島人相同,也不會和古羅馬的市民一樣。但在我們的文化中,在這個時間和地點,驚訝是什麼表情已經形成共識。在《六人行》的同一集中有一個絕佳的例子。羅斯的室友喬伊衝進莫妮卡的公寓，發現他的兩個好朋友想殺了彼此，而他的臉告訴你一切你需要知道的東西：AU1＋2（眉毛抬起）加上AU5（眼睛睜大）加上AU25＋26，代表下巴往下掉。你做了喬伊的表情，對吧？不對。

兩位德國心理學家席茨渥爾（Achim Schützwohl）和雷森辛（Rainer Reisenzein）創造了完全相同的情況，並對六十個人做了實驗。這六十個人以從一到十的等級，為自己完成卡夫卡測驗後打開門的驚訝感覺評分，平均為八．一四。他們完全驚呆了！在接下來的詢問中，幾乎所有人都相信他們的驚嚇完全寫在臉上。但實際上並非如此。席茨渥爾和雷森辛在角落放了一架攝影機，用來為每個人的表情編碼，就像富蓋特為《六人行》劇集編碼那樣。只有五％的人眼睛張大、眉毛抬起和下巴往下掉。有一七％的人呈現這些表情中的兩種。其餘的人則混合了面無表情、有一點表情和你完全不會聯想到是驚訝的其他表情——例如眉頭緊鎖。[3]

「所有參與者都大幅高估他們的驚訝表達。」席茨渥爾寫道。為什麼？他們「從對情緒與表情關係的民間心理學信念……推論他們對驚訝事件可能出現的臉部表情」。民間心理學（folk-psychology）是我們從文化來源（例如情境喜劇）汲取的粗糙心理學，但真實生活的情況卻非如此。透明性是一個迷思——一個我們從看太多電視和讀太多小說吸收的概念，電視和小說裡的英雄都是「驚嚇得下巴往下掉」或「驚訝得眼睛睜大」。席茨渥爾繼續說：「參與實驗者顯然推想說，因為他們覺得驚訝，而且驚訝是與特定的臉部表情有關，所以他們一定顯露出這種表情。在大多數情況下，這種推想是錯誤的。」

我不認為這個錯誤——期待外顯的表情完全符合內在的感受——對我們周遭的人有什麼重要性。了解一個人的意思，在於有一部分是了解他們的情緒表達有多特異。我父親有一次在我父母租的度假小屋淋浴時，聽到我母親尖叫。他跑出來看到一個高大的年輕人拿著小刀頂著我母親喉嚨。他的反應是什麼？別忘了他是一個七十歲的老人，沒穿衣服，身上濕答答。他指著那個攻擊者，用響亮、清楚的聲音說：「馬上給我滾出去。」那個人照做了。

我父親心裡嚇壞了。他人生中最寶貴的人——他半世紀以來摯愛的妻子——在刀尖下被挾持。但我不相信他臉上有顯露任何懼色。他的眼睛沒有因為驚恐而張大，他的聲音沒

3 一七%的數字包括三個人（五%）展現所有三種表情。只有七個人剛好展現兩種表情。此外，雖然絕大多數人認為自己表達出驚訝，但有一個特別有自覺的人說，他不認為自己有顯示出任何一點驚訝。

有高八度。如果你認識我父親，你可能看過他面對其他充滿壓力的情況，而你將了解「驚嚇」的表情絕不會出現在他臉上，不管是任何狀況。在面對危機時，他變得完全冷靜。但如果你不認識他，你會怎麼想？你會認為他冷酷？沒有感情？當我們面對陌生人時，我們必須以概念——刻板印象來取代直接的體驗。而這種刻板印象經常是錯的。

附帶一提，你知道特羅布里恩人如何表現驚訝嗎？當克里維利剛到時，他帶了一台iPod，島民紛紛圍觀讚嘆。「他們靠近我，我秀給他們看……他們嚇壞了，但他們的表現不是像『哇呀！』」他表演一個完美的AU1＋2＋5。「不，他們的表現是這樣。」他用舌頭頂著上顎發出一種聲音：「他們開始卡嗒，卡嗒，卡嗒。」

六

這是對第二章第二個謎題的解釋，有關於為什麼電腦在做保釋決定的判斷上表現比法官好。電腦看不到被告，而法官看得到，照邏輯來說，看額外的資訊應該讓法官變成更好的做決定者。紐約州的法官索羅門可以審視站在面前的人，臉上是否有精神疾病的跡象——表情木然、心神不寧、逃避目光接觸。被告站在他面前不超過十呎，索羅門有機會感受他所評估的人。但額外的資訊實際上沒有用。驚訝的人未必看起來驚訝。有情緒問題的人不一定看起來有情緒問題。

幾年前德州有一個著名的例子，一個叫渥克（Patrick Dale Walker）的年輕人用槍抵住他前女友的頭——幸好他扣扳機時子彈卡在槍膛。這個案子的法官判定保釋金一百萬美元，但在渥克入監四天後將它調降為兩萬五千美元，理由是這段時間已長到足夠讓他「冷靜下來」。法官後來解釋，渥克沒有任何前科，「甚至沒被開過一張交通罰單」。他溫文有禮：「他是一個真正低調、態度溫和的年輕人。據我了解，那個孩子是很聰明的小孩。他高中畢業時是班上的致詞代表。他大學畢業。那應該是他的第一個女朋友。」據法官說，最重要的是，渥克顯得很後悔。

法官認為渥克很透明，但「顯得很後悔」是什麼意思？他是否換上悲傷的表情、眼睛往下看、低著頭，就像他在上千個電視節目中看過演員表現後悔那樣？為什麼只要有人換上悲傷的表情、眼睛往下看、低著頭，我們就以為他們的心會發生巨大的變化？人生不像《六人行》。親眼看渥克並沒有幫上法官的忙，反而害了他。它讓渥克得以脫卸一個單純的事實，就是他曾拿槍抵著女友的頭，只因為槍卡膛而沒有殺了她。四個月後，渥克保釋在外，他把女友射殺致死。

穆拉尹納山團隊寫道：

> 不管導致法官預測錯誤的那些未被觀察到的變數是什麼——包括內在的情況，如情緒；或案件的特定性質被突顯和強調，如被告的外表——它們不是判讀個人資訊的來源，反而是預測錯誤的來源。不可觀察的因素製造了噪音，而非訊號。

解譯：法官較之電腦所擁有的優勢，實際上不是優勢。

我們是否應該從穆拉尹納山的研究得到一個合邏輯的結論？我們是否應該不讓法官看到被告？也許當一個女人戴著面紗上法庭時，正確的反應不是駁回她的案子——而是要求每個人都戴上面紗。照這個邏輯，你也值得自問，在你僱用保母時是否應該親自見她，或者你的雇主安排面談後再決定給你工作是否明智。

但是我們當然不能拒絕個人接觸，對吧？如果每個重要的交易都匿名進行，世界的運作可能大亂。我問索羅門法官這個問題，而他的回答很值得考慮。

葛拉威爾：如果你不看被告呢？這樣會不會更好？

索羅門：我會不會寧可如此？

葛拉威爾：對，你會不會寧可如此？

索羅門：我大腦的一部分說，我寧可如此，因為把人關進牢裡的困難決定會變得較容易些。但那是不對的……一個人遭到國家監禁，國家必須有剝奪這個人自由的理由，對不對？但現在我得把他們想成是尚未命名的新產品。

透明性問題到最後回到和預設為真問題一樣的地方。我們和陌生人打交道的策略有許多根本缺陷，但它們也是社交上不可缺少的。我們需要讓刑事司法體系和僱用員工與保母的程序人性化，但人性的要求意謂我們必須容忍無數的錯誤。這是與陌生人談話的矛盾。我們必須和陌生人談話，但我們很不擅長此道——而且正如我們將在下兩章看到的，我們對自己在這方面做得多差並不總是很誠實。

索羅門：所以，雖然我的大腦有一個念頭說：「是的，好吧，不看會比較容易些。」但站在我面前的人看著我，而我看著他。在被告陳述時，他的家人坐在旁聽席上對我揮手，你知道，他有三個家人都在那裡……你應該知道你的決定會影響這個人，所以你不能掉以輕心。

第七章

諾克斯案（簡短）釋疑

一

二〇〇七年十一月一日晚上，柯雀兒（Meredith Kercher）遭到季德（Rudy Guede）謀殺。經過漫長的陳述、揣測和爭議後，他被定罪。季德是個陰暗的人物，他曾在義大利佩魯賈市（Perugia）柯雀兒住的房子周圍徘徊，柯雀兒是一個美國大學生，住在義大利一年。季德有犯罪紀錄，他承認柯雀兒被謀殺那天晚上到過她的住處——但無法說出合理的理由。犯罪現場到處找得到他的DNA。柯雀兒的屍體被發現後，季德立即離開義大利到德國。

但季德不是警方調查的唯一焦點——也不是柯雀兒屍體被發現後，引來大批媒體關注中理所當然的焦點。焦點反而是在柯雀兒的室友，她的名字叫諾克斯。她在某天早上回住處時發現浴室的血跡，她和她男友索雷西多（Raffaele Sollecito）打電話報警。警方趕到後發現柯雀兒死在她臥房，幾個小時後，他們把諾克斯和索雷西多列入嫌犯名單。警方認為，這樁犯罪的原因是毒品和酒精助興下的性派對失控，牽涉季德、索雷西多和諾克斯。他們三個人遭逮捕、起訴、定罪並送進監獄——整個過程被八卦小報著魔般地詳細報導。

英國記者皮薩（Nick Pisa）在報導諾克斯的紀錄片——這個案件衍生的大量書籍、學術專文、雜誌文章、電影和新聞節目之一——中說：「謀殺案總是吸引人注意。好奇、神祕，大家都想知道是誰幹的。而地點是義大利中部一個優美、風景如畫的山中小鎮，讓這樁謀殺案顯得特別可怕。割喉、幾近裸體、血跡斑斑。我是說，你對一則故事還能要求更多嗎？」

其他備受矚目的犯罪新聞如辛普森案（O. J. Simpson）和拉姆西案（JonBenét Ramsey），在你五年或十年後重新審視它時，還是一樣令人著迷。但諾克斯案不一樣。在事後看來，它完全讓人不解。沒有任何具體證據可以牽連諾克斯或她男朋友到這樁罪行，也沒有任何可信的解釋可以證明諾克斯——一個不成熟、備受呵護、來自西雅圖的中產階級女孩——會想與一名她幾乎不認識的問題流浪漢從事危險性遊戲。警方對她的調查，後來被揭露充滿令人驚駭的無能。指控她和索雷西多涉案的DNA證據分析完全是胡亂拼湊的。她的檢察官極度不負責，執迷於蓄意性犯罪的幻想。最後只能靠義大利最高法院的判決，在這個案件發生「八年後」才終於還諾克斯清白。即使到那時候，許多原本聰明、深思熟慮的人仍然持有不同看法。當諾克斯從監獄被釋放時，大群憤怒的民眾聚集在佩魯賈市廣場抗議她的釋放。諾克斯案沒有任何道理可言。

我可以條列分析柯雀兒被謀殺的調查出了什麼差錯，這些內容可以輕易增加本書的篇幅。我也可以推薦你閱讀最縝密的學者分析調查過程有何法律瑕疵，例如吉爾（Peter Gill）無懈可擊的〈分析諾克斯和索雷西多的司法誤判及其影響〉，刊登於二〇一六年七月分的犯罪學期刊《國際鑑識科學》（*Forensic Science International*），其中包括下列段落：

> 樣品B放大後的DNA產物也經過毛細管膠體電泳（CGE）檢驗。電泳圖顯示的峰值，低於報告的臨界值和大多數基因座的特異性不平衡。我計算只有六個等位基因高於報告的臨界值。電泳圖顯示部分被宣稱符合柯雀兒的DNA圖譜鑑

定。因此，樣品B幾乎無法解釋。

不過，讓我用最簡單和最少的篇幅來解釋諾克斯案有哪些理論。這個案件最重要的一點是透明性。如果你相信一個陌生人的外表和行為是他們感受的可靠線索——如果你相信《六人行》的謬誤——那麼你就會犯錯。諾克斯就是這種錯誤的例子。

二

讓我們暫時回到我在第三章談到的萊文理論。如果你還記得，萊文為大學生設計一項偷拍實驗。他讓他們做一個小測驗，做到一半時指導員離開房間，把答案留在她桌上。然後萊文訪問學生，直截了當問他們是否作弊。有些人說謊，有些人說實話。然後他播放這些訪談錄影帶給人們看，並詢問他們是否能看出哪些學生說謊。

社會科學家多年來已經做了許多這類實驗。實驗中有一名「發送者」——實驗對象——和一名「判斷者」，然後衡量判斷者能多麼準確地發現發送者的謊言。萊文發現的就是心理學家經常在這類實驗發現的事，亦即大多數人不擅長察覺謊言。平均來說，判斷者正確辨識說謊者的比率為五四%——只略高於機率。不管判斷者是誰，結果都一樣。學生的表現很差，聯邦調查局探員的表現很差，中情局官員很差，律師也很差。也許有少數幾個「超級偵探」能打敗機率。但即使有，他們也很罕見。為什麼？

第一個答案是我們在第三章談到的答案。我們容易預設為真。基於一些好理由，我們寧可給予他人善意的信任，並假設與我們談話的人是誠實的。但萊文對這個解釋並不滿意，問題顯然比預設為真更深奧。特別是他對謊言通常是在事實發生後——幾週、幾個月，有時候好幾年——才被發現感到驚訝。

例如，卡邁可在第一次會談時告訴蒙提斯：「聽著，蒙提斯，我有理由懷疑你可能涉及一樁反情報影響戰。」她呆坐在那裡看著他，好像汽車頭燈前的鹿。在事後回想中，卡邁可認為那是個警訊。如果她是無辜的，她會有話要說——她會大聲抗議。但蒙提斯有什麼反應？她「什麼也沒做，只是坐在那裡」。

不過，在當下，卡邁可錯失了那個線索。蒙提斯只是恰巧被揭發，那是四年後的事。萊文發現，我們幾乎總是在當下錯失關鍵線索——而他對此感到困惑。為什麼？為什麼在有人告訴你謊言的那一刻特別容易讓我們失常？為了尋找答案，萊文回到他的錄影帶。

以下是萊文播放給我看的另一段影片，內容是一名年輕女人——我們姑且稱她為莎麗（Sally）。萊文帶她順利回答幾個直接的問題後，關鍵時刻出現了：

訪問者：好，瑞秋離開房間後，有沒有發生任何作弊行為？

莎麗：沒有。

訪問者：你告訴我的是實話嗎？

莎麗：是的。

訪問者：當我訪問你的夥伴時，我會問她相同的問題，她會怎麼說？

莎麗停頓一下，看起來不確定。

莎麗：可能是……同樣的回答。

訪問者：好。

萊文問「有沒有發生任何作弊行為？」這個問題時，莎麗的手臂和臉開始轉變為紅色。稱它為困窘的臉紅還不夠傳神，莎麗給「當場活逮」的表情賦予了新意義。然後是關鍵的問題：你的夥伴會怎麼說？臉紅的莎麗甚至無法說出令人信服的「她會同意我的說法」。她支吾一下，然後小聲說：「可能是……同樣的回答。」可能？臉紅的莎麗在說謊，而且每個被找來判斷錄影帶的人都知道她在說謊。

以下是萊文播給我看的另一段影片，內容是一個女人在整個訪問過程中，強迫式地玩弄她的頭髮。讓我們稱她為緊張奈莉（Nervous Nelly）。

訪問者：好，瑞秋被召喚離開房間。當她不在時，有沒有任何作弊發生？

緊張奈莉：事實上我的夥伴確實想看答案，我說不行——我好像說：「我想知道我們答對了幾題。」——因為我向來不作弊。我認為那是壞事，所以我不做。我告訴她不行。我好像說：「我不想那麼做。」但她說：「好吧，我們只看一題就好。」我好像說：「不，我不想那麼做。」我不知道那算不算作弊，但不行，我們沒有那麼做。

訪問者：好，所以你告訴我有關作弊的事是實話？

緊張奈莉：是的，我們沒有——她想要……我的夥伴真的說：「我們只看一題就好。」我好像說：「不，那樣不酷。我不想那麼做。」我只有說：「我很驚訝他們把所有錢都留在那裡。」我真的不偷竊或作弊。我就是這樣的好人。我只是有點驚訝，因為在正常情況下，當有人把錢留下時，你會去拿——那就是大家都會做的事。但不行，我們沒有作弊。我們沒有偷竊任何東西。

捻弄頭髮的動作一直沒停過。猶豫、過度自衛、反覆解釋、坐立不安和低度躁動的反應也沒停過。

訪問者：好，所以當我通知你的夥伴接受訪問時，她會如何回答我那個問題？

緊張奈莉：我想她會說她原本想看。

訪問者：好。

緊張奈莉：如果她給你不一樣的回答，那就太不酷了，因為我說：「不行，我完全不想作弊。」她只是說：「為什麼不能只看一題？」她說：「答案就在那裡。」而我好像說：「不，我不會那麼做。那不是我的作風。我不會做那種事。」

我深信緊張奈莉在說謊。如果你看到她的行為，也會做出相同的結論。每個人都認為緊張奈莉在說謊。但她沒有說謊！當她的夥伴向萊文回報時，她確認緊張奈莉所說的一切。

萊文一再發現這個模式。例如，在一個實驗中，八〇%的判斷者對一群接受訪問者做了錯誤的判斷，而有八〇%以上的判斷者對另一群人的判斷正確。

所以這該怎麼解釋？萊文認為，這是透明性的假設在發揮作用。我們往往根據人的外表來判斷是否誠實。能言善道、自信、握手有力、友善和有魅力的人，被認為值得相信。緊張、閃爍、口吃、不自在、做飄渺而繞圈子解釋的人則不值得相信。幾年前做了一項針對欺騙的態度調查，受調者包括世界五十八國的數千個人，有六三%的人表示他們最常用的線索是看到說謊者「閃躲目光」。我們認為在真實生活中的說謊者行為會像《六人行》

裡的說謊者——用局促不安和閃躲眼神來傳達他們的內心狀態。

這是——委婉地說——胡說八道。說謊者不會閃躲目光。但萊文的重點是，我們對與欺騙有關的一些非語言行為的固執信念，解釋了他的說謊錄影帶發現的模式。我們判斷正確的那些人，都是因為他們的誠實與否剛好與他們的外表一致。臉紅的莎麗表裡一致。她的行為就像我們對說謊者行為的刻板印象，而且她剛好是在說謊。這是我們都對她判斷正確的原因。在《六人行》影集裡，當莫妮卡終於對她哥哥羅斯說破她與錢德勒的關係，她拉起羅斯的手說：「我很抱歉你必須用這種方式發現。我很抱歉，但這是真的，我也愛他。」我們在那一刻相信她——她是真的抱歉，而且真的墜入愛河，因為她完全表裡一致。她很真誠，而且她看起來真誠。

不過，當說謊者的行為像誠實的人，或當誠實者的行為像說謊的人時，我們便陷於混亂。緊張奈莉表裡不一致，她看起來像在說謊，但她不是說謊，她只是緊張！換句話說，人類不是糟糕的謊言偵察者。我們只是在**當我們判斷的人表裡不一致時，才是糟糕的謊言偵察者**。

馬科波洛斯在追查馬多夫的過程中，曾找上經驗豐富的金融新聞記者奧克蘭特

（Michael Ocrant）。他說服奧克蘭特嚴肅地把馬多夫視為潛在的詐騙者，甚至讓奧克蘭特約到馬多夫做個人採訪。但結果呢？

「倒不是他的回答讓我印象深刻，而是他的整個外表。」奧克蘭特在多年後說。

和他坐在一起幾乎不可能相信他完全是個騙子。我記得當時心裡想，如果他們（馬科波洛斯的團隊）說對了，他是經營一個龐氏騙局，那麼他如果不是我所見過最好的演員，就是徹底的反社會者。他沒有露出一絲愧疚、羞恥或良心不安。他很低調，幾乎就像他覺得接受訪問很有趣。他的態度就好像「神智正常的人怎麼可能懷疑我？我無法相信會有人擔心這一點」。

馬多夫表裡不一致。他是說謊者，但有誠實的外表。而奧克蘭特——他在思想層次上知道其中有問題——卻被親眼見到馬多夫影響而放棄追查和報導。你能怪他嗎？第一是預設為真的影響，讓這個詐騙大師取得先機。再加上表裡不一致，就不難了解為什麼馬多夫可以愚弄這麼多人這麼久。

還有為什麼這麼多見過希特勒的英國政治人物，如此離譜地誤判他？因為希特勒也是表裡不一致。記得張伯倫對希特勒用雙手與他握手的評論嗎？張伯倫相信希特勒只會用雙手與他喜歡和信任的人握手。對許多人來說，溫暖和熱情的握手確實表示我們對會見的人溫暖和熱情。但希特勒不是。他是不誠實的人，但他假裝誠實。[1]

三

那麼，諾克斯的問題出在哪裡？她表裡不一致。她是無辜的人，但外表像有罪。她是緊張奈莉。

諾克斯——對不認識她的人來說——令人困惑。在罪行發生時，她二十歲且長得漂亮，有高顴骨和動人的藍眼睛。她的綽號是「狐狸諾克斯」（Foxy Knoxy）。八卦小報拿到一份名單，上面是她自稱曾經睡過的男人。她是蛇蠍美人——沒有羞恥心而且性感。她室友遭到殘酷謀殺後隔天，她被看到和她男友在一家內衣店購買紅色內衣。

事實上，「狐狸諾克斯」的綽號與性無關。那是在她十三歲被足球隊隊友取的稱號，

1 以下是另一個例子：焦哈爾．查納耶夫（Dzhokhar Tsarnaev）是二〇一三年在波士頓馬拉松比賽安置一連串致命炸彈的兩名車臣兄弟之一。查納耶夫的審判最主要的問題是，他能不能免於死刑。檢察官佩萊格里尼（Nadine Pellegrini）強烈主張他不應免於死刑，因為他對自己的行為毫無悔意。有一次佩萊格里尼向陪審團展示一張查納耶夫在牢房裡的照片，他對裝在角落的攝影機比中指。「他要傳達最後一個訊息。」她說，並形容查納耶夫「不關心、不懺悔，和不改變」。在判決前夕，史蒂芬森（Seth Stevenson）在《石板》雜誌（*Slate*）上寫道：

> 雖然太過相信姿態和動作的判讀有其風險，但查納耶夫確實沒有很努力在陪審團前表現學乖和悔過。週二從法庭向媒體室轉播的閉路攝影機，解析度不夠高到讓我能百分之百確定，但是：我很確定在佩萊格里尼展示他比中指的照片後，查納耶夫露出得意的笑。

當然，查納耶夫被宣告有罪，並被判死刑。後來，十二人陪審團中有十人說，他們相信他沒有悔意。但心理學家巴瑞特（Lisa Feldman Barrett）指出，所有針對查納耶夫對他的行為有沒有悔意的討論，就是透明性陷阱的絕佳例子。陪審團假設查納耶夫內心的感受會表現在臉上，並且符合美國人對情緒應該如何展現的概念。但查納耶夫不是美國人。在她的書《情緒跟你以為的不一樣》（*How Emotions Are Made*）中，巴瑞特寫道：

> 在波士頓馬拉松爆炸案中，如果查納耶夫為他的行為感到後悔，那看起來會像什麼樣子？他會不會公開哭泣？乞求他的受害者原諒？解說他行為的錯誤？也許會，如果他照美國人對表達悔意的刻板印象做的話，或者如果這是好萊塢電影裡的審判。但查納耶夫是來自車臣，是有穆斯林信仰的年輕人……車臣文化期待男人在面對逆境時不顯露情緒。如果他們打輸一場仗，他們應該勇敢接受失敗，這是被稱為「車臣狼」的心態。所以如果查納耶夫感到後悔，他很可能保持面無表情。

因為她在球場上靈巧的盤球動作而得名。她在室友被謀殺幾天後購買紅色內衣，是因為她的住處是犯罪現場，她無法拿到自己的衣物。她不是蛇蠍美人。[2]她是個不成熟的年輕女人，剛脫離笨拙、長痘子的少女時期沒有幾年。不知羞恥而且性感？諾克斯其實有點特立獨行。

「我是個古怪的孩子，常和陰晴不定的漫畫迷、被放逐的同性戀孩子和戲劇怪胎在一起。」二〇一一年她終於被從義大利監獄釋放後，在出版的自傳中寫道。

在高中時代，她是接受財務補助的中產階級孩子，四周都是家境富裕的同學。「我學日文，在教室走廊走路時大聲唱歌。由於我無法真正融入，我乾脆做自己，但這樣反而更讓我始終無法融入。」

裡外一致的人順從社會的期待。他們的意圖與他們的行為一致。裡外不一致的人令人困惑且難以預測：「我會做一些讓大多數青少年和成人尷尬的事——像埃及人或一頭大象那樣走在街上——但小孩子會覺得好笑到不行。」

柯雀兒的謀殺案改變了柯雀兒朋友圈的行為。他們暗自哭泣，保持緘默，小聲表達他們的同情。諾克斯不是這樣。

聽聽我從英國新聞記者弗蘭恩（John Follain）寫的《佩魯賈之死》（*Death in Perugia*）摘錄的幾個引句——隨機摘錄的——相信我，類似的內容還有很多。以下是弗蘭恩的描述，在謀殺案發生後隔天，柯雀兒的朋友與諾克斯和索雷西多在警察局會面的情況。

「噢，諾克斯。我很遺憾！」蘇菲（Sophie）說，一面本能地用手臂環繞她，給她一個大擁抱。

諾克斯沒有回抱蘇菲，反而僵在那裡，手臂垂放在她兩側。諾克斯沒有說話。驚訝的蘇菲經過兩秒鐘後放開她，並向後退。諾克斯臉上沒有一絲情緒。索雷西多走近諾克斯，並握住她的手；這對情侶就只是站在那裡，沒理會蘇菲，而是望著彼此。

然後：

2諾克斯的愛人名單也不是那麼回事。為了唬嚇諾克斯，義大利警方對她謊稱她是人類免疫不全病毒（HIV）陽性。在監獄裡害怕又孤獨的諾克斯寫出她過去的性伴侶，以釐清這是怎麼發生的。

諾克斯坐下來，把腳擱在索雷西多腿上……兩個人愛撫並親吻彼此；有時候他們還笑出來。

諾克斯怎麼可以做出這樣的行為？蘇菲問自己。她不在乎嗎？

然後：

大多數柯雀兒的朋友都在哭泣或看起來很悲痛，但諾克斯和索雷西多在親吻或在送飛吻給彼此時，發出嘖嘖的聲音。

然後：

「希望她沒有受苦。」納塔莉（Natalie）說。

「你在想什麼？他們割破她的喉嚨，納塔莉。她是他媽的流血到死的！」諾克斯回嘴說。

諾克斯的話讓納塔莉背脊發涼；她對諾克斯談到有不只一位的兇手，以及她語氣的冷酷感到很驚訝。納塔莉心想，好像她不在乎柯雀兒的死。

美國廣播公司（ABC）新聞記者索伊爾（Diane Sawyer）訪問諾克斯時，問到上述在警察局的對話，即諾克斯冷冷地回答柯雀兒的朋友說：「她是他媽的流血到死的。」

諾克斯：沒錯，我很憤怒。我正在踱步，想柯雀兒經歷了什麼。

索伊爾：現在後悔說了那些話？

諾克斯：我希望我當時比較成熟點，是的。

在一個通常會做出同情反應的情況下，諾克斯說話很大聲，而且情緒憤怒。訪問繼續下去：

索伊爾：你現在可以看出，那看起來不像悲傷。那感覺起來不像悲傷。

這次訪問是在柯雀兒案的司法誤判已很確定後很久進行的。諾克斯才剛在義大利監獄被關了四年後釋放，她犯的罪，只是她的行為不符合我們認為在室友被謀殺後應該如何反應的預期。但索伊爾對她說什麼？索伊爾責備她的行為不符合我們的預期。

在訪問前的介紹中，這位新聞主播說，諾克斯的案子仍然充滿爭議，部分原因是「對許多人來說，她聲稱無罪似乎意謂她的冷酷和充滿心機，甚於她的毫無悔意」——這又是更加古怪的說法，對不對？為什麼我們期待諾克斯感到悔意？我們期待有罪的人有悔意。諾克斯沒有做壞事，但她還是被批評「冷酷和充滿心機」。不管在哪一個階段，諾克斯都逃避不了她的「怪異個性」遭到審查。

諾克斯：我想每個人對恐怖的事情反應都不同。

她說得對！為什麼對謀殺案的反應不能是憤怒，而只能是悲傷？如果你是諾克斯的朋友，這不會讓你驚訝，因為你見過諾克斯像一頭大象那樣走在街上。但對陌生人，我們卻無法容忍不在預期範圍內的情緒反應。

在等候接受警方訪談時——在柯雀兒的屍體被發現後四天——諾克斯決定做做伸展運動。她已經一連幾個小時坐著，蜷縮著。她碰觸自己的腳趾，把手臂舉過頭頂。值勤的警察對她說：「你似乎彈性很好。」

我回答：「我以前常練瑜伽。」他說：「你可以做給我看嗎？你還能做什麼動作？」我走近電梯幾步，做了一個劈腿。知道自己還能做劈腿的感覺真好。我還在地板上時——兩腿張開——這時剛好電梯門打了開來。前一天斥責索雷西多和我在親吻的警察費卡拉（Rita Ficarra）走出來。「你在做什麼？」她問道，聲音充滿輕蔑。[3]

3 這類事情多到不可勝數。對本案的檢察官來說，見真章的時刻是他帶諾克斯進入廚房去看菜刀架，以確定是否少掉什麼。「她開始用手掌拍擊自己的耳朵，好像記起什麼雜音、聲音、尖叫。柯雀兒的尖叫。毫無疑問地，我開始懷疑諾克斯。」或者像這件事：在一家餐廳和柯雀兒的朋友一起吃晚餐時，諾克斯突然大聲唱歌。「但在西雅圖會引來大笑的動作，在佩魯賈市只引來尷尬的表情。」她寫道：「當時我沒有想到，同樣的俏皮話在家鄉我的朋友聽來很親切，在這裡卻可能冒犯無法容忍差異的人。」

本案的主辦調查員吉歐畢（Edgardo Giobi）說，他從諾克斯帶他檢視犯罪現場那一刻起就懷疑諾克斯。當她穿上保護鞋套時，她扭扭屁股說：「你看！」「我們找到足以定罪的證據。」吉歐畢說：「方法是密切觀察嫌犯在審訊期間的心理和行為反應。我們不需要依賴其他類型的調查。」

本案的檢察官米尼尼（Giuliano Mignini）不理會愈來愈多針對他的辦公室處理該謀殺案的批評。為什麼那麼多人專注在拼湊出來的DNA分析？「每一項證據都會有不確定的因素。」他說。真正的問題是諾克斯的表裡不一致。「我必須提醒你，她的行為完全無法解釋，完全非理性。這一點是毫無疑問的。」[4]

從馬多夫到諾克斯，我們碰到表裡不一致就束手無策。

四

萊文的發現最令人不安的是，當他播放說謊錄影帶給一群老練的執法幹員看——有十五年以上審訊經驗的人——所得到的結果。過去他為他的實驗挑選的判斷者，都是學生或來自一般行業的成人，他們的表現都不好，但這也許早在預料中。如果你是房地產經紀人或哲學系學生，在審訊中辨識欺騙可能不是你常做的事。但是他想，也許以這種工作為職業的人結果會較好。

他們在某方面的表現確實較好。在判斷「表裡一致」的行為者上，老練的審訊員表現很完美。一般人正確判讀這類錄影帶的比率可以達到七〇％或七五％。但萊文找來的有經驗的專家對表裡一致的行為者，判斷正確的比率達到百分之百。不過，對表裡不一致的行為者，他們的表現一塌糊塗：他們判斷正確的比率只有二〇％。而在表現誠懇的說謊者這個次項上，他們的正確率只有一四％——分數低到足以讓被聯邦調查局探員帶進審訊室的任何人背脊發涼。當他們碰上臉紅莎麗時——簡單的案例——他們表現得無懈可擊。但當他們來到諾克斯和馬多夫的世界，他們卻手氣不佳。

4「諾克斯引發我興趣的是，她的輕度不正常讓她陷入這場災劫，那是在每個校園和每個工作場所都看得到的尋常不正常。」批評家迪布利（Tom Dibblee）在談論本案的精闢文章中寫道：「這種輕度不正常會激發私下的懷疑和閒言閒語，這種輕度不正常經常發生在我們的日常生活，影響我們選擇與誰交往和與誰疏遠。」

這令人感到喪氣，因為我們不需要執法專家幫助我們了解表裡一致的陌生人。我們都很擅長察覺這種人什麼時候想誤導我們，或告訴我們實話。我們需要有人幫忙了解表裡不一致的陌生人——較困難的狀況。受過訓練的審訊專家應該很擅長識破令人困惑的外表訊號，了解緊張奈莉的過度解釋和保護自我，那就是她誠實的展現——她就是一個過度解釋和保護自我的人。警官應該能在這個古怪、舉止不合宜、成長於不同文化背景的女孩說「你看！」時，了解到她只不過是個來自不同文化背景的古怪女孩。但我們看到的並非如此，那些負責判斷誰無辜和誰有罪的人，似乎在判斷最難的例子時，表現得和我們一樣差，**甚至比我們糟**。

這是錯誤定罪的部分原因嗎？是司法體制沒有能力給表裡不一致的人正義？這就是做保釋決定的法官表現不如電腦的理由嗎？我們在完全無害的人等候審判期間，把他們送進監獄，只是因為他們看起來不太對嗎？我們都接受體制性的判斷有缺陷和不精確，因為我們相信這類錯誤是隨機的。但萊文的研究顯示，它們不是隨機的——而是我們建造了一個世界，有系統地歧視某些類別的人，只因為這些人無意中違反了透明性的荒謬概念。諾克斯的故事值得反覆傳述，不是因為它是一生難得一見的精彩犯罪故事——一個美麗的女人、一個風景如畫的義大利山中小鎮，和一樁令人毛骨悚然的謀殺案。它值得傳述是因為它隨時都在發生。

「她的眼睛似乎沒有一絲悲傷，而我記得我心想，她是不是可能涉案。」柯雀兒的朋友之一說。

諾克斯長期以來不斷聽到這類話——完全不認識她的陌生人，根據她的表情而自以為了解她。

「柯雀兒被謀殺的房間裡沒有一絲我的跡證。」諾克斯在她的紀錄片結尾時說：「但你們想從我的眼睛找尋答案……你們看著我。為什麼？這是我的眼睛，不是客觀證據。」

第八章
案例研究：兄弟會派對

一

檢方：在你回卡帕阿爾發兄弟會（Kappa Alpha house）路上，你有發現任何不尋常的事嗎？

強森：是的。

檢方：你發現什麼？

強森：我們看到一個男人在上面——或者我應該這麼說，一個人在另一個人上面。

檢方：那是在哪裡？

強森：很接近卡帕阿爾發兄弟會。

二〇一五年一月十八日大約午夜，加州帕洛阿爾托（Palo Alto），兩名瑞典籍研究生在史丹福大學校園騎自行車前往一個兄弟會派對。他們在派對正進行得火熱的兄弟會外，看到好像有兩個人躺在地上。他們放慢速度以免打擾那兩個人。「我們以為那是他們的私密時間。」其中一名學生強森（Peter Jonsson）後來在法庭作證說。當他們靠得更近時，看到一個男人在上面，男人底下是一名年輕女人。

檢方：上面那個人怎麼樣？你看到那個人做任何動作嗎？

強森：是的，剛開始，他只是扭動一點，然後他開始更用力抽插……

檢方：你看得到底下那個人做了什麼嗎？

強森：什麼也沒做。

強森和他朋友安德特（Carl-Fredrik Arndt）停下自行車，往那兩個人走得更近些。強森喊道：「嘿，一切都好嗎？」上面的男人抬起上身看。強森走得更近。那個男人站起來，開始後退。

強森說：「嘿，你他媽的在幹什麼？她已經沒有知覺。」強森說第二次：「嘿，你他媽的在幹什麼？」那個人開始跑。強森和他朋友追上去，並且撲倒他。

強森撲倒的人是透納，十九歲，史丹福大學一年級生，也是學校游泳隊選手。不到一小時前，他在卡帕阿爾發兄弟會的派對上認識一個年輕女人。透納後來告訴警方，他們一起跳舞，聊天，走到外面，然後躺在地上。後來知道那個女人剛從大學畢業，正受到性攻擊法的保護，化名為朵伊（Emily Doe）。她跟一群朋友參加這個派對，現在一動也不動地躺在一棵松樹下，旁邊就是一個大垃圾箱。她的裙子被掀起至腰部，她的內褲在一旁的地上。她的上衣被拉下來一部分，露出她的一邊胸部。幾個小時後的隔天清晨，她在一家醫院裡甦醒時，一名警官告訴她，她可能遭到性攻擊。她很困惑。她坐起來，進到浴室，發現她的內褲不見了。它已被當作證物取走。

檢方：你進到浴室後發生什麼事？

朵伊：我感覺脖子癢癢的，發現那是松針。然後我以為我可能從樹上跌下來，因為我不知道我為什麼在那裡。

檢方：浴室裡有鏡子嗎？
朵伊：有。
檢方：你從鏡子看得到你的頭髮嗎？
朵伊：看得到。
檢方：你能描述你的頭髮——你的頭髮看起來如何？
朵伊：很凌亂，有小東西突出來。
檢方：你知道你的頭髮怎麼會變那樣嗎？
朵伊：不知道。
檢方：你去過浴室後，又做了什麼？
朵伊：我回到床上。然後他們給我一條毛毯，我把自己包起來。然後我繼續睡。

二

每年世界各地都有無數類似這樣的邂逅，其結局就像史丹福大學卡帕阿爾發兄弟會外面草地上發生的可怕事件。兩名原本不認識的年輕人相遇，彼此聊天，可能很簡短，或者持續好幾個小時。他們可能一起回家，或者發展到這一步前就結束。但在晚上的某個時候，事情開始變糟。據估計每五個美國女大學生就有一個說，她們曾經是性攻擊的受害者。這類例子有很高比率符合這個模式。

這類例子的困難之處是重建事情發生的過程。兩方是否合意？是否一方反對，而另一方忽視對方的反對？或者誤解它？如果透明性的假設構成警察了解嫌犯的阻礙，或法官嘗試「判讀」被告的阻礙，顯然那也會是青少年和年輕成人探索人類生活最複雜的領域之一時的大問題。

看看《華盛頓郵報》／凱薩家庭基金會（Kaiser Family Foundation）二〇一五年調查一千名大學生的結果。這些學生被問到他們是否認為以下的行為表示「同意進一步的性活動」？

如果所有大學生都同意拿保險套暗示可以進行性行為，或者如果每個人都同意親吻或撫觸等前戲「不」構成邀請進一步的行為，那麼同意與否將是一件直截了當的事。當規則很清楚時，雙方就能從對方的行為輕易並正確地推論對方希望怎麼做。但這項調查顯示這

一、脫掉自己的衣服

	是	否	視情況而定	沒意見
所有人	47	49	3	1
男性	50	45	3	2
女性	44	52	3	1

二、拿保險套

	是	否	視情況而定	沒意見
所有人	40	54	4	1
男性	43	51	4	2
女性	38	58	4	1

三、點頭同意

	是	否	視情況而定	沒意見
所有人	54	40	3	3
男性	58	36	3	3
女性	51	44	3	3

四、進行親吻或撫觸等前戲

	是	否	視情況而定	沒意見
所有人	22	74	3	*
男性	30	66	3	*
女性	15	82	3	*

五、沒有說「不」

	是	否	視情況而定	沒意見
所有人	18	77	3	1
男性	20	75	4	1
女性	16	80	2	1

二十九、以下的問題，請告訴我你認為這種情況「是」性攻擊，或「不是」性攻擊，或不清楚。

在雙方沒有明確表達同意下的性活動

	是	否	視情況而定	沒意見
所有人	47	6	46	*
男性	42	7	50	1
女性	52	6	42	—

其中並沒有規則可言。女性對每一個問題都有是或否的看法；有些男性的想法和女性類似，有些則否；兩性都有令人困惑的人，對問題沒有表示意見。

所有年輕男性和女性有半數「不清楚」明確的同意是不是性活動的必要條件，這表示什麼？這是否表示他們以前沒想過這個問題？這是否表示他們寧可就個別情況來判斷？這是否表示他們保留選擇權，有時候沒有明確同意就可以進行，有時候又堅持要明確同意才可進行？諾克斯讓司法體系不知所措，因為她的行為方式與她的感覺脫鉤。但這是因為透明性嚴重失靈。當一個大學生遇見另一個大學生——即使是在雙方都有良善意圖下——想從行為推論性意圖基本上就像擲銅板那樣。正如法律學者羅莉・蕭（Lori Shaw）問的：「當對界限不存在共識時，我們如何期待學生遵守界限？」

不過，在許多這類邂逅中還有第二種複雜的因素。當你讀到愈來愈普遍得令人沮喪的校園性攻擊案例時，有一個很突出的事實是，有許多案例呈現幾乎完全一樣的情況。一名年輕女人和一名年輕男人在派對中相遇，然後展開對彼此意圖的悲劇性誤解——**而且他們都喝醉了**。

三

被告律師：你喝酒了嗎？

透納：我喝了大約五瓶滾石（Rolling Rock）啤酒。

透納在還沒到卡帕阿爾發兄弟會派對前就已開始喝酒。當晚稍早他在他朋友彼得（Peter）的公寓。

被告律師：除了你提到的五瓶滾石啤酒外，你在彼得的房間裡是否也喝了酒？

透納：是的，我喝了一些火球（Fireball）威士忌。

被告律師：你是怎麼喝的？

透納：我直接就著瓶口喝的。

透納來到派對，他繼續喝酒。在加州，駕駛人的法定血液酒精濃度上限為〇・〇八，超過上限就視為酒醉。到了那天晚上結束時，透納的血液酒精值已是上限的兩倍。

朵伊跟著一群人來到派對——和她姊姊、她朋友柯琳（Colleen）和特瑞亞（Trea）。在當晚稍早，特瑞亞喝了一整瓶香檳，還有其他飲料。他們接著再與另一名朋友茱莉亞（Julia）會合，茱莉亞也喝了酒。

檢方：你在晚餐時是否喝了什麼？

茱莉亞：是的。

檢方：你喝了什麼？

茱莉亞：一整瓶葡萄酒。

然後：

檢方：晚餐後你做了什麼？

茱莉亞：晚餐後，我坐Uber到一個叫格里芬套房（Griffin Suite）的地方……

檢方：在格里芬套房發生什麼事？

茱莉亞：暖身。

檢方：那是什麼？

茱莉亞：喔，對不起，那是術語。就是為派對暖身，跟喝酒有關。

暖身後，茱莉亞前往卡帕阿爾發兄弟會派對，她在那裡的地下室發現一瓶沒打開的伏特加酒。

茱莉亞：我打開它，我們把它倒進杯子，喝了幾杯。

再來看看朵伊。

檢方：所以你開始喝威士忌，你喝了多少——在你離開你的屋子前你喝了多少酒？

朵伊：四杯。

檢方：你後來喝的酒，是不是和你之前喝的酒——威士忌——同一種？

朵伊：我之前喝了四杯威士忌和一杯香檳。

檢方：好。所以你記得大約是什麼時間你喝了四杯威士忌和一杯香檳嗎？

朵伊：可能在十點鐘到十點四十五分。

然後她和她朋友前往派對。

檢方：好。所以在你們到處玩鬧，和大夥兒介紹認識後，你們做了什麼？

朵伊：茉莉亞發現一瓶伏特加。

檢方：好。你描述的「一瓶伏特加」是多少？

朵伊：可能這麼大，好市多（Costco）瓶子大小的……

檢方：當她拿出伏特加時，發生什麼事？

朵伊：我把酒倒進一個紅塑膠杯。

檢方：好。你有沒有用任何方式量你的杯子裡有多少伏特加？

朵伊：我想我有，但我量得不準。我一直倒到杯子的第二條量線下面，我想大概有二到三小杯。結果那可能有三到四小杯，因為那條量線是表示五盎司。

檢方：你說的是一個紅塑膠杯。

朵伊：是的。

檢方：就像你常在派對上看到的那種杯子？

朵伊：是的……

檢方：好。當你——在你倒完伏特加後，你做了什麼？

朵伊：我把它喝了。

檢方：你怎麼喝它？

朵伊：就是——喝光。

檢方：一口喝光？

朵伊：差不多是一口。所以我已經感覺醉了，因為我竟能一次喝光它。

然後：

檢方：描述給我們聽，你在這時候醉的程度。

朵伊：嗯，差不多是腦袋一片空白了。我變得有點像啞巴，整個人空了，話說不清楚。只是站在那裡。[1]

檢方：你知道當時是晚上什麼時候嗎？

朵伊：可能午夜左右。

透納就是在這時候走近朵伊。他說她正一個人跳舞。他靠近她，並告訴她喜歡她跳舞的樣子。他說她大笑起來。他們聊天。他邀請她跳舞，她答應了。他說他們跳了十分鐘的舞。他們開始親吻。

被告律師：好。她在親吻中是不是積極回應你？
透納：是的。
被告律師：你記得你和她有任何進一步的談話嗎？
透納：是的。我問她要不要回我的宿舍。
被告律師：好。她有回應嗎？
透納：有。
被告律師：她說了什麼？
透納：她說「好啊」。
被告律師：當時大概已經過了十二點三十分，對不對？
透納：是的。
被告律師：那天晚上你知道她叫什麼名字嗎？
透納：是的。我在我們跳舞時問了她名字，但我沒有記住它。

1 在事件發生時，朵伊的血液酒精濃度是〇．二四九。透納的血液酒精濃度是〇．一七一。她是法律上限的三倍，他是法律上限的兩倍。這些血液酒精濃度數字來自專家證人的證詞。

他說他摟著她的臂膀，兩個人一起離開派對。當他走過建築後方的草坪時，他說兩個人滑倒在地上。

透納：她腳步沒有踏好，所以滑倒了。然後她抱住我，嘗試避免跌倒，那反而也讓我跌倒……

被告律師：然後發生什麼事？

透納：我們大笑起來，我問她沒事吧？

被告律師：她有什麼反應？

透納：有，她說她想應該沒事。

被告律師：然後發生什麼事？

透納：我們開始親吻。

通常在性攻擊案件中，檢方會傳喚證人以質疑被告的說法。但在透納公訴案中，檢方並沒有這麼做。在那個時間點，特瑞亞已經醉茫茫，而朵伊的姊姊和她的朋友柯琳已帶她回茱莉亞的宿舍房間。透納的朋友彼得根本沒出現在派對：他已經醉得太厲害，必須由透納的兩個朋友帶他回宿舍。照理說，當時應該有派對上的其他人可以確認或反駁透納的說法，但那個時候已經過了午夜，燈光已經被調暗，有人已經在桌上跳舞。

所以我們只有透納的說法：

被告律師：然後發生什麼事？

透納：然後我們親吻一陣子，然後我問她要不要我用手指玩她。

被告律師：她有回答你嗎？

透納：有。

被告律師：她說什麼？

透納：她說「好」……

被告律師：在你獲得她同意或允許以手指玩她，而且你也以手指玩她後，發生了什麼事？

透納：我以手指玩她一會兒，而我想她有了一次高潮。然後我……在那時候，我問她是不是很享受，她說：「嗯，嗯。」

然後：

被告律師：在那之後，你做了什麼？

透納：我又開始親吻她，然後我們開始未插入的性交。

根據加州法律，如果一個人因為無意識或酒醉而「無法抗拒」，這個人就無法同意進行性行為。法律學者羅莉・蕭解釋道：

受害者因為酒醉到某個程度，或因為酒醉降低了受害者的性抑制，這個條件還不夠……酒醉的程度和導致的心智損害必須大到受害者無法再對這件事做合理的判斷。正如一位加州檢察官解釋：「酒醉的受害者必須十分『神智不清』，以至於她不了解自己在做什麼，或她四周發生什麼事。那是一個受害者不只是『喝太多酒』

的情況。」

那麼，朵伊在性行為的當時是一個自願的參與者——然後在事後不省人事嗎？或者她在透納把他的手指伸進她體內時「已經」無法同意這件事？透納公訴案是一個有關「酒精」的案件，整個案件的關鍵在於朵伊酒醉的程度。

最後，陪審團做出不利於透納的判決。他的說詞終究讓人無法信服。如果——正如透納說的——他們發生一場溫暖、合意的邂逅，為什麼他面對兩名研究生的質問時逃跑？為什麼他在她不省人事後對她進行「非插入性交」？在剛過午夜後，朵伊留了一封語音留言給她男朋友，這段語音被播給陪審團聽。當時她幾乎已語無倫次。如果法律標準是「失去神智以至於她不了解自己在做什麼」，那麼她聽起來已很接近這個程度。

在審判的結辯中，檢察官給陪審團看一張朵伊的照片，是她躺在地上時拍的。她的衣服被脫去一半，她的頭髮一團凌亂。她躺在滿地松針上，背景是一個垃圾箱。「沒有一個自重的女人在神智清醒下會想在這個地方性交。」檢察官說：「光是這張照片就能告訴你們，他趁她神智不清時占她便宜。」透納被判觸犯三項與非法使用手指有關的重罪：蓄意強暴酒醉或無意識者的攻擊罪、與酒醉者性交，以及與無意識者性交。他被判入監六個月，並且必須終其一生被登錄為性侵犯者。

透納案中的「誰」從來不是問題，「什麼」是由陪審團決定，但「為什麼」的問題仍有待釐清。一場顯然無害的舞池邂逅為什麼結局是犯罪？我們知道我們對人是透明的錯誤信念，造成陌生人間各式各樣的問題。它導致我們錯把無辜者當成有罪者，和把有罪者當成無辜者。甚至在殺傷力最小的情況下，缺乏透明性也能造成男人和女人的派對邂逅變成悲劇事件。那麼，當酒精加入時會發生什麼事？

四

希斯（Dwight Heath）在一九五〇年代中期是耶魯大學人類學系的研究生，他決定到玻利維亞去為他的論文做田野研究。他和妻子安娜（Anna Heath）帶著他們的小男嬰飛到利馬（Lima），然後等候五小時讓機師把增壓器裝上飛機引擎。「這些飛機是二次大戰後美國淘汰的。」希斯回憶說。「它們原本無法飛上一萬呎高空。但我們的目的地拉巴斯（La

Paz）海拔一萬二千呎。」安娜說。當他們飛進安地斯山脈時，他們往下看，看到「好多增壓器故障」的飛機殘骸。

他們從拉巴斯旅行五百哩，進入玻利維亞東部內陸，來到一個叫蒙地洛（Montero）的邊境城鎮。玻利維亞的那一區正好是亞馬遜盆地與查科（Chaco）地區交會之處，那裡既有廣大的森林，又有茂密的草原。該地區的居民為坎巴人（Camba），是印第安原住民和西班牙殖民者混種的後裔。坎巴人說的語言混合了當地的印第安語和十七世紀安達魯西亞的西班牙語。「那裡是地圖上的空白點。」希斯說：「那裡還沒有鐵路，還沒有公路，也是政府管轄鞭長莫及之處。」

他們住在鎮外不遠的一棟小屋。「那裡沒有鋪好路面的道路，沒有人行道。」安娜回憶說。

> 如果鎮上有肉，他們會把獸皮丟在屋前，你就知道肉在哪裡，你會用香蕉葉去盛肉，那就是你的盤子。那裡有塗灰泥和瓦片屋頂的土磚房，鎮廣場上有三棵棕櫚樹。你會聽到牛車的唧咕聲。神父有一輛吉普車。有些女人會供應一大鍋米飯和一

些醬料，那裡就是餐廳。沖咖啡的男人是德國人。我們來玻利維亞那年，總共有八十五個外國人來到這個國家。那裡可不是什麼熱門地點。

在蒙地洛，希斯夫婦進行老式的人種學研究——「吸收一切，」希斯說：「學習一切。」他們藉公開吸菸讓坎巴人相信他們不是傳教士。他們拍數以千計的照片。他們在鎮上到處走動，盡可能和每個人談話，然後希斯回家利用晚上以打字機做筆記。經過一年半後，希斯夫婦收拾他們的照片和筆記回到紐哈芬。希斯在那裡寫他的論文——這時候他才發現他差點錯過了他所研究的社群最神奇的一件事。「你知道嗎，」他手拿著筆記告訴妻子：「我們在玻利維亞時，我們每個週末都出去喝酒？」

他們在玻利維亞的整個期間，希斯夫婦每個週六晚上都被邀請參加飲酒宴。主人會買第一瓶酒，然後發出邀請。大約一打人會到場，然後飲酒宴開始，通常一直持續到週一早上每個人都回去工作。參加飲宴的人並不固定：有時候經過的人也被邀請加入。但宴會的結構具有高度儀式性。一群人圍著圓圈坐，有人可能擊鼓或彈吉他。一瓶從該地製糖廠生產的蘭姆酒和一個小酒杯放在桌上。主人站著，把蘭姆酒注滿酒杯，然後走向圓圈的某個人。他站在「被敬酒者」前，點頭，並舉起酒杯。被敬酒者微笑，並點頭回應。然後主人喝半杯酒，並將它遞給被敬酒者喝完它。被敬酒者最後站起來，把酒杯重新注滿，然後對圓圈裡的另一個人重複這個儀式。當有人太疲倦或太醉時，他們就蜷曲在地上昏睡，等醒來時再重新加入飲宴。

「他們喝的酒很難下咽。」安娜回憶說：「你的眼睛真的會淚流不停。我第一次喝時，心裡想如果我當場吐出來會怎麼樣。甚至坎巴人也說他們不喜歡喝。他們說，喝起來味道很糟，像火在燒。第二天他們流汗會排出那玩意兒。你可以聞得到。」但希斯夫婦勇敢地堅持下去。

「一九五〇年代的人類學研究生必須適應這些事。」希斯說：「你不想冒犯任何人。你不想拒絕任何事。我咬著牙接受那些酒。」

「我們沒有常常喝醉。」安娜繼續說：「因為我們不像其他人那樣頻繁被敬酒。我們是陌生人。但有一天舉行了一場真正的大宴會——六十到八十人。他們喝酒，然後昏睡過去。然後醒來，繼續飲宴下去。而我發現，在他們的飲酒模式裡，我可以把我的酒轉給希斯。丈夫有義務代替妻子喝酒。而希斯拿著一具柯爾曼（Coleman）提燈，用手臂抱著它，所以我說：『希斯，你會燙著你的手臂。』」她模仿她丈夫把手臂從提燈發燙的表面剝起來的模樣。「而他說——意有所指地——『我就是在這麼做』。」

當希斯夫婦回到紐哈芬，他們分析了一瓶坎巴人的蘭姆酒，發現它的酒精純度高達一八〇。那和「實驗室」酒精一樣高——科學家用來保存組織的酒精純度。沒有人喝實驗室酒精。這是希斯的研究第一個驚人的發現——而且可以預期的是，剛開始沒有人相信他。

「耶魯大學有一個世界首屈一指的酒精生理學家。」希斯回憶說：「他的名字叫葛林柏格（Leon Greenberg）。他對我說：『嘿，你的故事很精彩，但你們不可能真的喝那種東西。』他知道這樣刺激我會有反應。所以我說：『你要看我喝？我有一瓶。』所以我找了一個週六在受到控制的環境下喝了。他每隔二十分鐘採集我的血液樣本，當然，我真的喝了它，就用我說我曾喝過它的方式。」

葛林柏格準備了一輛救護車可以送希斯回家。但希斯決定走路。安娜在他們租的舊兄弟會無電梯公寓三樓等他。「我從窗子探頭往外等他，有一輛救護車沿著街道開過來，速度很慢，車子旁邊是希斯。他對我揮手，看起來沒事。然後他走樓梯到三樓，對我說：『噢，我醉了。』然後臉朝下倒在地上。他昏睡了三個小時。」

所以有一群人，生活在一個貧窮和未開發的地方，他們「每個週末」舉行酒精純度一八〇的飲酒會，從週六晚上一直到週一清晨。坎巴人一定為他們的放縱無度付出沉重的代價，對不對？錯。

「那裡沒有社會病——完全沒有。」希斯說：「沒有爭論、沒有爭議、沒有性侵、沒有語言暴力。那裡有愉快的交談或沉默。」他繼續說：「喝酒不干擾工作……它不會引來警察。而且那裡也沒有人酗酒。」

希斯把他的發現寫成一篇現在很著名的文章，刊登在《酒精研究季刊》（*Quarterly Journal of Studies on Alcohol*）上。在其後幾年，無數人類學家跟進發表同樣結果的報告。酒精有時候導致人們大聲說話和爭吵，說出事後會後悔的話。但在許多時候也未必如此。阿茲特克人形容「普逵」（pulque）——一種墨西哥中部的傳統酒精飲料——為「四百隻兔子」，因為它可以製造出無數種行為。人類學家馬歇爾（Mac Marshall）跑到南太平洋島嶼特魯克（Truk），並且發現對那裡的年輕男人來說，喝醉酒的確會導致侵略和傷害的行為。但當島民到了三十五歲上下時，酒精的影響卻完全相反。

在墨西哥瓦哈卡（Oaxaca），米塞族（Mixe）印第安人以喝醉後從事狂野的拳鬥聞名，但人類學家比爾斯（Ralph Beals）觀察這種拳鬥時發現，他們似乎完全沒有失控，而是好像全照著相同的劇本進行：

雖然我可能看了數百場拳鬥，我發現沒有人使用武器，儘管幾乎每個男人隨身攜帶大砍刀，還有許多人攜帶來福槍。大多數打鬥始於喝醉後的爭吵。當聲音頻率達到某個點，每個人都預期會發生打鬥。男人把武器交給旁觀者，然後開始用拳頭打鬥，狂暴地揮舞直到一個人倒下，（這時候）勝利者協助他的對手站起來，而且往往會彼此擁抱。

這些聽起來都說不通。因為酒精是強力的藥物，它會解放抑制。它打破我們控制行為的種種束縛。這就是為什麼當酒醉與暴力、車禍和性攻擊密切關聯時，我們不會感到意外的原因。

但如果坎巴人的飲宴只有極少的社會副作用，如果墨西哥米塞印第安人即使在酒醉爭吵時，也能遵循特定的劇本，那麼我們對酒精會解放抑制的觀念就是錯誤的。那勢必是別的東西。希斯夫婦在玻利維亞的經驗開啟了我們對酒醉的全新思考，許多研究酒精的學者不再認為它是解放抑制的觸媒，而把它視為「短視」（myopia）的觸媒。

五

短視理論最早由心理學家斯蒂爾（Claude Steele）和約瑟普斯（Robert Josephs）提出，而他們所說的短視，是指酒精的主要效應是窄化我們的情緒和心理視野。用他們的文字來說，它創造「一種短視的狀態，讓人只能了解表層和立即的經驗，進而對行為和情緒產生不成比例的影響」。酒精讓前景的事物變得更突顯，背景的事物變得較不重要。它讓短期的考量變大，而更需要認知和較長期的考量則消失。

舉個例子說明。許多人在感覺消沉時喝酒，因為他們認為酒可以袪除愁緒。這是抑制的概念：酒精可以釋放我的好情緒。但實際情況顯然不是如此。酒精有時候會振奮我們的情緒，但有時候焦慮的人喝酒只會變得更焦慮。短視理論可以解釋這個謎：那取決於那個焦慮、酒醉的人在做什麼。如果他在足球比賽中，被熱情的球迷包圍，周遭的興奮和熱鬧將暫時排擠他急迫的世俗憂慮。比賽是前景和中心，他的憂慮變成不是前景和中心。不過，同樣的人如果在酒吧安靜的角落獨自飲酒，他將變得更加抑鬱。因為眼前沒有別的事物讓他分心。喝酒讓你容易受到環境的影響，除了立即的經驗外，它排擠一切事物。[2]

以下是另一個例子。短視理論的核心發現之一是，酒醉對「高衝突」情況的影響最大——亦即有兩組考量因素的情況，一組是近的考量，一組是遠的考量，彼此相衝突。假設你是個成功的專業喜劇演員，別人認為你很好笑，你認為自己很好笑。如果你喝醉了，你不會認為自己變得更好笑。這時候沒有衝突可以讓酒精來解決。但假設你認為自己很好笑，而別人普遍不認為。事實上，每次你嘗試以好笑的故事娛樂一群人，你的朋友第二天早上就會私下委婉地告訴你別再這麼做。在正常情況下，你與朋友的尷尬談話就會讓你克制自己。但當你喝醉時呢？酒精讓這種衝突消失了。你不再顧慮朋友會給你有關你的笑話不好笑的規勸。現在你很可能認為自己真的很好笑了。當你喝醉時，**你對自己真正的了解改變了**。

這是酒醉造成短視的關鍵影響。舊的解放抑制概念暗示，人喝醉時展現的行為是他們清醒自我的去除抑制精華版——去除了社會客套和禮節的汙染效果。你變成真正的你。正如古老的諺語說：「酒後吐真言。」

但這是倒因為果。在正常情況下節制你的衝動的那種衝突，正是形成我們個性的關鍵部分。所有人都藉由管理立即和短期的考量與更複雜和長期的考量之間的衝突，來建構我們的人格。這就是有道德的、有建設性的或負責任的意思。好的父母是願意克制自己立即的自私需求（不受打擾、能睡個好覺）而堅持長期目標（撫養優秀的孩子）的人。當酒精去除對我們行為的長期約束時，它也去除我們真正的自我。

那麼，現實中的坎巴人是什麼樣子？希斯說，他們社會的特色是缺少「公共表達」。

2最近一群以麥克唐納德（Tara MacDonald）為首的加拿大心理學家走進許多家酒吧，要求顧客閱讀一段短文。文章要求他們想像他們在酒吧裡遇見一個很有吸引力的人，然後步行送他或她回家，最後一起上床——但卻發現他們都沒有保險套。然後實驗對象被要求針對以下的論述回答從一（極不可能）到九（極可能）的答案：「如果我在這個情況下，我會進行性行為。」你會以為已經喝很多酒的實驗對象比較可能說他們會進行性行為——而結果確實也是如此。喝醉的人在九分的量表中得到平均五．三六分。清醒的人得到三．九一分。酒醉者無法思考未加保護的性行為長期的後果。但是當麥克唐納德回到酒吧，並在部分顧客手上蓋上「愛滋病會致命」的章後，那些手上有章的人就比清醒的人更不想在那種情況下進行性行為：他們無法思考屏除愛滋病風險所需的合理化理由。在規則和標準很清楚且明顯時，喝酒的人可能變得比清醒的人更遵守規則。

他們是巡迴的農場工作者，親族關係淡薄。他們每日的勞動通常是獨自進行，工時很長。當地很少社區或公民團體。他們生活的日常需求使得社交較為困難，因此到了週末，他們利用酒精的轉化力量創造從週一到週五極度缺乏的「公共表達」。他們利用酒精的短視為自己創造一個短暫的不同世界。他們給自己設定嚴格的規則：一次一瓶、有組織的連串敬酒、所有人圍坐成一圈、僅限於週末、絕不單獨喝酒。他們只在一個結構中喝酒，而在玻利維亞內陸，這些飲酒圈的結構是一個輕音樂和安靜交談的世界：秩序、友誼、可預測和儀式。這是一個新坎巴人社會，在世界上最強力的一種藥物協助下創造出來。

酒精不是一種啟示的觸媒，而是轉化的觸媒。

六

在二〇〇六年，一樁英國版的透納審判案也成了酒精短視效應的教科書式範例，這樁眾所矚目的案件牽涉二十五歲軟體設計師布里（Benjamin Bree）和法庭只以「M」稱呼的女人。

兩個人在布里哥哥的公寓第一次見面，並在當晚外出。那天晚上，M喝了兩品脫蘋果酒和四到六杯伏特加混合紅牛（Red Bull）飲料。那天稍早已喝了酒的布里陪著她一巡又一巡地喝酒。閉路攝影機拍下的影片顯示，兩個人大約清晨一點鐘手挽著手一起走回她公寓。他們發生性行為。布里認為那是合意下進行的，M說不是。他被以強暴定罪，並判處五年監禁——但在上訴時推翻該判決。如果你讀到這類案件的其他故事，你將發現細節都類似得令人難過：痛苦、後悔、誤解和憤怒。

以下是布里描述從他的角度看這件事。

> 我希望能避免睡在地板上，所以我想也許我可以和她一起睡在她床上，雖然事後回想這麼做似乎很蠢。
>
> 我不是想要性，只是要一個床墊和有人陪伴。她醒過來，而我躺在她旁邊，最後我們開始擁抱，然後親吻。
>
> 那有點出乎意料，但感覺很好。我們沉溺在前戲大約三十分鐘，而且聽起來她似乎很享受。

然後，法庭判決書上這麼寫：

他堅稱M似乎歡迎他的進攻，意思是指從安撫性質的觸摸到性的撫觸。她沒有說和做什麼以表示抗拒。他告訴陪審團，他必須確定是否得到同意，所以他才會撫摸她這麼久。原告無法反駁這個前戲持續了一段時間。最後他把指頭前端伸入她睡褲的腰帶，而這應該可以給她阻止他的機會，但她並未阻止。當他把手伸進睡褲裡時，她似乎特別有反應。經過性撫觸後，他以動作示意她脫去睡褲。他稍微褪下她的褲子，然後她將它整個脫掉。

布里認為他可以從M的行為推論她的內心狀態。他假設她是透明的。但她不是。從法庭文件看，這是M真正的感受：

她不知道性交持續了多久。當它結束時，她仍然面對著牆壁。她不知道上訴人是不是用了保險套，也不知道他是否有射精。事後他問她要不要他留下來過夜。她說：「不要。」她內心想的是「滾出我的房間」，雖然她並沒有真的說出來。她不知道「該說什麼或想什麼，他會不會轉過來打我。我記得他離開，門關了起來」。她起身並鎖上門，然後回來躺在床上，蜷縮成一團，但她記不得過了多久的時間。

在清晨五點，M哭著打電話給她最好的朋友。在此同時，布里仍然不知道她的內心狀態，因此過了幾個小時後，他敲M的門，問M是否想出去吃炸魚薯條當午餐。

關了幾個月後，布里被釋放，因為上訴法庭達成結論，認為不可能得知他們兩個人當晚在M的臥房是否達成合意。「兩個人都是成年人，」法官寫道：

兩個人在過度喝酒時都沒有做出違法行為。他們都可以自由選擇喝多少酒，和與誰喝。如果他們願意，兩個人都可自由與彼此性交。男人與女人其中一方或雙方都在自發地喝了大量酒的情況下從事合意的性交，並非不正常、令人驚訝，或不尋常的事……具體的現實中，有一些人類行為的領域與精細的法律結構扞格不入。[3]

你可能同意或不同意最後的判決，但我們很難不同意法官抱怨的基本情況——把酒精加入了解他人意圖的過程，使一個原本就困難的問題變得近乎不可解。酒精是一種能在喝酒者的當下環境重新塑造他們的藥物。在坎巴人的例子裡，人格和行為的重塑是良性的。他們的當下環境經過審慎和刻意的建構：他們想藉酒精創造一個暫時版的——而且在他們看來更好的——自我。但當今日的年輕人喝太多酒時，他們並非在一個儀式化、可預測且審慎建構以創造更好自我的環境下進行。他們是在兄弟會派對和酒吧這種高度刺激性慾的混亂中進行的。

被告律師：你以前對卡帕阿爾發兄弟會派對裡的那種氣氛有什麼看法？

透納：有很多磨蹭和……

被告律師：你說磨蹭指的是什麼？

透納：女孩在跳舞……背對著男孩，她們後面的男孩也貼著她們舞動。

被告律師：好。所以你是在描述一個姿勢——男孩和女孩臉都朝著同一個方向？

透納：是的。

被告律師：但男孩是在女孩後面？

透納：是的。

被告律師：他們在磨蹭跳舞時，身體有多靠近？

透納：他們彼此碰觸。

被告律師：你注意到這在那些派對上很常見？

透納：是的。

被告律師：有人在桌子上跳舞嗎？這也很常見嗎？

3 酒醉後的同意仍然算是同意嗎？它必須算，因為規則就是規則。否則有絕大部分在酒醉中快樂地從事性行為的人都應該被關進監牢裡，和那些在酒醉時從事性行為卻構成犯罪的少數人在一起。此外，如果M說她因為酒醉而不必為自己的決定負責，那麼為什麼布里不能也說同樣的話？判決書指出，「酒醉後的同意仍然算同意」的原則「也提醒有意圖並且實際從事強暴的酒醉男人，不能以他的意圖是酒醉後的意圖當藉口」。接著布里的判決書談到加州的同意定義引發的問題。如果兩方之一真的醉得很厲害呢？好吧，我們究竟要如何定義「真的醉得很厲害」的意思？我們不會真的希望我們的立法委員制訂某種精確的、多變項的演算法，來管理我們在臥室的隱私下能不能從事性行為。法官的結論是：「問題不是來自法律原則，而是來自人類行為的無限情況，它們通常發生在隱私的情況而沒有獨立的證據，因此很難證明是不是嚴重的犯罪。」

透納：是的。

同意是雙方協議的東西，所根據的假設是協議的各方是他們自稱的自己。但當在協議時雙方都距離真正的自己那麼遙遠時，他們如何判斷什麼是同意？

七

我們喝醉時發生的轉變，是酒精滲入我們大腦組織特定通路的作用。這個效應始於額葉，就是我們額頭後面的大腦部分，掌管注意力、動機、計畫和學習。第一杯酒會「減弱」該區域的活動。它讓我們稍微變笨，較無法處理複雜的思慮。接著它到達大腦的報償中樞，這個區域掌管安適感，帶來一些振奮。它再進入杏仁核。杏仁核的工作是告訴我們如何回應周遭的世界。我們是否遭到威脅？我們應該害怕嗎？酒精讓杏仁核的反應遲鈍些。這三種效應的結合就是短視的由來。我們喪失可以處理更複雜的長期思慮的腦力。我們因為酒精帶來出乎意料的快慰而分神。我們的神經警報系統被關閉。我們呈現不同版本的自己，較專注於此時此刻。酒精也進入你大腦最後方的小腦，這個部位與平衡力和協調力有關。這是為什麼你酒醉時開始腳步不穩和搖搖晃晃的原因。這些是喝醉時可以預測的效應。

但在某些很特定的情況下——尤其是你很快喝了大量酒時——一些別的事情會發生。酒精到達海馬迴——大腦兩側像臘腸的兩塊小區域，負責形成有關我們生活的記憶。在大約〇．〇八的血液酒精濃度時——酒醉的法定標準——海馬迴開始運作失常。當你從雞尾酒宴後隔天早上醒來時，你記得遇見某些人，但想不起來他們的名字或他們告訴你的故事，那是因為你快速喝下的兩杯威士忌到達你的海馬迴。再多喝一些，那個空白就更大——達到你可能只記得昨晚的片段，但其他細節要絞盡腦汁才能想起。

華盛頓特區近郊國家衛生研究院（NIH）的懷特（Aaron White）是失憶的頂尖專家，他說哪些片段有記憶或失去記憶並沒有特定的理則可循。「情緒的強烈度似乎對海馬迴記憶某件事的可能性沒有影響。」他說：「這意謂如果你是女性，你參加派對後可能記得在樓下喝了酒，但你不記得被強暴。不過，你卻記得上了計程車。」到了下一個階段——血液酒精濃度大約〇．一五——海馬迴將完全關閉。

「在真正完全的失憶裡，」懷特說：「所有記憶都不存在，無法想起任何事。」

在一項早期的失憶研究中，酒精研究者古德溫（Donald Goodwin）從聖路易市的失業者中招募十名男性，各給他們大半瓶波本酒在四個小時內喝完，然後讓他們接受一系列記憶測試。古德溫寫道：

其中一個例子是給一個人看一只煎鍋，上面有鍋蓋，並表示他可能餓了，然後取走鍋蓋，鍋子裡有三隻死老鼠。我們可以很肯定地說，清醒的人都會記得這個經驗，可能一輩子忘不了。

但那些喝波本酒的人呢？一片空白。三十分鐘後是如此，第二天早上也是如此。那三隻老鼠從來沒被記錄下來。

在失憶狀態下——在他們的海馬迴恢復運作前的極度酒醉期間——喝醉酒的人就像無名小卒，走過這個世界卻沒留下任何痕跡。

古德溫曾寫過一篇有關失憶的文章，以如下的故事開頭：

一個三十九歲的推銷員在一間陌生的旅館房間醒來。他有輕微的宿醉，但除此之外感覺一切正常。他的衣服掛在衣櫥裡；他的鬍子刮得很乾淨。他穿上衣服下樓到大廳。他從服務員得知他人在拉斯維加斯，而且是在兩天前入住旅館。服務員說，顯然他喝過酒，但看起來他不是很醉。日期是十四日週六。他最後的記憶是九日週一坐在聖路易市一家酒吧。當時他喝了一整天酒，而且醉了，但到下午三點以前的所有事情都記得很清楚，然後「就像簾幕放下」那樣，他的記憶突然一片空白。這片空白持續約五天。三年後，它還是空白。他受到這次經驗的驚嚇，以至於有兩年時間滴酒不沾。

這名推銷員離開聖路易的酒吧後前往機場，買了飛機票，飛到拉斯維加斯，找到一家旅館並登記入住，掛上他的西裝，刮了鬍子，顯然他在失憶模式下仍然在現實世界完全正常運作。失憶的情況就是如此。到了血液酒精濃度〇．一五的水準，海馬迴當機，記憶停止形成，但同一個飲酒者的額葉、小腦和杏仁核完全有可能同時大體上保持運作。

「你可以在失憶中做你在酒醉時能做的任何事。」懷特說。

只是你無法記得它。那可能是在亞馬遜網站下訂單。我經常聽到有人描述這種情況……人可以做很複雜的事情。買票、旅行，各式各樣的事，但卻不記得。

接下來他又說，只憑一個人的外表實在很難判斷他們是否處於失憶模式。那就像嘗試只憑人臉上的表情判斷他們是否頭痛。「我可能看起來有點醉，我可能看起來很茫然，但我可以跟你交談。」懷特說。

> 我可以和你談話。我可以去幫我們拿酒。我可以做需要儲存短期資訊的事。我可以跟你聊我們一起長大發生的事……甚至有一些嚴重酗酒者的妻子說，她們的確無法分辨配偶是不是處於失憶狀態。[4]

一九六〇年代古德溫進行他的先驅研究時，他以為只有酗酒者會醉到失憶。當時失憶案例很罕見，科學家在醫學期刊上寫有關失憶的文章時，就像它們是一種前所未知的疾病。看看下頁歷來第一次大學生飲酒習慣全面調查的結果。這項調查是一九四〇年代末和五〇年代初做的，涵蓋全美國二十七所大學。學生被問到他們「每個場合」平均喝多少酒。（為了方便詢問，飲酒量被分成三類，「少量」表示不超過兩杯葡萄酒、兩瓶啤酒，或兩杯混合酒。「中量」為三到五瓶啤酒，或三到五杯葡萄酒，或三到四杯混合酒。而「大量」表示超過中量的數量。）

以這些飲酒量來看，很少人會喝到足以失憶。

到了今日，上頁的圖表有兩項東西改變了。第一，今日大量級的飲酒者喝的數量遠高於五十年前的大量級飲酒者。「如果你說今日的學生喝四杯到五杯的量，他們只會噗哧一

4 附帶說明，光是要分辨一個人是否已經酒醉也是出乎意料的困難。警察的攔查酒測就是一個明顯的例子。一名警察週五深夜在一條繁忙的馬路邊攔住幾個人，他跟每個駕駛人說話，看看每一輛車——然後給每一個他認為醉到超過法定限制的人一個呼氣酒測器。判斷誰似乎酒醉到應該以呼氣酒測器檢測其實很困難。最好的證據是有超過一半的酒醉駕駛人成功通過酒駕攔查點。在加州橘郡的一項研究中，超過一千名駕駛人在晚上被引導到一個停車場。他們被要求填寫一份有關他們當天晚上的問卷，然後由受過酒醉偵測訓練的研究生詢問他們。駕駛人如何說話？走路？他們呼氣有沒有酒味？他們車內有沒有酒瓶或啤酒罐？這些詢問人做了診斷後，駕駛人接受血液酒精濃度測試。結果有多少酒醉駕駛人被詢問人正確辨識出來：二〇%。

啤酒		
	男性（%）	女性（%）
少量	46	73
中量	45	26
大量	9	1

葡萄酒		
	男性（%）	女性（%）
少量	79	89
中量	17	11
大量	4	0

烈酒		
	男性（%）	女性（%）
少量	40	60
中量	31	33
大量	29	7

笑說：『喔，是嗎？這只是剛開始。』」酒精研究者弗羅米（Kim Fromme）說。她認為重度的縱飲者現在經常每個場合喝「二十」杯。過去罕見的失憶已變得很尋常。懷特近日調查杜克大學的七百多名學生，飲酒這個類別的人有超過半數曾有失憶的問題，四〇%的人過去一年內曾失憶，而過去兩週內有近十分之一的人曾發生一次失憶。[5]

第二，男性和女性飲酒量的差距在一個世代前比較大，但現在已大幅縮小——特別在白人女性間。（亞洲人、西班牙人或非裔美國人間的這種趨勢並不顯著。）

「我認為這是一個賦權問題。」弗羅米說：

5 北卡羅來納州立大學學生卡瑞克（Ashton Katherine Carrick）在《紐約時報》發表的一篇有趣文章，描述一種叫「手銬與灌酒」（cuff and chug）的喝酒遊戲。兩個人用手銬銬在一起，直到他們狂飲完五分之一加侖烈酒。她寫道：「為了提高競爭性，有人會用簽字筆在你的手臂上標記你喝了多少酒，並計算喝多少酒和花多少時間讓你失憶的比率——愈高的比率是遊戲者榮耀的標記。」她也說：我們學生用這種態度看待同儕的失憶，是幾乎每個人都這麼做的部分原因。事實上我們認為這很好玩。我們第二天會開玩笑說我們的朋友昏睡在浴室地板上有多可笑，還有一邊跟隨便一個男生跳舞和愛撫，一邊傳 Snapchat，我們用這種方式促使她們這麼做，和鼓勵她們下次再做。失憶已變得如此正常，即使你個人沒有這麼做，但你理解其他人為什麼做。它是大家都承認的紓壓方法。用別種方式看待就太具批判性了。

我在軍中做許多諮商工作，所以我可以經常看到，因為軍隊裡的女性在體力訓練營和各種類似訓練上，被要求達到和男性一樣的標準。她們非常努力工作，為的是說：「我們和男性一樣，所以我們喝酒可以像男性一樣。」

基於生理原因，這個趨勢讓女性面對大幅升高的失憶風險。如果一個平均體重的美國男人在四個小時內喝八杯酒——這讓他在典型的兄弟會派對上稱得上中等酒量的人——最後他的血液酒精濃度會達到〇．一〇七。這已經醉到不能開車，但仍遠低於通常可能失憶的〇．一五。對照之下，如果一個平均體重的女人在四小時內喝八杯酒，她的血液酒精濃度將達〇．一七三。她已經失憶。[6]

更糟的是，愈來愈多女性喝葡萄酒和烈酒，它們提高血液酒精濃度的速度會遠比啤酒快。「喝酒的女性也比男性更可能省略掉用餐。」懷特說。

喝酒時胃裡有食物，可以降低你的血液酒精濃度高峰值約三分之一。換句話說，如果你空腹喝酒，你將達到高很多的血液酒精濃度，而且到達的速度更快，而如果你是空腹時喝烈酒和葡萄酒，同樣地，你會更快達到更高的血液酒精濃度。而假如你是女性，較少的身體水分造成的結果也是更快達到更高的血液酒精濃度。

那麼，失憶會產生什麼後果？失憶代表女性將處於脆弱的境地。在任何與陌生人的互動中，我們的記憶是第一道防線。我們在派對上與人談話半個小時，並判斷我們知道了什麼。我們利用記憶來分析對方是什麼人。我們蒐集他們說過什麼話，做過什麼事，然後形成我們的反應。即使在最佳狀態下我們仍可能判斷錯誤，但這是必要的做法，特別是這牽涉你會不會跟這個人回家。但如果你記不住你剛才知道的事，你做決定的品質一定比不上你在海馬迴還能運作時做的決定。你已放棄對情況的掌控。

「讓我們徹底弄清楚：犯罪者應該為他們犯的罪負責，而且他們應該接受司法制裁。」批評家耀夫（Emily Yoffe）在《石板》雜誌上寫道：

6 差別還不只是體重。兩性代謝酒精的方式也有重要的差異。女性身體的水分比男性少得多，其結果是酒精進入血液更迅速。如果一名一九五．七磅的女性和一九五．七磅的男性拚酒四個小時，他的血液酒精濃度將達〇．一〇七，而她將是〇．一四〇。

但我們未能讓女性知道，當她們讓自己處於毫無防衛的境地時，可怕的事可能發生在她們身上。年輕女性受到扭曲的訊息影響，認為女性有權利和男性拚酒就是女性主義的主張。真正的女性主義訊息應該是，當你失去為自己負責的能力時，你大大地增加了吸引不是真心為你著想的人的機會。這不是檢討受害者；這是嘗試避免造成更多受害者。

從與你談話的那個陌生人來看，那又是何種情況？他可能不知道你已經失憶。也許他靠過來嘗試碰觸你，而你的反應是身體僵硬。十分鐘後他又繞回來，這次更有技巧些。正常情況下你會再度僵硬，因為你記得這個陌生人的模式。但第二次你沒有僵硬，因為你不記得第一次。而你不像第一次那樣僵硬，讓那個陌生人基於透明性的假設而認為，你歡迎他的攻勢。正常情況下他對這種假設會保持審慎：表現友好和邀請親密行為是兩回事。但他也喝醉了。他正陷於酒精的短視，所以能克制他行為的較長期考量（如果我誤判這種情況，明天會有什麼後果？）已從他的視野淡出。

酒精會讓每個男人都變成怪獸嗎？當然不會。短視解決了高度衝突：它去除我們行為的高階抑制。保守的人正常時會太害羞而不公開表達自己的感情，這時候則可能表現出一些親密。不好笑的人正常時知道其他人不覺得他的笑話好笑，這時候則可能當起喜劇演員。這些都無傷大雅，但如果是有性侵略傾向的青少年呢？——他們的衝動正常時會因為了解這種行為不對而受到壓制。耀夫給女性的告誡略加修改後也可以給男性參考：

但我們未能讓男性知道，當他們讓自己處於短視的境地時，他們可能做出可怕的事。年輕男性受到扭曲的訊息影響，認為飲酒過度是無害的社交活動。真正的訊息應該是，當你失去為自己負責的能力時，你大大地增加了你從事性犯罪的機會。承認酒精扮演的角色並不是為加害者的行為找藉口；而是嘗試避免更多年輕人變成加害者。

令人驚訝的是，人們對短視的力量了解如此少。在《華盛頓郵報》/凱薩家庭基金會的調查中，學生被要求列出他們認為哪些措施對減少性攻擊最有效。他們列的清單最前面的措施是加重懲罰攻擊者、訓練受害者自我防衛，和教育男性更尊重女性。有多少人認為如果他們減少喝酒會「很有效」?三三%。有多少人認為加強限制校園內喝酒會很有效?一五%。[7]

這是互相矛盾的立場。學生認為訓練自我防衛是好主意,但減少飲酒卻不是好主意。然而如果你爛醉如泥,懂得自衛的技巧又有什麼益處?學生認為如果男性更尊重女性是好主意,但問題不是男性在清醒時對待女性的態度,而是當他們喝醉而因為酒精轉變成一個曲解周遭世界的人時會如何對待女性。尊重他人需要複雜的考量,在這種考量中,一方要同意克制自己的慾望,考慮自己行為的長期後果,想到的不只是眼前的需求。而這正是酒醉造成的短視使尊重如此難以實踐的原因。

短視的教訓實際上很簡單。如果你希望人們在社交場合與陌生人接觸時保持自我——誠實並清楚地呈現自己的慾望——他們就不能爛醉如泥。如果他們爛醉如泥,並因此任由環境擺布,那麼最糟的場合就是男人與女人在舞池互相磨蹭和在桌上跳舞的環境。卡帕阿爾發兄弟會的派對不是坎巴人的喝酒圈。

「人們學習社會所灌輸有關喝醉酒的事,並表現出與他們的了解一致的行為,他們變成社會教育的活證明。」馬根德魯(Craig MacAndrew)和艾德格頓(Robert Edgerton)在他們一九六九年的經典著作《醉態》(*Drunken Comportment*)中做結論說:「社會和個人一樣,人從社會允許的酒醉舉止學習到同樣的舉止,所以他們是種瓜得瓜。」

八

在史丹福大學卡帕阿爾發兄弟會的派對,時間大約剛過午夜,朵伊出現失憶症狀。那正是晚餐只吃少許食物,並很快喝下四杯威士忌和一杯香檳——然後又猛灌四杯紅塑膠杯裝的伏特加——會發生的事。

檢方:你是不是記得你姊姊在某個時候離開了派對?

朵伊:我不記得。

檢方:你到外面的洗手間、回到陽台、喝啤酒和看到一些男生玩霰彈槍式喝啤酒法

7 成人的看法大不相同。五八%的成人認為「減少喝酒」對降低性攻擊會很有效。

後，下一個記憶是什麼？

朵伊：我在醫院醒來。

朵伊不記得遇見透納，不記得她是不是和他跳舞，不記得她有沒有親吻他，或有沒有同意回他的宿舍，也不記得她在他們的性活動中是不是一個自願的參與者。當他們離開派對時，她有沒有抗拒？她有沒有掙扎？她是否與他調情？她是否搖搖晃晃地盲目跟他走？我們永遠無法知道。在事情過後，當她神智清醒時，朵伊堅稱她絕不會自願跟另一個男人離開派對。她已有穩定的交往對象。但遇見透納的不是真正的朵伊，而是喝醉並且失憶的朵伊；喝醉而失憶的自我與清醒的自我並不相同。

透納宣稱記得當晚發生的事，且每個過程朵伊都是一個自願的參與者。但那是他在自己的審判中訴說的故事，是他與他的律師經過數個月的準備和構思策略得出的結果。在他被逮捕的晚上，當他驚魂未定地坐在當地警察局的偵訊室時，他對有關朵伊的事並沒有那麼肯定。

問：你們之前就親熱過，或者——在你們還沒到外面以前就親熱過？
透納：我想是的。但我不確定我們什麼時候開始親吻，真的。
然後警察問他為什麼兩名研究生發現他和朵伊在地上時，他要逃跑。
透納：我認為我沒有逃跑。
問：你不記得逃跑？
透納：不記得。
記住問話中的事件是當天晚上稍早發生的，而且透納在談話時，他還捂著他嘗試逃跑被撲倒而受傷的手腕。但他都不記得了。
問：你在做這件事時有沒有看到她的情況——在那兩個人接近你，對你說話時？
透納：沒有。

問：可不可能當時她完全沒有反應？

透納：老實說，我不知道，因為我……我真的不記得。我……我想我有點失憶……呃，從我開始……和她搭訕，從我和其他男生們跌倒在地上之後，我真的不記得怎麼發生的。

我想我有點失憶。所以整個有關調情和親吻，和朵伊同意回他宿舍的故事都是虛構的：那是他希望發生的事。真正發生什麼事將是永遠的謎。也許透納和朵伊只是站在舞池裡，只是重複說相同的話，不斷重複，不知道他們是困在一個永不停止的失憶迴圈。

在審判的結尾，朵伊在法庭上大聲朗讀一封給透納的信。每個上酒吧或到兄弟會派對的男人和女人都應該讀朵伊的信。它是性攻擊後果的一個勇敢且義正辭嚴的警醒：兩個陌生人間發生的事如果沒有真正的合意，就可能帶來真正的痛苦。

她說，當晚發生的事徹底傷害了她：

> 我向來擁有的獨立、自然樂天、溫柔和穩定的生活方式，已被扭曲到無法辨

識。我變得封閉、憤怒、自我批判、疲倦、暴躁、空虛。我感受的孤寂有時候讓我無法承受。

她會上班遲到，然後在樓梯間暗自哭泣。她晚上睡覺時會哭到睡著，早上會拿冰鎮的湯匙敷在眼睛上消腫。

我晚上不開燈無法獨自睡覺，像五歲的孩子那樣，因為我會常常做噩夢，夢到被碰觸卻無法醒來。我會這樣等候到太陽出來，讓我感覺安全到能夠睡著。有三個月的時間我在早上六點鐘才上床。

過去我常以自己的獨立自豪；現在我害怕晚上出去散步，害怕參加我應該能輕鬆自在和朋友喝酒的社交場合。我變得很黏人，總是需要有人陪伴，希望我男朋友站在我身邊，睡在我旁邊，保護我。我很羞愧自己感覺這麼脆弱，我對生活變得這麼膽怯，永遠防衛外界，隨時在保護自己，隨時可能生氣。

然後她談到酒精的問題。它是當晚事件的「因素」之一嗎？當然是。但她說：

脫掉我的衣服，用手指玩弄我，在我幾乎全裸時，把我的頭拖在地上的不是酒精。喝太多酒是生手的錯誤，這一點我承認，但那不是犯罪。這個房間裡的每個人都曾經有過某個晚上後悔喝太多酒，或知道某個他們親近的人後悔在某個晚上喝太多酒。後悔喝酒和後悔性攻擊不同。我們都喝醉了，差別在於我沒有脫去你的褲子和內褲，非禮你，然後逃跑。差別在這裡。

透納在法庭的陳述中說，他希望為學生發起一個運動，以「呼籲反對校園的喝酒文化，以及這種喝酒文化所帶來的性錯亂」。朵伊嚴厲批評說：

校園喝酒文化，這是我們要呼籲反對的嗎？你認為那是過去一年來我努力爭取的事？不是喚起大家注意校園性攻擊或強暴，或學習認識合意嗎？校園喝酒文化，反對傑克丹尼爾威士忌（Jack Daniels），反對 Skyy 伏特加——如果你想跟人討論酒，去匿名戒酒會。你知道酗酒問題和喝了酒後嘗試強迫別人性交不同嗎？教導男人如何尊重女人，而不是如何減少喝酒。

但這麼說並不是全對，不是嗎？最後一句話應該是「教導男人如何尊重女人，和如何減少喝酒」，因為這兩件事息息相關。透納被要求做一件對那天晚上來說極其重要的事——了解一個陌生人的慾望和動機。這對處在最佳情況的人而言都是艱難的任務，因為我們在這類邂逅下所依賴的透明性假設充滿了瑕疵。在一個極度性混亂的兄弟會派對中，要求一個酒醉的不成熟十九歲男人做到這件事，無異於招引災難。

透納公訴案的結果帶給朵伊一些司法公道，但只要我們拒絕認識酒精對陌生人間的互動造成的影響，卡帕阿爾發兄弟會那天晚上的事就會一再發生。

檢方：你聽過朵伊的語音留言，對吧？

透納：是的。

透納遭到檢方的交叉詢問。檢方指的是朵伊在失憶後的某個時刻傳給她男朋友口齒不清的語音留言。

檢方：在語音留言裡，她聽起來醉得很厲害，你同意我的說法嗎？

透納：是的。

檢方：那就是那天晚上她和你在一起的狀態，對吧？

透納：是的。

檢方：她醉得很嚴重，對吧？

透納：跟我一起的其他人都差不多。

第四篇

教訓

第九章
哈立德：如果陌生人是恐怖分子呢？

一

「我第一個想法是，他看起來像妖怪。」米謝爾（James Mitchell）回憶說：「他充滿憤怒、好鬥，他瞪著我。我正在做一般的調查，所以我跟他說話基本上就像我在跟你說話一樣。我脫去兜帽並說：『你希望我怎麼稱呼你？』」

那個人用帶口音的英語回答：「叫我穆卡（Mukhtar）。穆卡的意思是大腦。我是九一一攻擊案的首腦。」

米謝爾說，那是二〇〇三年三月，在中情局位於「世界另一邊」某個地方的祕密站點。穆卡就是哈立德・謝赫・穆罕默德（Khalid Sheikh Mohammed, KSM），他當時是蓋達組織（Al Qaeda）歷來被擒住的最高階幹部之一。他全身赤裸，手和腳被銬住，但仍然不屈服。

「那時候他們已剃了他的頭髮，刮了他的大鬍子。」米謝爾說：「但他實在是我這輩子見過毛髮最多的人，而且很矮小，真的很矮小。他有一個大肚子，像越南的大肚豬那樣。我心想——這傢伙殺了那麼多美國人？」

米謝爾有長跑者的身材，高而削瘦，蓄著中分的白色長髮和修飾整齊的鬍鬚。他說話帶一點南方口音。「我看起來像某個人的叔叔」是他對自己的形容，但這句話似乎有點過度貶抑。他給人堅定不拔的自信感覺，好像他晚上永遠睡得很安穩，不管他白天對別人做了什麼，或別人對他做了什麼。

米謝爾是一個受過專業訓練的心理學家，在九一一後，他和同事傑森（Bruce Jessen）因為他們審訊「重大事件」的特殊技術而被延攬進入中情局。傑森比米謝爾高大，也更安靜，留著軍人的短髮。米謝爾說他看起來像「老一點的尚克勞德范達美」。傑森很少公開說話。如果你上網搜尋，可以找到他和米謝爾曾在因他們的審訊作法引起的訴訟中作證的影片片段。米謝爾在法庭程序中顯得輕鬆自在、滿不在乎，近乎輕蔑。傑森說話簡潔而小心謹慎。他說：「我們是按照指示做事的士兵。」

在紐約雙塔倒塌後，他們的第一個任務，是協助審訊第一個被捕的蓋達組織高階成員祖貝達（Abu Zubaydah）。在後來的八年期間，他們又在世界各地的祕密站點，親自審問許多個「高價值」恐怖分子嫌疑犯。在所有這些人中，哈立德是最重要的一個。

「他馬上給我很聰明的感覺。」米謝爾回憶說。在審訊期間，米謝爾會問他一個問題，哈立德會回答：「這不是我會問的問題。你會得到一個答案，而且你會發現它有用，而且你會認為你只需要那個答案。但我真正會問的是這個問題。」米謝爾說他接著會用哈立德的問題問哈立德，「然後他會回答一個更詳細、更全面性的答案。」哈立德會詳細談論恐怖分子的戰術，談論他的戰略觀點，和聖戰士的目標。如果他沒有被捕，他已經計畫好九一一後續的各項行動。「他描述的低科技、孤狼式的攻擊令人不寒而慄。」米謝爾說：「想到他坐在那裡，思慮如何用符合經濟規模的方式殺人……」他搖搖頭。

「他談到珀爾（Daniel Pearl）時讓我心裡發毛。那是最……我哭了，而且現在還想哭，因為那太恐怖了。」珀爾是二〇〇二年一月在巴基斯坦被綁架——後來被殺害——的《華爾街日報》記者。哈立德自己談起珀爾的話題，然後他從椅子站起來並演示——帶著米謝爾認為有一絲享受的表情——他用一把刀子斬首珀爾的技巧。「恐怖的是，他表現出似乎與珀爾有某種親密關係。他一直稱呼他『丹尼爾』，語調給人的感覺不是他們是情侶，而是最好的朋友或其他關係。那真的令人毛骨悚然。」

但這些都是後來發生的——在哈立德敞開自己以後。二〇〇三年三月，當米謝爾和傑森第一次見到矮小、毛髮濃密、挺著大肚子的他時，情況大不相同。

「你別忘了，在那個特定的時期，我們有可信的證據證明蓋達組織已準備再發動一波猛烈的攻擊。」米謝爾說。

當時有許多耳語。我們知道賓拉登（Osama bin Laden）已和洩漏核子技術的巴基斯坦科學家見過面，而且我們知道巴基斯坦科學家已告訴賓拉登「最大的問題是取得核子原料」。賓拉登說：「如果我們已經取得了呢？」這讓整個情報界汗毛豎了起來。

中情局派人帶著蓋革計數器走遍曼哈頓尋找髒彈。華盛頓高度警戒。在哈立德剛被擒獲時，大家認為如果有人知道任何準備發動的攻擊，那就是他了。但哈立德不肯開口，而米謝爾也不樂觀。哈立德不是簡單的案子。

第一組訊問哈立德的審訊人員嘗試對他友好，他們讓他很舒服自在，為他泡了茶，客氣地問他問題。他們一無所獲。他只是看著他們，前後晃動身體。

哈立德被移交給米謝爾稱為「鎮上的新警長」的人，一個米謝爾說超過虐待狂界限的審訊員——他讓哈立德置身各式各樣的「壓力」姿勢，例如把他的雙手綁在背後，將它們抬高過頭頂，讓他的肩膀幾乎脫臼。「這個人告訴我，他在南美從共黨反抗軍學到他的審訊技巧。」米謝爾說：「他和哈立德展開一場意志戰。這個新警長訂了一個必須叫他長官的規定。他只專注在這件事。」哈立德不想稱呼任何人長官。經過一週的嘗試，新警長終於放棄。犯人被移交給米謝爾和傑森。

接下來發生的事充滿激烈的爭議。用在哈立德身上的審訊方法成了訴訟、國會調查和無止盡的公共辯論主題。贊成的人稱這種方法為「強化審訊技術」，不贊成的一方稱它們為刑求。但讓我們暫時擱下這些較廣泛的道德問題，並把焦點放在對哈立德的審訊能告訴我們關於那兩個謎什麼事。

蒙提斯和馬多夫的欺騙、對諾克斯的困惑、斯潘尼爾和朵伊的災難，都是我們在了解不認識的人時遭遇根本問題的證據。預設為真是一種偶爾發生且無可避免會誤導我們的重要策略。透明性是一個看似常識的假設，結果卻是一個錯覺。不過，兩者都引發相同的問題：如果我們接受我們的缺點，那麼我們該怎麼做？在我們回到布蘭達——和德州的公路邊究竟發生什麼事——之前，我想談談也許是最極端版的與陌生人打交道的問題：一個想守住祕密的恐怖分子，和一個幾乎不擇手段要讓他鬆口的審訊員。

二

米謝爾和傑森在華盛頓州斯波坎（Spokane）初次見面，他們都是空軍的生存、躲避、抗拒、逃脫計畫（SERE）的心理學家幕僚。美國軍方的各個分支都有自己版本的SERE，專門教導重要人員在萬一落入敵方手中時該怎麼辦。

演練可能一開始由地方警察未事先通知就拘捕空軍軍官，並把他們帶到一個模擬敵方戰俘營的拘留中心。「他們就直接攔截，並逮捕他們。」米謝爾說：「然後把他們交給主持戰備測驗的人。」

有一次演練的對象包括攜帶核子武器的轟炸機機員。他們的所有任務都被列為機密。如果他們在敵人領土墜機，你可以想像俘擄他們的人對他們飛機上載運的東西會有多好奇。SERE計畫的目的就是為飛機機員準備好面對可能的情況。

演練對象將面對寒冷、飢餓，被迫站立——不能睡覺——在一個箱子裡好幾天。接著是審訊。「你將發現能不能從他們身上套出資訊。」米謝爾說，這種演練「十分真實」。SERE發展出一種特別有效的技巧叫「壁刑」。用一條毛巾圍住某個人的脖子以支撐他的頭，然後讓他撞向一堵特別建構的牆。

「你用的是一堵假牆。」米謝爾解釋說：

牆後面有一面響板，會發出大量噪音，而且很有彈性，而你的耳朵會開始暈眩。這種作法不會傷害人。我的意思是說，它就像個摔角墊，只是聲音大些。它不會造成痛苦，只是困惑。它會阻斷你的思緒，讓你失去平衡。不僅是身體失去平衡——我是說，你就是會失去重心。

米謝爾的職責就是協助設計SERE計畫，而這表示他偶爾要自己試驗訓練的操作。他說，有一次他參與的一場SERE演習牽涉到最古老的審訊招式之一：審訊員不是威脅實驗對象，而是威脅實驗對象的一名同事。根據米謝爾的經驗，男人和女人對這種情況的反應大不相同。男人傾向於屈服，女人則否。

「如果你是一個女性飛行員，而他們說準備對其他機員下手，她的態度多半是『算他們倒楣』。」他說：「『你盡你的職責，我盡我的。我要保守機密。我很遺憾這件事發生在你身上，但是你加入時就了解這一點了。』」米謝爾審訊在沙漠風暴行動（Desert Storm）期間被俘的女性時發現這個現象。

> 他們會把那些女戰俘拖出來，每次男戰俘不招供時就威脅要打她們。女戰俘對男戰俘不堅持住會很生氣，她們會說：「也許我會被打，也許我會被性侵，但那只會發生一次。如果讓他們知道只要把我拖出來就能套出國家機密，他們每次都會這麼做。所以讓我盡我的職責，你盡你的。」

在那次SERE演習中，米謝爾和一名女性高階空軍軍官搭檔。她的審訊員說，他們會刑求米謝爾，除非她招供。不出所料，她說：「我不會說。」米謝爾說：

他們把我放進一個埋在地裡的五十五加侖鐵桶，把蓋子蓋上，上面再舖上土。在鐵桶上面，有一條穿過蓋子的水管湧出冷水來……受限於他們把我放進鐵桶的姿勢，所以我不知道在很高的地方有排水孔，就在我鼻子的高度。

慢慢地鐵桶注滿了水。

米謝爾：我很確定他們不會殺了剛到學校來的新心理學家，這一點我很確定，但我還不夠確定。你知道我的意思嗎？

葛拉威爾：在那種情況下，你有什麼感覺？

米謝爾：我不是很開心，因為我的膝蓋貼在胸口，而且我不能出去。我的手臂貼在身體邊。我不能動。他們用一條皮帶把我垂吊到桶子裡。

葛拉威爾：你什麼時候被移出來？

米謝爾：大約一個小時後。

葛拉威爾：水漲到多高？

米謝爾：水一直漲到我的鼻子。它很快漲上來，所以我真的沒把握。我是說，水漲上你脖子四周，漲到你耳朵四周。

葛拉威爾：你是在一片漆黑中？

米謝爾：噢，沒錯……也許不是一小時，也許不到。我確定是這樣，否則我會有點失溫。但我感覺好像一小時。總之，我在鐵桶裡，他們把你垂降進來，我想著：「噢，他們要把我放進桶子裡，看我會不會有幽閉恐懼。我不會。沒什麼大不了。」噢，不，他們把水管插進來，把金屬蓋子蓋上，然後用石頭掩蓋它。

葛拉威爾：他們事先告訴你會怎麼做嗎？

米謝爾：他們一面做，一面告訴你。

葛拉威爾：他們在SERE對學員做的一切，都用在你身上嗎？

米謝爾：那當然。

正如米謝爾的描述：「許多人都曾經待過鐵桶。」在當時，那是標準課程的一部分。

米謝爾：我也上了進階課程。如果你認為基礎課程很難……差得遠。

三

這是中情局「強化審訊」課程的由來。中情局找上米謝爾和傑森，並徵求他們的建議。他們兩人已合作多年，共同設計和執行他們認為想像得到的最有效審訊技巧，而中情局想知道它們的功效如何。因此米謝爾和傑森列了一張表，最前面幾項是剝奪睡眠、壁刑和水刑。水刑是把你放在一張輪床上，頭的位置比腳低，臉上蓋著一塊布，水被倒進你嘴巴和鼻子，以製造溺水的感覺。不過，水刑是米謝爾和傑森在SERE裡不用的技巧之一。因為從空軍的觀點看，水刑太棒了。他們嘗試教導自己的人抗拒刑求是可能辦到的，但是讓他們接受大多數人不可能抗拒的技巧顯得自相矛盾。[1]但用在恐怖分子嫌犯身上呢？對許多中情局的人來說，那並不矛盾。為了謹慎起見，他和傑森先親自試驗，對彼此施行水刑——每個人各試驗兩次，使用最極端的標準，即持續倒水四十秒。

「我們想確定醫師可以發展出安全的程序，而警衛知道他們該怎麼做，我們則想知道學員將經歷什麼。」他說。

葛拉威爾：請描述那是什麼感覺。

米謝爾：你有沒有去過一棟特別高的建築，並且想像你可能跳下去？你知道你不會跳下去，但想像你可能跳下去？那就是我的感覺。我並沒有感覺自己快死了，但我害怕我快死了。

1不過，海軍的SERE學校有許多水刑的經驗。那裡的訓練哲學有點不同。「海軍的觀點是，面臨那種情況的人如果預期自己可以堅持得住，可能變得過於自滿。當你真的堅持不住時，你就會被摧毀而無法恢復。」米謝爾說。「所以海軍學校作法的目的之一是告訴大家，你真的在某個時候會投降。但你身為美國軍人的職責是盡全力抗拒。」海軍想展現給他們的學員看情況會有多糟。空軍覺得他們的學員還是不知道最好。

當司法部派兩名資深律師到審訊現場去確認評估中的技巧是否合法時，米謝爾和傑森也對他們施予水刑。他記得其中一個律師在結束後坐起來，擦乾她的頭髮，只簡單地說：「哇，真不好受。」

米謝爾和傑森建立一套標準程序。如果囚犯不願意回答問題，他們會先從最溫和的「增強作法」開始。如果囚犯抗拒，他們會升高強度。壁刑是他們最喜歡的技巧，剝奪睡眠也是。司法部的原則是七十二小時的剝奪睡眠是上限，但米謝爾和傑森發現不需要這麼做。他們偏好的是讓人睡覺，但睡得不夠；有系統地打破他們的快速動眼（REM）週期。

水刑是殺手鐧。他們使用一張醫院輪床，傾斜四十五度。司法部允許他們每次倒水二十到四十秒，中間呼吸三次，總共施行二十分鐘。他們偏好先倒水四十秒一次，再繼續倒水二十秒兩次，其餘時間每次倒水三到十秒。米謝爾說，重點在於：

> 不讓水進入他們的肺部，你只是想讓水進他們的鼻竇。我們對溺斃人不感興趣。剛開始我們用一公升的水瓶倒水，但醫師希望我們用鹽水，因為有人會吞嚥水，而他們不希望發生水中毒的情況。

在第一次倒水前，他們拿一件黑T恤從上往下蓋在實驗對象的臉上，掩住他們的鼻子。「布這樣蓋。」米謝爾說，並做出放下T恤的動作。

然後你掀起布，然後你蓋上布，然後你掀起布，然後你再蓋上布，你又掀起布，你又蓋上布。

具體地說，當你掀起布時，倒水的人會停止倒水。有一個人拿計時器計算時間，所以我知道進行了幾秒鐘。現場還有一名醫師。

房間裡有許多人。通常基地的主官會在場，負責案子的情報分析師，還有一個心理學家和其他人。另外一些人在外面，從大螢幕監視器觀看過程，包括更多中情局專家、一名律師、警衛——一大群人。

過程中不能問問題，那是後來的事。

米謝爾：我們不會對那個人大叫。實際上，你一面倒水，一面用不像談話的語調對他說話，但不是有侵略性的語調。「我們不是非這麼做不可。我們想要的是阻止在美國行動的資訊。我們知道你沒有全部的資訊，但我們知道你有一些……」我一面進行一面對他說：「我們不是非這麼做不可。這是你的選擇。」

葛拉威爾：你怎麼知道——整體來說，採用強化審訊技術的話——你怎麼知道你用的方法會管用？

米謝爾：當他們開始對你說話時。

說話是指特定的內容——細節、名字、事實。

米謝爾：你給他看一張照片，然後說：「這個人是誰？」他說：「這個人是某某人，但你知道的，後面那個人，後面那個人是某某人，而照片是他在……」這時候你就知道了——他會說到問題以外的東西。

米謝爾和傑森專注在順從。他們希望他們的審訊對象說話，並自動提供資訊和回答問題。而從見到哈立德開始，他們就相信需要用上所有本事來讓他說話。他不是蓋達組織邊緣的小卒子，不是對參與恐怖行動還有矛盾糾結的人。小卒子容易對付，他們沒有很多話可說——說了也沒什麼損失。他們會與審訊員合作，因為他們知道那是獲得自由的最好機會。

但哈立德知道他再也無法重見天日，他沒有合作的動機。米謝爾知道不相信強化審訊的人使用的所有心理審訊技巧，他認為用它們來審訊他所稱的「在戰場上抓到的一般恐怖分子，像是與美國人作戰的普通聖戰士」能派上用場。但是對「硬核分子」不管用。

而哈立德就是硬核分子。米謝爾和傑森只能用壁刑和剝奪睡眠來讓他說話，因為很不可思議的是，水刑對他不管用。哈立德有辦法打開他的鼻竇，讓流進他鼻子的水從他的嘴巴流出。沒有人知道他怎麼辦到的。米謝爾說那是個神奇的戲法。經過幾回後，哈立德抓住了倒水的節奏。他會藉由用手指比出剩下的時間——然後時間到時用手往下劃——來嘲笑房間裡的人。有一次進行到一半時，米謝爾和傑森走出房間和一名同事商談，當他們回來時，哈立德正在打鼾。「他睡著了。」米謝爾邊回憶邊笑。「我知道，我是在笑一個大家可能覺得很可怕的景象，但我笑的是另一件事……」他似乎感到不真實地搖搖頭。「我從來沒聽過這種事。」他說：「我告訴你，中情局在做查證工作時，他們會打電話給聯合人員救援局（JPRA）。」JPRA是國防部的單位，負責監管分支單位進行各種SERE計畫。他們有一個有關水刑的檔案。「他們打電話查證的人說，水刑對我們的學員百分之百有效，我們從未聽說過有人能不屈服。」

米謝爾和傑森對哈立德施行了三週全套的審訊，最後他終於停止抗拒。但得來不易的讓哈立德順從並不表示他的案子現在已經結案。事實上，困難才剛開始。

四

在九一一的幾年前，精神科醫生摩根（Charles Morgan）出席一場軍方的神經科學會議。當時他正研究創傷後壓力症候群（PTSD），嘗試了解為什麼有些退伍軍人罹患PTSD，有些經過完全相同經驗的人則不受影響。摩根正和他的同事談論研究這個問題有多難，因為你希望在還未發生創傷經驗前就辨識出這一群人，並即時追蹤他們的反應。

但你怎麼可能辦到？當時沒有戰爭，而且他也不可能模擬安排他的所有研究對象在槍口下被搶劫，或遭遇悲慘的際遇。摩根開玩笑說，他能想到的最好點子是在新婚夫婦的婚禮前夕研究他們。

後來一個陸軍上校走近摩根說：「我想我可以解決你的問題。」這個上校在北卡羅來納州布雷格堡（Fort Bragg）的ＳＥＲＥ學校工作，他邀請摩根前往參觀。那裡是傑森和米謝爾工作的斯波坎空軍ＳＥＲＥ學校的陸軍版。「那裡有點超現實的感覺。」摩根說。陸軍打造一個仿製的戰俘營——你可能在北韓或舊蘇聯某個偏遠的角落找到的那種戰俘營。「我參觀了整個設施，裡面沒有人員活動，而且當時是一個多霧、灰黯的早晨。我想到一些看過的戰爭電影裡出現的集中營，只是裡面空無一人。」

摩根繼續說：

每個訓練週期結束時，一定有個前戰俘對所有學員演講，並且說：「這種事曾發生在我身上。你們是在一個小籠子待三小時，我是在小籠子待了四年。他們對我用盡各種伎倆。」

摩根感到驚奇，但心存懷疑。他感興趣的是創傷壓力，SERE學校對被敵人俘擄和審訊做了逼真的模擬，但畢竟那只是模擬。訓練結束後，所有參與者都還在北卡羅來納州，還是可以和朋友去喝杯啤酒和看個電影：「他們知道他們是參加一個課程，而且知道是接受訓練。這怎麼可能有壓力？」他提出問題，那些SERE教官只是微笑以對。「然後他們邀請我過來，說我可以做一個為期六個月的觀察。所以我去了，每個月有兩週在那裡，而且我就像一個菜鳥人類學家那樣做筆記。」

他從訓練的審訊階段開始，在士兵接受訊問後採集他們的血液和唾液樣本。以下是摩根描述他所得到的結果，刊登在《生物精神病學》（*Biological Psychiatry*）期刊上：

> 訓練實驗室裡逼真的壓力造成皮質醇、睪酮和甲狀腺激素快速而明顯的變化。這些改變之大……與文獻中個人承受像重大外科手術和實際戰鬥的壓力來源比較起來，可謂難分軒輊。

這是一個模擬的審訊，每一回持續半個小時。有幾名實驗對象是綠扁帽和特種部隊軍人——部隊中的菁英。而他們的反應就好像他們是置身真實的戰鬥。摩根震驚地看到一個接一個士兵在痛哭中崩潰。「我看得驚訝不已，」摩根說：「我完全想像不到。」

我原本以為這些人都是最強悍的人——演練就好像遊戲那樣。而且我沒有預期看到有人承受不了壓力或哭泣。那不是因為身體壓力，那不是因為有人粗暴對待你。

這些人是軍人——有組織，有紀律，有幹勁——摩根意識到，是他們處境的不確定性導致他們崩潰。

他們之中有許多人向來是按照「我知道操作手冊上的規定，所以我知道該怎麼做」來做事。時間久了我也逐漸明白了，我想大部分壓力來自內在真實的驚恐感覺，就好像是「我不知道正確的答案是什麼」。

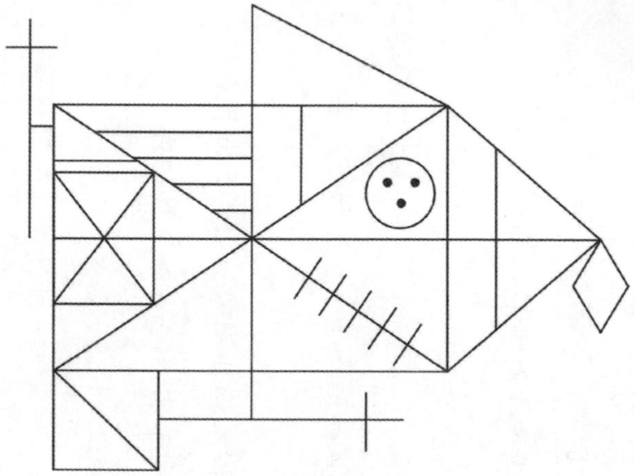

然後他決定要求SERE的學員做所謂的雷奧斯特瑞斯複雜圖形測試（Rey-Osterrieth Complex Figure test）。受測者必須看如上的圖形。

首先你必須複製它。然後原始的圖形被取走，你必須憑記憶畫出它。大多數成人相當擅長這個工作，而且他們使用相同的策略：他們開始畫圖形的外緣，然後填入細節。另一方面，兒童利用碎片策略：他們隨機畫一部分的圖形，然後繼續畫另一個碎片。在審訊前，SERE學員輕鬆地做完測試。畢竟，能很快記憶和複製一個複雜的視覺圖像，是綠扁帽部隊和特種部隊士兵的訓練科目之一。下頁上方是其中一個士兵在審訊前憑記憶畫的雷奧斯特瑞斯圖形。這些人的表現一流。

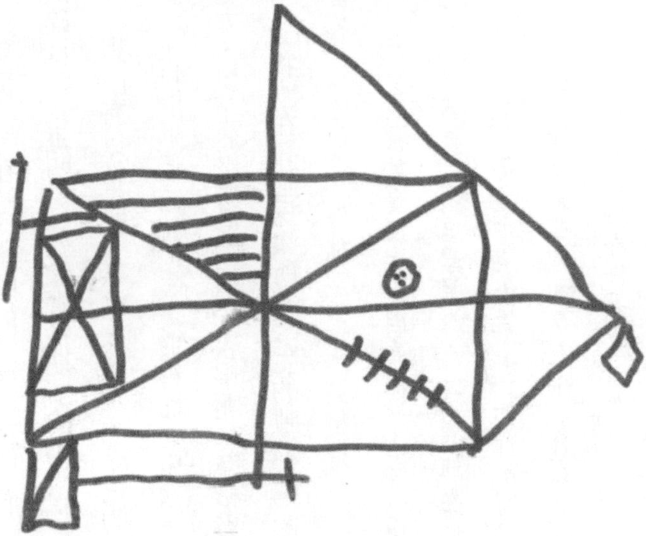

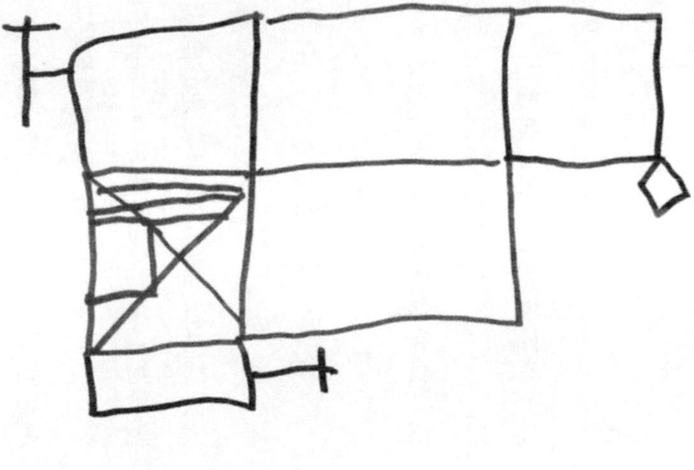

但看看審訊完十五分鐘後這名士兵畫的圖形（如上頁下方）。

摩根說，在這個實驗的其中一個回合，經過高度壓力的審訊後，八〇%的實驗對象會以碎片方式畫圖，「就像青春期前的小孩那樣，那表示你的前額葉皮質暫時關閉。」

對所有以審訊為業的人來說，摩根的研究令人深感不安。審訊的目的是讓對象說話——打開他們的記憶，汲取裡面的東西。但要是達成順從的程序對接受審訊者造成太大壓力，以至於影響他回憶的表現呢？摩根看到的是成人轉變成小孩。

「我剛在營區採集所有學生的唾液。」摩根回憶他早期在SERE的一件事時說：

我往外走回去，因為他們已經打開大門，學員家人都進來了。他們都和我打招呼。我走向幾名學員說：「很高興在你們不是處於那些情況下看到你們。」我記得其中有人說：「你什麼時候進來這裡的？」而我回答：「你說什麼，我什麼時候進來這裡的？二十分鐘前我才採集你的唾液。我要你填寫……」「我不記得那件事。」

而我說：「而且我有一天晚上看到你，你正在接受審訊。」

但他們說：「沒有印象，想不起來。」

我看著一個教官說：「那真是瘋狂。」而他說：「這種事很常見。他們甚至不記得我，而我是三十分鐘前對著他們大叫的人。」

摩根十分驚訝，所以他決定做個快速的現場測試。他模仿警方的嫌疑犯指認程序，找教官、軍官和幾名臨時的外部人充當被指認者。

「該單位的醫師已經回來，他剛度完假……我說：『你今天要來充當指認對象。』我們把他列入其中。」

然後摩根向士兵下達指示：「我們真的對今天管理營區並下令處罰你們所有人的人很感興趣。如果他在這裡，請指出他是誰。如果不在，只要說不在這裡。」他要大家指認指揮官——主管營區的人。

「五十二名學員中，有二十名指認那位醫師……而醫師說：『但是我人不在這裡！我在夏威夷！』」[2]

如果只有一名士兵認錯人，那是情有可原。人總會犯錯。兩名士兵認錯人也是如此，甚至三名。但卻有「二十」個人弄錯。要是在法庭上，這個倒楣的醫師可能就要被關進監牢。

九一一攻擊後，摩根開始為中情局工作。他在那裡嘗試讓他的同事了解他的發現有多重要。中情局在世界各地有情報員和機密來源，也從擄獲的人或強迫合作的人身上蒐集資訊。這些來源往往是說話極有自信的人，有些人獲得高度的信任，有些人提供的資訊被認為很可信。但摩根的重點是，如果他們提供的資訊是在壓力的情況下取得——如果他們剛經歷在伊拉克、阿富汗或敘利亞的夢魘——他們說的可能不正確或會造成誤導，而且資訊來源自己並不知道。他們會說，**就是那個醫師！我知道是那個醫師**，雖然那個醫師在一千哩外。「我對其他分析師說：『你知道，這種影響真的值得提高警覺。』」

那麼，當摩根聽到米謝爾和傑森在他們遙遠的祕密站點對哈立德下功夫時，他是怎麼想的？

> 我告訴大家——那是在我進中情局前就這麼認為的，後來我也這麼告訴中情局的人——「嘗試從一個被你剝奪睡眠的人套取情報，就好像嘗試從你用大鐵鎚砸過

的收音機收到更好的訊號……對我來說那一點道理也沒有。」

五

哈立德在二〇〇七年三月十日第一次公開自白，距他被中情局在巴基斯坦伊斯蘭馬巴德逮捕略超過四年。那是在古巴關塔那摩灣美國海軍基地舉行的一場法庭聽證會，除了哈立德外還有八個人在場——一名指派給囚犯的「個人代表」，一名語言學家，以及來自美國軍方四個軍種的軍官。

哈立德被問到他是否了解這個程序的性質，他回答是。他的罪名陳述被當場朗讀，他透過他的代表做了幾項小更正：「我的名字在證據摘記中拼字錯誤，應該是 Shaikh 或 Sheikh，而不是標題行中的 Shaykh。」他要求翻譯可蘭經上的一段經文。數項管理性質的

2 在另一個更大規模的研究裡，摩根發現一百一十四名士兵中，有七十七人在照片上錯誤指認他們的審訊員——而且是在審訊後二十四小時指認的！當這些士兵被問到對他們的指認多有信心時，顯然信心和正確沒有關聯。

事務被提出討論。然後哈立德的個人代表唸出他的自白：

我在未受強迫的情況下，在此承認和證實以下的事實：

我曾宣誓效忠於賓拉登以進行聖戰……

我是賓拉登的行動總監，負責九一一行動的組織、計畫、監督和執行……

在阿布哈夫斯（Sheikh Abu Hafs Al-Masri Subhi Abu Sittah）死後，我直接負責管理和監督炭疽桿菌等生化武器製造的單位，並監督美國領土上的髒彈行動。

然後他列出每一項他曾參與的蓋達組織行動，不管他的角色是「負責的參與者、主要規劃者、訓練人、資助人（透過軍事委員會司庫）、執行人，和／或個人參與者」。這份令人驚悚的清單共詳列出三十一項：芝加哥的西爾斯大樓、希斯洛機場、倫敦大笨鐘、許多美國和以色列大使館、企圖暗殺柯林頓和教宗若望保祿二世等等。例如第二十五到二十七項：

二十五、我負責攻擊時必要的監視行動，攻擊目標是為美國幾個州提供電力的核能發電廠。

二十六、我負責規劃、調查和資助攻擊歐洲的北約總部。

二十七、我負責必要的規劃和調查事宜以執行波金卡（Bojinka）行動，該行動的目標是設法讓十二架載滿乘客的美國班機墜毀。我個人監視一趟從馬尼拉到首爾的泛美班機。

陳述結束後，法官轉向哈立德說：「哈立德，在你繼續前，你剛才由個人代表朗讀的陳述都是你寫的文字嗎？」哈立德回答是，然後對他的行為做了一段冗長、不帶情緒的解釋。他說，他只是一名從事戰鬥的戰士，與其他士兵沒有兩樣：

戰爭始於亞當，從該隱殺了亞伯一直到現在，人的殺戮永遠不會停止。戰爭的語言就是這樣。美國從獨立戰爭開始，然後他們發動墨西哥戰爭，然後西班牙戰爭，然後第一次世界大戰，第二次世界大戰。你們去讀歷史就知道戰爭從來未曾停止。這就是人生。

哈立德不同尋常的自白是米謝爾和傑森的勝利。他們在二〇〇三年接手的這個人，憤怒而叛逆，現在願意將他的過去公諸於世。

但哈立德的合作留下一個未解的關鍵問題：他說的是實話嗎？一旦人承受那樣的壓力後，他們就來到了摩根研究的領域。哈立德自白犯了那麼多罪是為了讓米謝爾和傑森停手？據一些消息來源透露，米謝爾和傑森曾擾亂並拒絕讓哈立德睡覺達一週之久。在那樣的虐待後，哈立德是否還記得他真正的記憶？神經學家奧馬拉（Shane O'Mara）在他的書《為什麼刑求沒有用》（*Why Torture Doesn't Work*）中寫道，長時間睡眠剝奪「可能導致一些形式上的表面服從」——但付出的代價是「大腦系統的長期結構性模式重組，這些模式原本支援了審訊員希望打開的機能」。

前高階中情局官員貝爾（Robert Baer）看了自白並做結論說，哈立德是在「捏造事實」。他列出的目標之一是西雅圖市區的廣場銀行大樓，但廣場銀行一直到哈立德被逮捕後幾年才設立為一家公司。另一名資深中情局退休人員里德爾（Bruce Reidel）說，讓哈立德願意合作很困難的原因——他從一開始就不可能被釋放——也是他的自白值得懷疑的原因。「除了在人們的記憶中成為一個著名的恐怖分子外，他這一生已經沒有別的指望了。」里德爾說：「他想提高自己的重要性。從他被擒獲以來這就是一個問題。」如果他的餘生都會待在牢裡，何不為歷史編一齣戲？哈立德繼續自白說：

九、我負責規劃、訓練、調查和資助以炸彈摧毀巴拿馬運河的行動。

十、我負責調查和資助暗殺數名前美國總統，包括卡特總統。

還有哈立德沒有攬為自己功勞的事嗎？

這些批評都沒有質疑審訊哈立德的必要性。我們難以了解陌生人的這個事實並不表示我們不應該嘗試。不能讓龐氏騙局詐騙者和戀童癖者逍遙法外。義大利警察有責任了解諾克斯。還有為什麼張伯倫這麼努力想會見希特勒？因為世界大戰的陰影逐漸籠罩，嘗試與敵人談和有其必要。

但我們愈努力要讓陌生人揭露自己，他們就變得愈難以捉摸。張伯倫如果不去會見希特勒可能更好，他應該待在家裡閱讀《我的奮鬥》。山達斯基案的警察到處搜尋他的受害者長達兩年，他們的努力獲得什麼結果？真相未被澄清，反而愈加混淆：莫衷一是的故事；指證浮現，然後又消失；受害者前一刻帶自己的孩子去看山達斯基，下一刻卻指控他從事可怕的犯行。

米謝爾也面臨相同的處境。中情局有理由相信蓋達組織在九一一後計畫發動第二波攻擊，可能還牽涉核子武器。他「必須」讓哈立德招供。但他愈努力要哈立德吐實，他就愈減損他們溝通的品質。他可以剝奪哈立德的睡眠一週，最後哈立德坦承天底下每一項罪行。但哈立德「真的」準備炸毀巴拿馬運河嗎？

不管我們嘗試了解我們當中的陌生人什麼事，我們都難以確定是否屬實。諾克斯或山達斯基或哈立德的「真相」都不是只要我們挖掘夠深、看得夠仔細，就可以找到的堅實、發亮之物。我們想得知的有關陌生人的事是脆弱的。如果我們粗心地踩踏它，它將在我們的腳下碎裂。而從這一點衍生出第二個教訓：我們必須接受，了解陌生人的探索有現實上的極限。我們永遠無法知道全部的事實。我們必須滿足於不完美的真相。與陌生人談話的正確方法是帶著審慎和謙遜。我描述了多少個只要我們謹記這些教訓就可以避免的危機和爭議？

現在我們已接近回到那一天，安辛尼亞在德州普雷里維尤市攔下布蘭達所引發的事件了。但在進一步前，我們必須考慮最後一件事——經常很奇怪地被忽略的耦合（coupling）現象。

第五篇

耦合

第十章
普拉斯

一

一九六二年秋季，美國詩人普拉斯離開她在英國鄉間的小屋前往倫敦。她需要一個新的開始。她的丈夫休斯（Ted Hughes）已為了別的女人而拋棄她，留下她獨自撫養他們的兩個小孩。她在倫敦櫻草花山（Primrose Hill）區找到一間公寓，是一棟聯排透天厝的頂層兩樓。「我是在倫敦寫這封信，快樂得幾乎無法言語。」她告訴她母親：「猜猜看，這裡竟然是葉慈（W. B. Yeats）的舊居，門上有一塊藍色牌子，說他曾住在這裡！」

在櫻草花山，她會在清晨時分趁著孩子睡覺時寫作。她的生產力驚人，十二月時她已完成一本詩集，而且她的出版商告訴她，這作品應該能贏得普立茲獎。她正邁向成為世界最知名的年輕詩人之一——這個聲譽在未來的歲月只會更上層樓。

但到了十二月底，一個致命的冷氣團籠罩英國。那是三百年來最酷寒的冬季之一。雪開始下，而且下個不停。民眾在泰晤士河上溜冰，水管結凍，電力中斷，罷工事件頻傳。普拉斯一輩子與抑鬱症搏鬥，現在陰鬱再度侵襲。她的文學批評家友人阿爾瓦雷斯（Alfred Alvarez）在聖誕夜來探訪她。「她看起來不一樣。」他在他的回憶錄《野蠻的上帝》（*The Savage God*）中回憶道：

> 她向來紮成像學校老師的髮髻已鬆開來，頭髮像一頂帳篷披散到她的腰際，讓她蒼白的臉和憔悴的身形顯出一種怪異的孤寂和空洞感，像在邪教儀式中靈魂出竅的女祭司。當她在我前面沿著走廊前進時……她的頭髮散發出一股強烈、刺鼻有如動物的氣味。

她的公寓簡陋而冷冽，幾乎沒有家具，沒有什麼為孩子布置的耶誕裝飾。「對不快樂的人來說，」阿爾瓦雷斯寫道：「耶誕節總是一個令人難受的時節：可怕的假歡樂從四面八方迎向你，大剌剌地祝賀著溫馨、和平和家庭歡樂，讓孤獨和憂鬱格外難以忍受。我從未見過她如此緊繃。」

他們各喝了一杯葡萄酒，並依循他們的習慣由她朗讀她最新的詩作給他聽。它們散發著陰鬱。新年來臨，天氣變得更加惡劣。普拉斯與她的前夫爭吵。她開除她的保姆，帶著她的孩子住在吉莉安（Jillian）與蓋瑞．貝克（Gerry Becker）的家，他們就住附近。「我感覺很糟。」她說。她服用一些抗抑鬱藥，沉沉睡去，然後在淚水中醒來。那天是週四。週五她寫信給她前夫休斯，事後他稱那是一封「訣別信」。週日她堅持要蓋瑞．貝克開車送她和她小孩回他們的住所。他在傍晚時離開她，當時她已讓孩子上床睡覺。在接下來幾小時，她在孩子的房間為他們留下食物和水，並打開房間窗戶。她寫下她醫生的名字和電話號碼，並塞進走廊的嬰兒車裡。然後她拿了毛巾、擦碗布和膠帶，將廚房門密封。她打開廚房爐子的煤氣開關，將頭伸進烤爐中，結束自己的生命。

二

詩人總是英年早逝，這不只是一句陳腔濫調。整體來看，詩人的預期壽命比劇作家、小說家和非小說作家短一大截。他們的「情緒障礙」比率高於演員、音樂家、作曲家和小說家。而在所有職業類別中，詩人的自殺率遠遠高於其他職業——比整體人口高五倍多。寫詩似乎有某種東西吸引受傷害的人或讓人招致新傷害——但很少有人像普拉斯那樣完美體現了天才的悲劇宿命。[1]

普拉斯對自殺感到著迷。她寫自殺，思考自殺。「她談論自殺的語氣就像她談論其他危險而棘手的活動：急切地，甚至激烈地，但完全沒有一絲自憐。」阿爾瓦雷斯寫道：「她似乎視死亡為一種她曾再三克服的生理挑戰。那種體驗就如同……俯衝下一個危險的雪坡卻不知道如何滑雪。」

她符合具有高度自殺風險的每一項條件。她曾嘗試自殺。她曾經是精神病患。她是一

1「詩人必須讓自己適應他的職業要求，或多或少必須刻意這麼做。」著名詩人斯賓德（Stephen Spender）曾說：「因此詩人的特質和許多人曾說過的靈感條件，其實很接近瘋狂。」

個身處異國文化——遠離家人和朋友——的美國人。她來自破碎的家庭，她剛被一個她崇拜的男人拋棄。[2]

在她死的那天晚上，普拉斯把她的大衣和鑰匙留在貝克夫婦家。吉莉安．貝克在她關於普拉斯的書中（每個認識普拉斯的人，甚至不是直接認識的人，都寫了至少一本有關她的書）將之詮釋為普拉斯決定自盡的徵兆。

她是不是設想蓋瑞和我在晚上會把她的大衣和鑰匙送過去給她？不，她沒有預期或想要在最後一刻被從自殺獲救。

法醫的報告說，普拉斯盡可能把頭伸進烤爐深處，好像她心意已決。吉莉安．貝克繼續說：

她堵住了通往樓梯平台和客廳的門下隙縫，把所有的煤氣開關開到最大，整齊地折疊一條抹布，並把它放在烤爐的底板，然後將臉頰貼在上面。

有人對她的意圖有任何懷疑嗎？只要看看她自殺前幾天寫的東西就知道。

這個女人已臻於完美。
她死亡的
身體掛上完成的微笑……
她赤裸的
腳似乎在說：

2 舒爾曼（Ernest Shulman）寫道：「普拉斯在三十歲自殺時，符合高自殺機率的幾個特徵。雖然曾嘗試自殺者占人口的比率約五％，自殺身亡者有三分之一曾嘗試過自殺，包括普拉斯在內。前精神病患占自殺者的大部分，這也包括普拉斯。離婚的人自殺率比已婚女人高了好幾倍，普拉斯正在談離婚。世界各地的外國人都有較高的自殺率，而普拉斯住在英國，遠離她熟悉的地方和人。自殺者往往是孤立且承受沉重壓力的人，這正是普拉斯的情況。破碎的家庭造成高得不成比例的自殺，而普拉斯來自破碎家庭。」他繼續說：「她再也無法與那個男人長相廝守——一個她聲稱他的偉大可以滿足她自己對榮耀的夢想的男人。」更不用說喪失之痛遺留的積鬱；她父親在她八歲時去世。「如果一個小孩的發展因為不完整的失怙哀痛而受到阻礙，這個小孩將難以獲得互動關係，而那是建立完整的認同和維繫強烈感情所必不可少的。」舒爾曼繼續說：「普拉斯的自戀最後摧毀了她。」

我們已走到這麼遠，已經結束。

我們看普拉斯的詩和她的歷史，並捕捉她內心生活的一鱗半爪，然後我們認為我們了解她。但我們忘了一件事——我們面對陌生人常犯的第三個錯誤。

三

在第一次世界大戰後，許多英國家庭開始使用所謂的「城市煤氣」作為爐子和熱水器的能源。它是由煤製造，含有多種不同的化合物：氫、甲烷、二氧化碳、氮，和最重要的、無臭且致命的一氧化碳。最後一項化合物等於提供了每個人在自己家裡自殺的簡便方法。「絕大多數案例的受害者被發現時，都是以大衣或毯子覆蓋頭部，把連接煤氣開關的管子拉進覆蓋物的邊緣下方。」一名醫師一九二七年在一篇首度記錄城市煤氣致命特性的文章中說：

在若干例子中，受害者被發現坐在椅子上，煤氣管很靠近、或含在他們嘴裡，但仍握在他們手中；或者他們被發現躺在地板上，頭在煤氣烤爐中。有一個案例是一個女人被發現戴著她以茶壺保暖套修改成的口罩，綁在她臉上，煤氣則從保暖套上端的一個孔引入。

在普拉斯結束自己生命前一年的一九六二年，英格蘭和威爾斯有五千五百八十八人自殺。其中兩千四百六十九人（四四．二%）自殺的方法和普拉斯一樣。一氧化碳中毒在當時是英國致命性自殘的首要死因。其他死因——用藥過量或從橋梁跳下——都遠遠落後。

在同一期間的一九六〇年代，英國煤氣業經歷一次轉型，城市煤氣愈來愈昂貴——而且骯髒。北海發現大量天然氣蘊藏，當局決定讓全國從城市煤氣改用天然氣。這項計畫的規模極其龐大，天然氣與城市煤氣的化學特性有顯著的差異：它需要兩倍的氧氣才能燃燒完全，火焰移動速度遠為緩慢，且天然氣的壓力必須更大。這些因素結合起來，意謂著現在幾乎每個英國家庭使用的煤氣接口和爐子裡的燃燒器都已無用。英國的每一種煤氣設備都必須升級或換新：量表、爐具、熱水器、冰箱、可攜式暖器、熱水壺、洗衣機、固體燃

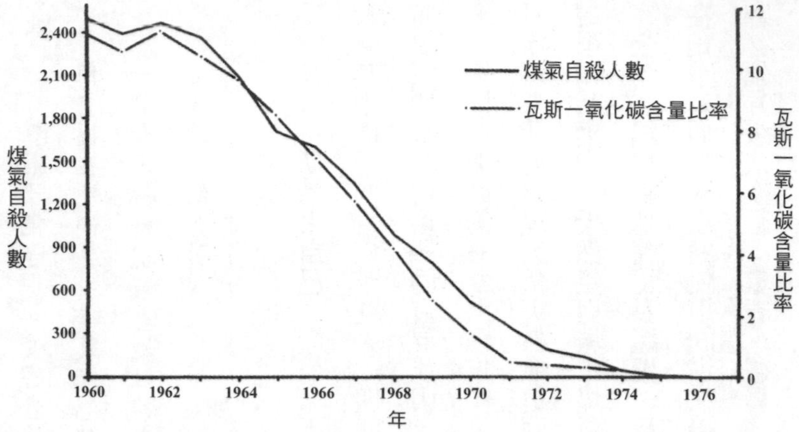

料壁爐等。新提煉廠必須興建、新天然氣管線必須鋪設。當時有一名官員毫不誇張地稱它為「英國歷來承平時期最大規模的行動」。

這個漫長的過程始於一九六五年在距離倫敦三十哩的一個小島進行的實驗計畫，總共有七千八百五十名天然氣顧客。約克郡和斯塔福郡接著跟進，然後是伯明罕——慢慢地英國每個公寓、透天厝、辦公室和工廠都逐一改用。這個過程花了十年時間，到一九七七年秋季終於完成。城市煤氣——氫、甲烷、二氧化碳、氮和一氧化碳——已被取代為天然氣：甲烷、乙烷、丙烷、少量的氮、二氧化碳、硫化氫，而完全沒有一氧化碳。一九七七年以後，如果你把頭伸進烤爐並把瓦斯打開，最壞的情況是你可能輕度頭痛和脖子僵硬。

看看煤氣自殺的數字如何隨著城市煤氣在一九六〇和七〇年代逐漸停用而改變。

但有一個問題：一旦英國排名第一的自殺方式變成生理上的不可能，那些想殺害自己的人是否轉換成其他方法？或者那些原本會把頭伸進烤爐裡的人從此就不再自殺了？

人們會轉換成其他方法的假設稱為轉移（displacement）。轉移的假設是，當人們考慮做像自殺這麼嚴肅的事時，他們很難停止下來。阻止一個選項不會造成多大的差別。例如，普拉斯有很長的情緒不穩定病史。她在大學時曾接受抑鬱的電擊治療。她在一九五三年首度嘗試自殺。她在波士頓郊外的麥連恩醫院（McLean Hospital）住了六個月接受精神養護。幾年後，她故意開車衝進河中——然後以她典型的方式寫了一首有關這件事的詩：

我像貓可以死九次。

這是第三次。

她一絲不苟地堵住門的每個隙縫，把煤氣開關轉到最大，然後將頭盡可能伸進烤爐裡。她的心意已決。如果她無法用她的烤爐殺死自己，她會不會嘗試別的方法？

另一個可能性是，自殺是一種與特定背景耦合的行為。耦合的概念是行為與很具體的環境和條件關聯。我父親在我們小時候朗讀狄更斯（Charles Dickens）的《雙城記》（*A Tale of Two Cities*）給我和我的兄弟聽，到了故事的結尾，當卡頓（Sydney Carton）死在丹尼（Charles Darney）家時，我父親流下眼淚。我父親是有淚不輕彈的人。他不是在每個激動人心的時刻就會顯露情緒的人。他看悲情的電影不會哭，他在孩子離家念大學時也不會哭。也許他偶爾會偷偷眼眶濕潤，但除了我母親外，別人不可能看到。如果要他哭，那必須是他的孩子坐在沙發上聽，他還需要歷史上最令人感動的小說家之一。若不具備這兩個因素，那麼不會有人看到他的眼淚。這就是耦合。如果自殺是耦合性的行為，那麼它就不是單純的抑鬱者行為。它是抑鬱者在極端脆弱的特定時刻，結合了特定且輕易可得的致命手段。

所以它是哪一個——轉移或耦合？英國煤氣的現代化是測試這個問題的絕佳方法。如果順著轉移的邏輯思考——如果自殺者的決心如此堅定，以至於你阻礙一種方法，他們一定會嘗試另一種方法——那麼長期來看，自殺率應該會保持相當穩定，只在重大社會事件發生時出現波動。（例如，自殺傾向在戰爭時會下降，在經濟不景氣時上升。）另一方面，

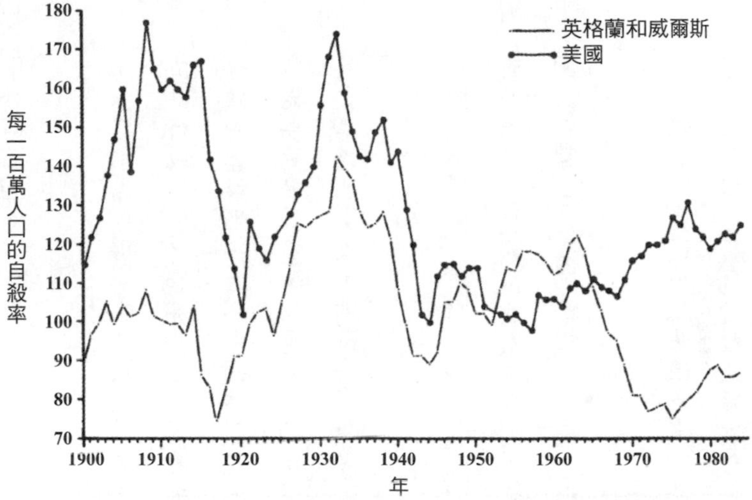

如果自殺是耦合行為，那麼它應該隨著特定自殺方法的可得性而改變。當容易的新方法如城市煤氣出現時，自殺率應該會上升；當這種方法被移走時，它們應該會下降。自殺率曲線應該看起來像雲霄飛車。

看看如上的圖形。

它像雲霄飛車。

它在城市煤氣首度進入英國家庭時大幅攀升，當一九六〇年代末開始改用天然氣時急遽下降。在城市煤氣逐漸淘汰的十年間，成千上萬個自殺案得以避免。

「城市煤氣作為一種致命的方法有其獨特的優勢。」犯罪學家克拉克（Ronald Clarke）在他一九八八年的經典文章中，首度奠立了偏向耦合解釋的論證。

它到處可得（在約八〇％英國家庭），而且只需要很少準備或專業知識，使它成為行動不便者和那些突然置身極端壓力的人方便的選擇。它不會帶來痛楚，不會導致身體毀形，且不會製造髒亂（女性特別會嘗試避免）……上吊、窒息或溺斃通常需要更多計畫，而更暴力的手段如開槍、割切、刺殺、撞車、從高處跳下，或倒臥火車或巴士下，則需要更多勇氣。

這段文字帶著完全就事論事的意味，是不是？克拉克的文章完全看不到對自殺者的同情，或著墨於他們痛苦的根本原因。他分析自殺的方式就像一個工程師看待一個機械問題。「這整個概念在精神醫師和社會工作者間並不是很受歡迎。」克拉克回憶說：

他們認為這種想法很膚淺，也就是說自殺者是多麼挫折和精神萎靡，而認為你可以藉由讓自殺更困難來解決它，就像是某種侮辱。我在很多地方碰到許多人對這個概念很反彈。[3]

這不應該是我們談論自殺的方式。我們假裝手段無關緊要。當煤氣在一九二〇年代首度引進英國家庭時，當局設立兩個政府委員會來考量這種新技術的影響，但兩個委員會都未提到它可能導致自殺增加。一九七〇年英國政府研究煤氣現代化計畫的正式報告出爐時，它表明轉換天然氣的正面副作用之一將是致命意外減少。這份報告甚至未提及自殺——雖然故意用煤氣自殺的人數遠高於因它意外死亡的人數。一九八一年，最全面研究這項計畫的學術書籍《英國煤氣產業史》（*A History of the British Gas Industry*）出版，它詳盡地記述煤氣取暖和煤氣爐灶在英國人生活中出現和成長的每一面。它有沒有提到自殺，或

3 我甚至還沒提到我們不了解自殺如何奪走人命的最大例子：每年大約有四萬名美國人自殺，其中一半藉由開槍射殺自己。使用手槍是美國人常選擇的自殺方式——當然，這種方法的問題是，手槍十分致命。手槍是美國的城市煤氣。如果美國仿效英國的作法，並設法消除自殺的首要致死原因，那會出現什麼情況？那並不難想像。那將去除自殺者與他們選擇方法的耦合。而那些決心再度嘗試的人將被迫選擇遠為不致命的選項，例如比使用手槍的致死率少了五十五倍的服藥過量。極保守的估計是，光是禁止擁有手槍所阻止的自殺，就能每年拯救一萬條人命。那可是很多人。

是順便提及？沒有。

再想想舊金山金門大橋的一頁滄桑史。從這座大橋在一九三七年啟用以來，已經有超過一千五百人在這裡自殺。在那段期間，全世界沒有一個地方有這麼多人跑去了結自己的性命。[4]

耦合理論能告訴我們有關金門大橋的什麼事？那就是如果有一道阻止人們躍下的障礙，或一張在他們跌下前接住他們的網，結果會大大不同。在那座橋上被阻止自殺的人並不會繼續到別的地方往下跳。他們自殺的決定是與那座特定的橋耦合。

果然，根據心理學家賽登（Richard Seiden）所做的一項聰明的調查研究，這似乎是正確的推論。賽登追蹤從一九三七年到一九七一年，五百一十五個曾嘗試從該大橋躍下、但出乎意料遭到阻礙的人。這五百一十五個人中，只有二十五個人以其他方式再度自殺。曾在某個時刻想從金門大橋跳下的人，絕大多數只有在那個特定時刻想從金門大橋跳下。

那麼，管理大橋的市政當局在什麼時候終於決定裝設一道自殺障礙？在二〇一八年，那座橋啟用超過「八十」年後。正如貝特森（John Bateson）在他的書《最後一躍》（*The Final Leap*）中指出，在那段期間，大橋管理當局花費數百萬美元興建交通柵欄以保護過橋的自行車騎士，雖然金門大橋上從未有自行車騎士被汽車撞死。它花費數百萬美元設置中隔島以分開北向和南向車流，目的是維護「公共安全」。在橋的南端，當局架起一道八呎高的颶風柵欄，以避免垃圾被丟進橋下的前軍事設施貝克堡（Fort Baker）。當初興建大橋期間甚至還裝了一面保護網——花費龐大成本——以避免工人意外跌落喪命。那張網救了十九條人命。後來那面網被拆除。但對自殺者呢？在這八十多年間沒有任何作為。

為什麼會這樣？是因為管理大橋的人麻木不仁嗎？當然不是。是因為我們真的難以接受一種行為可能與一個地方緊密耦合的概念。長期以來，大橋當局定期徵詢大眾考慮是否支持興建一道自殺障礙。表達意見的信通常歸於兩類：支持者往往是所愛的人曾經自殺的人，他們對自殺者的心理有一些了解。反對者——大多數人——只是不假思索地排斥耦合的概念。

4 金門大橋如此頻繁地發生自殺的不幸事件，促使製片家史迪爾（Eric Steel）二〇〇四年在橋的兩端各安裝一具攝影機，在一年間拍下了二十二樁自殺事件。在史迪爾後來拍成紀錄片《橋》（*The Bridge*）的主題研究案例中，他的攝影機跟隨一個名叫史柏拉克（Gene Sprague）的三十四歲男子九十三分鐘，看著他在橋上來回踱步，最後躍入他的死亡終結。如果你站在橋上夠久，你可以「預期」會看到有人嘗試從橋上躍下。

以下是一小部分的樣本：

「如果橋上設置一道實體障礙，我絕對相信三個月後想自殺的人會帶一把槍走到北塔，然後因為受到無法往下跳的挫折而對著自己的頭開槍。那麼花數百萬美元設置一道實體自殺障礙又如何？」

「決心自殺的人會找到各種方式了結自己——吞藥、上吊、溺水、割腕、從其他大橋或建築往下跳。把錢花在眾多人的精神健康照顧上，而不必操心跳大橋的少數人，不是更好嗎？」

「我反對設置自殺障礙，因為那只會浪費錢而徒勞無功。任何被阻止從金門大橋跳下的人，會找另一種更具破壞性的方式來自殺。從高樓跳下的人比從橋上跳進水中，更可能殺死街上的行人。」

「那只會浪費錢和讓大橋變醜陋。自殺的方法有許多，你拿走某個人的一種方法，他只會換另一種方法。」

在一項全國性的調查中，四分之三的美國人預測，當金門大橋終於設置一道障礙後，大多數想在橋上自殺的人只會改採別種自殺方式。[5]但這完全錯誤。**自殺是耦合行為。**

我們對了解陌生人所犯的第一組錯誤——預設為真和透明性的幻覺——與我們無法把一個陌生人當作個體去了解有關。但在這些錯誤上我們又添加另一個錯誤，這個錯誤把我們面對陌生人的問題推向危機。我們不了解陌生人所置身情境的重要性。

四

布魯克林的警局七十二分局管區涵蓋了圍繞綠蔭公墓（Greenwood Cemetery）的社區，從北邊的展望公路（Prospect Expressway）到南邊的瑞奇灣（Bay Ridge）區。在公墓西側邊線到水岸之間的狹長地帶，有許多條從山丘往水岸延伸的街道。一條老舊、地勢較高的高速公路從中間蜿蜒而過。今日，那裡是一個正在進行重建優化的社區。三十年前當韋斯伯德（David Weisburd）花一年時間在那些街道走來走去時，那裡還不是。

5事實上，有三四%的人預測，「每個」在大橋上被阻止自殺的人都會改用另一種方法。

「這是一個不同的世界。」韋斯伯德回憶說：「這裡是個可怕的地方。你走進一棟公寓建築，走廊上會有冰箱，走廊上會有垃圾。公寓大樓的後院會埋在五呎深的垃圾下。街上會有讓你嚇出冷汗的人。」

韋斯伯德是一個受過專業訓練的犯罪學家。他在耶魯大學的論文主題是以色列西岸移民間的暴力行為。他出生在布魯克林。從耶魯畢業後，他找到一份在他熟悉的街區做研究計畫的工作。

這項研究的根據地位於第四大道的警察局房舍，是一棟帶著現代主義派的四方形舊房子，它的設計看起來就像可以防禦一支軍隊的入侵。有九名警員參與這項研究，各負責十到三十個巡邏街區。「他們的工作是在巡邏區走動，與公眾互動，並發展解決問題的方法。」韋斯伯德說。他是觀察員兼記錄員，負責寫下學到的方法。在一年期間，每週有四天他跟隨著警員巡邏。「我總是穿西裝、打領帶，而且我有一張警察識別證。街上的人以為我是警探，而我會說『我不是』。」

他曾在一座圖書館研究犯罪，現在他是在現場，跟在巡邏警員身邊。從一開始他就覺得有什麼事不對勁，一般人總是以為犯罪跟特定的街區有關聯。只要有貧窮、毒品和家庭機能不良等問題，就會有犯罪：劣勢的經濟和社會條件製造出違法和脫序的社區。

在洛杉磯，這種社區位在中南區。在巴黎是郊區外圍。在倫敦，是布里克斯頓（Brixton）這類地方。韋斯伯德研究的是紐約版的這類社區之一——只不過那裡與他的想像完全不同。「當我逐漸熟悉那個地區後，我很快就發現，我們把所有時間都花在其中一、兩條街道上，」他說：「那裡確實是城裡較糟的街區，但大多數街道沒有任何犯罪。」

過了一陣子後，他發現完全沒有必要巡視他負責區域的每一條街，因為大多數街道沒有發生任何事。他感到困惑。罪犯是在社會約制之外活動的人，他們受到自己的暗黑衝動驅策：心理疾病、貪婪、絕望、憤怒。韋斯伯德接受的教導是，了解罪犯為什麼犯罪的最好方式是了解他們的特質。「我稱之為吸血鬼模式。」韋斯伯德說：「有一些人就像吸血鬼，他們必須犯罪。這個模式說，人有高度的犯罪動機，這些動機讓他們不顧一切。」

但如果罪犯就像吸血鬼，受到無饜的製造傷害的欲望驅策，他們應該會遍布於整個七十二分局管區。吸血鬼吸血的那種社會條件存在於每個地方，但吸血鬼並沒有存在於每個地方。他們只存在於特定的街道。而韋斯伯德所說的「街道」代表一個單一的街區。某一個街區可能有許多犯罪，但鄰近的街區——甚至只隔了一個十字路口——卻平安無事。

差別就是這麼大。罪犯不是有腳？有汽車？有地下鐵車票？

「這刺激我重新思考我的犯罪學概念。」韋斯伯德說：「和大多數人一樣，我的研究是『人』。我想，也許我們應該多關心一下『地方』。」

五

完成布魯克林的研究後，韋斯伯德決定和另一個年輕犯罪學家薛曼（Larry Sherman）合作。薛曼一直以來也在思考同樣的問題。「當時我受到美國愛滋病病例地圖的啟發。」薛曼回憶說：「這幅地圖顯示，美國的五萬個人口普查區中，全美國愛滋病病例總數的一半以上集中在其中五十個區。」愛滋病似乎不是一種可以在各地隨機且輕易散播的傳染病。他認為愛滋病是透過特定類型的人，在很特定的地方散播的疾病，是一種本身有內在邏輯的流行病。

蒐集研究犯罪的地理因子所需的資料並不容易。犯罪向來以管區為單位報告——即犯罪發生大致的地理區。但韋斯伯德不久前才走遍七十二分局的管區，他知道不具體的區域對他們沒有助益。他們需要「地址」。幸好薛曼認識明尼阿波利斯的警察局長，而他也願意幫忙。「我們選擇明尼阿波利斯是因為，你根本找不到有人會瘋狂到讓我們進行我們想做的事。」韋斯伯德笑著說。

薛曼分析數字後，發現一件很難令人置信的事：該市三．三％的街區占了報警次數的五〇％以上。韋斯伯德和他在羅格斯大學（Rutgers University）的研究生，把明尼阿波利斯市地圖掛在牆上，並在他們發現犯罪的所有地點貼上小紙條。這個不可置信的發現變成了不可否認的事實。韋斯伯德從他巡邏七十二管區開始就感覺犯罪應該呈現集中的模式，但他沒有料到會是如此。「薛曼和我談起這件事，當時的感覺就是：『我的天啊！』」

在大約同一時期的波士頓，另一個犯罪學家做了一項類似的研究：該市的犯罪有一半來自三．六％的街區。這表示已經有兩個例子了。韋斯伯德決定盡可能研究更多個城市：紐約、西雅圖、辛辛那提。薛曼也研究堪薩斯市、達拉斯。只要有人要求，兩個人就會分析數字。他們在每一個研究的城市都發現相同的情況：每個城市的犯罪都集中在極少數街區。韋斯伯德決定試一個外國城市，一個完全不同——文化上、地理上、經濟上都不同——的地方。他的家族是以色列人，所以他想到特拉維夫。情況竟然也相同。

「我說：『我的天，看看結果！為什麼特拉維夫有五%的街區製造了五〇%的犯罪？在完全不同的地方發生同樣的事。』」韋斯伯德把這個發現稱為犯罪集中法則（Law of Crime Concentration）。[6]和自殺一樣，犯罪與很特定的地區和背景有關聯。韋斯伯德在七十二管區和在明尼阿波利斯的經驗並非特例，他們發現人類行為存在的一種近乎真理的基本原則。而這表示當你接觸陌生人時，你必須自問你在何處、在何時接觸這個陌生人——因為這兩個因素對你了解陌生人有極大的影響力。

六

再回到普拉斯。在普拉斯的自傳小說《瓶中美人》（*The Bell Jar*）中，主角葛林伍德（Esther Greenwood）描述她如何淪落至瘋狂。她想到自殺的過程就像克拉克（想到城市煤氣與自殺關係的人）推論她會經歷的過程。她對如何自殺這個問題極其敏感。「如果你準備自殺，你會怎麼做？」葛林伍德問和她一起躺在海灘上的年輕男子卡爾（Cal）。

卡爾似乎很得意。「我常想到這件事。我會用槍在頭上轟個大洞。」我很失望。用槍自殺真是標準的男人作風。我不太可能有槍。即使我有槍，我也不知道我要射我自己的哪個部位。

那天早上葛林伍德嘗試用她母親浴袍的絲腰帶上吊，但腰帶不管用。「每次我都把腰帶綁得太緊，我可以感覺到我耳朵裡面急促的血流聲，和我臉上的充血，我的手就會變得無力而鬆開，然後我會再度恢復正常。」她和卡爾游離岸邊，她決定嘗試溺死自己——並潛到海底。

6 檢視韋斯伯德為西雅圖製作的地圖（第四四一頁）。圖中的點是西雅圖犯罪的「熱點」。如果你和西雅圖當地人聊天，他們會告訴你他們的城市有些不好的地區。但地圖告訴你他們說的不正確。西雅圖沒有不好的「社區」；它有幾個有問題的「街區」散布在全市各地。這些有問題的街區和該市的其他地方有什麼差別？有許多因素加起來造成這種差別。熱點比較可能位於主要道路，較可能有空地，較可能有巴士站，較可能有不投票的選民，較可能靠近像是學校等公共設施。這份變數清單——其中有許多廣為了解，有些則否——琳瑯滿目。由於這些變數大部分十分穩定，這些街區也長期很少改變。

我往下潛，又往下潛，每次我都像軟木塞那樣從海裡浮出。
灰色的岩石嘲笑我如同一只救生圈般輕易在水上漂浮。
我知道我被打敗了。
我轉身往回游。

普拉斯的主角並不是想自殺，她是在尋找一種殺自己的「方法」。而且不是任何方法都好。這就是耦合的重點：行為是特定的，她必須找到適合的方法。而在那個寒冷的二月晚上，那個適合普拉斯的方法剛好就在她的廚房裡。

要是你知道那層薄紗正在殺死我的時日。
對你來說它們只是透明、清澈的空氣。

這首詩是〈生日禮物〉（A Birthday Present），寫於一九六二年九月，普拉斯在倫敦痛苦的最後幾個月正要開始之際。

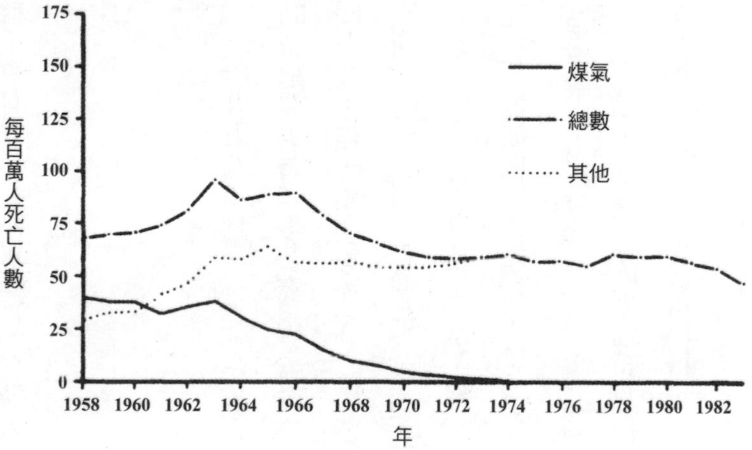

但我的天，雲朵就像棉花。
它們像軍隊集結。它們是一氧化碳。
甜甜地，甜甜地我吸入，
我的血管注滿無形的東西……

看如上的圖形顯示，從一九五八年到一九八二年，英國年齡二十五歲到四十四歲女性的自殺率。（普拉斯死時為三十歲。）

在一九六〇年代初期普拉斯自殺時，英國與她相同年齡的女性自殺率高達每十萬人中就有十人——歸因於高得令人痛心的煤氣中毒死亡人數。這是英國歷來最高的女性自殺率。到一九七七年改用天然氣完成後，該年齡的女性自殺率下降到約一半。普拉斯實在很不幸，要是她晚來十年，就不會有像「一氧化碳」的雲讓她「甜甜地，甜甜地……吸入」了。

七

一九五八年秋季，在普拉斯和她丈夫休斯結婚後兩年，他們搬到波士頓。讓她成名的詩還要等幾年後才寫出。普拉斯在麻州總醫院的精神科擔任接待員，她利用晚上的時間上波士頓大學的寫作課。她在那裡認識也很年輕的詩人塞克斯頓（Anne Sexton）。塞克斯頓比普拉斯年長四歲——迷人、充滿魅力，而且極為美麗。她後來以詩集《生與死》（*Live or Die*）獲得普立茲獎，建立她身為美國最偉大的當代詩人之一的聲譽。普拉斯和塞克斯頓變成朋友，她們下課後會一起打發時間，然後和另一個年輕詩人史塔巴克（George Starbuck）出去喝酒。

「我們會擠進我的老福特車前座，我會很快穿越車陣到麗茲酒店或附近。」塞克斯頓在普拉斯死後寫的文章中回憶：

我會違規停車在「裝貨區」，與高采烈地告訴他們：「不會有事，因為我們只是要去裝貨！」我們會各挽著史塔巴克的一隻手臂，走進麗茲酒店，喝三或四或兩杯馬丁尼。

塞克斯頓和普拉斯都很年輕，天才洋溢，而且對死亡著迷：

普拉斯和我經常——很經常——漫長地談論我們的第一次自殺；漫長、詳細而且深入地邊吃洋芋片邊談。畢竟，自殺是詩的反面。普拉斯和我經常談反面的東西。我們熾熱而專注地談論死亡，兩個人都被它吸引，就像飛蛾撲向電燈泡。

塞克斯頓來自一個有精神疾病史的家庭，她深受狂野的情緒波動、厭食、抑鬱和酗酒之苦。她嘗試自殺至少五次。她從父母的藥櫃偷了一瓶巴比妥類藥物戊巴比妥（Nembutal）——劑量足夠致命——隨身攜帶在她皮包裡。正如她的傳記作者密德布魯克（Diane Wood Middlebrook）解釋說，塞克斯頓希望「準備好在她情緒對了的任何時候可以自殺」。

她在四十出頭時陷入低潮，她的酗酒問題更加嚴重，婚姻破裂，寫作能力逐漸惡化。一九七四年十月四日早上，塞克斯頓與一個老朋友共進早餐，然後與另一個朋友午餐，彷佛是在告別。

密德布魯克寫道：

她脫去手上的戒指，丟進她的大皮包，然後從衣櫥取出她母親的舊皮毛大衣。雖然那是晴朗的下午，空氣中卻帶著冷冽。磨損的絲綢襯裡貼著她的肌膚一定很快暖熱起來；死亡的感覺將像是一個擁抱，像在熟悉的臂膀中睡著。

她為自己倒一杯伏特加，然後了結自己的生命。和她的朋友普拉斯一樣，塞克斯頓將永遠歸在悲劇天才的類別。「熟識塞克斯頓的人沒有一個對她的自殺感到驚訝。」密德布魯克寫道。

不過，我希望到目前為止你對塞克斯頓自殺身亡的描述並不滿意。如果自殺是一種

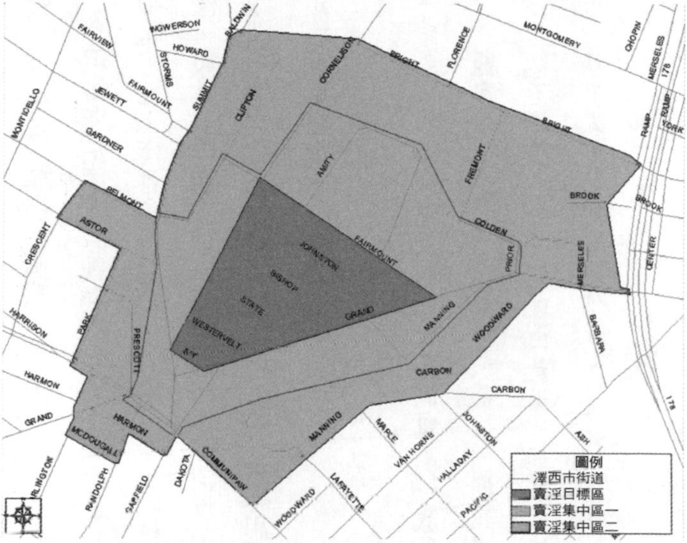

耦合行為，那麼塞克斯頓的性格和病症應該只是她結局的部分解釋。對普拉斯來說也是如此。她的朋友阿爾瓦雷斯認為，有太多人把她描寫成「有如獻祭犧牲者的詩人，為她的藝術而奉獻自己的生命」；他說的絕對正確。但這種描述扭曲了她，把她是誰完全與她的自我毀滅綁在一起。耦合強迫我們以人全部的模糊性和複雜性來看待陌生人。

我想，韋斯伯德的一張地圖讓這個觀點更加強而有力。它是澤西市的地圖，就在曼哈頓隔著哈德遜河的對岸。

中間的暗色區域——以康尼爾森大道、葛蘭德街和費爾蒙特大道為界——

長期以來就是賣淫的熱點。幾年前韋斯伯德在做一項實驗時，曾指派額外十名警察——為數眾多——巡邏那幾個區。不出所料地，該地區的賣淫數減少了三分之二。

但韋斯伯德最感興趣的是，地圖上三角地帶外圍較淺色部分發生的事。當警方加強取締時，性工作者會不會轉移到鄰近一、兩條街外？韋斯伯德請受過訓練的觀察者駐守在該區，與性工作者談話。有沒有轉移的情況？沒有。結果是，大多數人不願轉移地點，寧可做別的事——完全離開這一行，或改變她們的行為。她們不只是與地點耦合，她們是「錨定」在地點上。

我們發現人們會對我們說：「我是這一區的人，我不想遷移，因為那會讓我的顧客不方便。」或者：「不行，那我得重起爐灶。」這些客觀的理由解釋了她們何以不轉移。另一個理由是：「如果我轉移到別的地點，那裡適合賣毒品，但那裡已經有人，他們會殺了我。」

最容易了解性工作者的方式是，把她們想成是被迫出賣肉體的人——是她們的經濟和社會情況的囚犯。她們與我們其餘的人不一樣。但當這些性工作者被要求解釋她們的行為時，她們最先說的理由會是什麼？遷移的壓力太大了——這也是「每一個人」面對遷移會說的話。

韋斯伯德繼續說：

她們談論做生意有多困難。她們必須重新打知名度。她們談論危險和她們不認識的人。「不認識的人」是指什麼？「在這裡，我知道誰會打電話給警察，誰不會。」這對她們是大問題……如果是在同一個地方，她們能相當準確地預測人。換一個新地方？你不認識那些人是誰。從她們的角度看，看起來像壞人的人可能是好人，看起來像好人的人卻可能是壞人。

採訪者說：「為什麼你們不到隔四條街區那邊？那裡是另一個賣淫區。」她們回答：「她們和我是不同類型的女孩，我在那裡感覺不自在。」我這才意識到……即使是生活有很大問題、如此艱苦的人，她們對許多事情的反應仍然和你、我一樣。

她們之中可能有些人有小孩就讀附近的學校，附近有她們經常購物的雜貨店，她們喜歡親近的朋友，和她們必須照顧的父母——因此有種種理由不遷移她們的生意。她們當時的工作是性工作，但她們先是媽媽、女兒、朋友和市民。耦合迫使我們以所有的模糊性和複雜性看待陌生人。

塞克斯頓是否決心不擇手段了結自己的生命？絕對不是。她絕不會使用槍。「海明威（Ernest Hemingway）把槍含在嘴裡飲彈自盡是我想像得到最勇敢的事。」她告訴她的治療師：「我擔心死前那幾分鐘面對死亡的恐懼。服藥不會有這種恐懼，但用槍會有一分鐘你感受到那種可怕的恐懼。我會想盡辦法避免那種恐懼。」

她選擇的方法是藥丸，與酒一起吞下，她認為那是「女人解脫的方法」。看看下頁的圖，比較不同自殺方法的致死率。

用藥過量的人有一．五％死亡。與塞克斯頓耦合的自殺方法有極高的可能性殺不死她。這不是巧合。和許多有自殺傾向的人一樣，她對了結自己的性命舉棋不定。她幾乎每天晚上服用安眠藥，在適量和過量的邊緣徘徊，但從未跨過界限。聽聽她在她的詩〈癮君子〉（The Addict）中描述她的理由：

各類自殺方法致死率

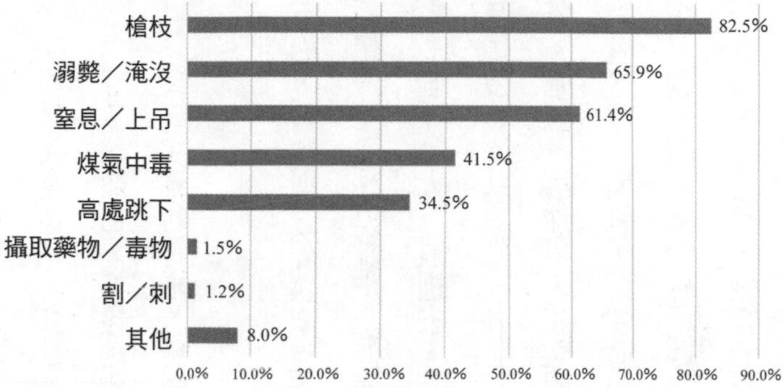

睡眠販子
死亡販子
每個晚上我掌心握著膠囊
從甜蜜的藥瓶一次倒出八顆
我安排了一趟酒杯大小的旅程
我是這種情況的女王
我是安排旅程的專家
而現在他們說我是癮君子
現在他們問為什麼
為什麼！
難道他們不知道
我承諾死去！
我一直在練習

我只是勉強維持著健康
那藥丸是媽媽，只是更好
有各種顏色，像酸糖球那麼棒
我正在節制對死亡的飢渴

不過，普拉斯之死讓塞克斯頓重新思考她的選項。「我對普拉斯的死十分著迷：死得完美的想法。」她告訴她的治療師。她感覺普拉斯選擇了一種更好的「女人解脫的方法」。她像「一個睡美人」般逝去，甚至在死亡中仍純潔無瑕。塞克斯頓需要無痛的自殺，並且讓她死後沒有異狀。到一九七四年時，她相信死於汽車廢氣符合這些標準，那將是她的城市煤氣。她思考這件事，並與朋友談起。

這就是塞克斯頓了結性命的方式，在脫下戒指並穿上她母親的毛皮大衣後，她來到她的車庫，關上門，坐在她那輛一九六七年分的紅色水星美洲豹（Mercury Cougar）前座，然後啟動引擎。當然，她初始選擇的安眠藥和一氧化碳中毒的差別是，前者很少致命，一氧化碳卻十分致命。她在十五分鐘內死去。

但塞克斯頓的故事在這裡與普拉斯再度交會。從一九七五年開始——她死後的隔年——美國出售的汽車規定都必須在排氣系統裝設觸媒轉化器。觸媒轉化器是第二個內燃室，可在一氧化碳和其他廢氣離開排氣管前將它們燒盡。塞克斯頓那輛一九六七年分的美洲豹排出的氣體一定有很濃的一氧化碳，那是她可以坐在關閉的車庫、啟動引擎並在十五分鐘內死亡的原因。一九七五年分的美洲豹排出的廢氣所含的一氧化碳頂多只有前者的一半。今日的汽車排出的一氧化碳極少，少到汽車的排氣中幾乎偵測不出。今日想藉由啟動自己的汽車和關上車庫的門來自殺將困難很多。

和她的朋友普拉斯一樣，塞克斯頓運氣不好。她的衝動和一種致命的方法耦合，就在這種方法停止致命之前一年。要是她充滿煎熬的那一年不是一九七四年，而是一九八四年，她也可能長壽得多。

我們在麗茲酒店的酒吧，無意中聽到這兩個天資聰穎的年輕詩人熱烈地交換她們第一次嘗試自殺的故事，然後我們說這兩個人不會活太久。耦合教導我們相反的道理。別看到陌生人就妄下結論。要看看陌生人所處的世界。

第十一章

案例研究：堪薩斯市的實驗

一

一世紀前，美國執法界的傳奇人物威爾森（O. W. Wilson）提出「預防巡邏」的概念。[1]威爾森相信，讓警車無預警地隨時巡邏城市的街道，將有助於阻止犯罪。任何準備犯案的罪犯將一直擔心警車是否就在附近。

但想一想，當你行經你的社區街道時，「你」是否感覺警察就在附近？城市的範圍很廣大，顯然警力——即使編制很大——絕無法製造出他們遍及各地的感覺。

這是堪薩斯市警察局在一九七〇年代初面對的問題。該警察局準備僱用更多警員，但對如何部署警員意見分歧。他們應該接受威爾森的建議，讓他們隨機地開車在市區巡邏？

或者指派他們巡邏特定地點，例如學校或問題較多的社區？為了解決這個問題，該市僱用犯罪學家凱林（George Kelling）。

「一群人說開車四處巡邏無法改善治安，什麼也改變不了。」凱林回憶說：「另一群人說絕對有必要這麼做。雙方僵持不下，然後他們請我來。」

凱林的建議是從該市的南部選出十五個巡邏區，並將它們分成三組。那是一個廣大的區域，有三十二平方哩，十五萬人口，好社區和壞社區都有，邊緣甚至還有農地。三組之一是控制組，警察在那裡的工作將按照過去的作法。凱林在第二個區域不執行預防巡邏，警察只有在接獲報案時才採取行動。他在第三區把街上的警察巡邏車數量增為兩倍，有些地方甚至增為三倍。

「警察巡邏從未用過這種方法。」凱林回憶說：「當時是一九七〇年。文獻上沒有警察戰術的紀錄……這是警察執勤很原始的階段。」像威爾森這種人有構想和直覺，但警察工作被視為一種藝術，而不是一種科學，不像可以評估的新藥物。凱林說，許多人告訴

1 威爾森在擔任堪薩斯州威奇托市（Wichita）警察局長時首度實驗預防巡邏。後來他出任芝加哥市警察局長。

他，他的實驗一定會失敗。「說警察根本還沒有研究價值，我不可能辦到。他們會破壞這個構想。」但凱林獲得警察局長的支持。這位局長的職涯大部分時間在聯邦調查局，他很驚訝警察局似乎很少人知道該怎麼執勤。「局裡的許多人，」這位局長後來承認：「感覺我們是在訓練、裝備和部署人去做沒有人知道該怎麼做的工作。」他告訴凱林放手去做。

凱林執行這項實驗一年，鉅細靡遺地蒐集這項實驗的三個區域所有犯罪統計數字。結果呢？一無所獲。盜竊在三個地區大致相同，偷車、搶劫和破壞也是。加強巡邏地區的市民並沒有比未巡邏地區的市民感覺更安全。他們甚至似乎未注意到有什麼改變。「結果都朝向一個方向，那就是沒有任何差別。」凱林說：「它對市民的滿意度毫無影響，對犯罪統計也沒有差別，反正就是沒有影響。」

全國的所有警察局長都讀到這個結果。起初他們不相信，一些都會區的警察局仍然是虔誠的威爾森信徒。凱林記得洛杉磯警察局長在一項全國性的執法會議上站起來說：「如果這些發現是事實，那麼堪薩斯市的每個警察執勤時一定都在睡覺，因為我可以保證洛杉磯的情況不是這樣。」

無奈接受漸漸取代了抗拒。這項研究出來時，正值暴力犯罪在美國各地開始長達二十年的大幅攀升，研究的結果也符合執法界對他們的任務愈來愈沉重得難以負荷的感覺。他們原本以為可以藉由警察巡邏來預防犯罪，但現在堪薩斯市警察局以實驗來測試這個假設，發現巡邏似乎無濟於事。如果巡邏不管用，什麼才管用？紐約市警察局長布朗（Lee Brown）在面對讓他束手無策的毒品快克（crack）大氾濫時，曾在一場著名的採訪上說：「美國的社會問題已遠超出警察獨自處理的能力。」他曾讀過凱林的堪薩斯市報告。布朗說，情況已無可救藥，不管一個城市有多少警察，「用傳統警察執勤技術將永遠不足以遏阻犯罪……如果你沒有警察隨時掌控城市的每一個部分，想要靠巡邏的警察剛好看到進行中的犯罪，這種機會十分渺茫。」

一九九〇年老布希總統巡視堪薩斯市，在該市最貧窮和最暴力的社區待了一早上，並對一群當地的警察發表演說。他嘗試激勵士氣，但沒有成功。那一年堪薩斯市的謀殺率是全國平均的三倍。這個數字在一九九一年、一九九二年，以及一九九三年都持續攀升。能著力的點不多。老布希在演講中只能列舉該市街道上發生的各種可怕事件：

> 一名四歲的男孩在一間疑似快克屋遭槍殺致命；一名十一歲的孩子在另一個毒

窟外遭到槍傷，據稱是十四歲的守衛所為；在市區的一個酒吧，一個媽媽賣掉她的寶寶以換取快克；一次爆炸導致祖孫三代死亡，包括奶奶和三名孩童——這些報紙標題令人驚駭、噁心和憤怒。

但在一九九〇年代初期，也就是在堪薩斯市的首次實驗後二十年，該市決定再試一次。他們僱用另一位聰明的年輕犯罪學家薛曼。和凱林當時一樣，他們讓他自由發揮。也該是堪薩斯市進行第二次實驗的時候了。有何不可？反正其他的作法都不管用。

二

薛曼認為重點應該在槍枝。他相信該市槍枝的數量造成暴力瘟疫的蔓延。他的計畫是依序嘗試幾個構想，嚴格評估它們的有效性——一如凱林當年的作法——然後挑出最好的一種。他召集該市的高階警官參加籌劃會議，由他們選出第一四四巡邏區來進行試驗：一個南以三十九街、西至七十一號公路為界的〇．六四平方哩小社區，住了許多貧寒的單親家庭。一四四區是一九九〇年代初堪薩斯市最惡劣的地區之一，那裡的謀殺率是全國平均水準的「二十」倍。該區每天平均發生一起暴力重罪案件，每年發生二十四起開車槍擊案件。三分之一的土地閒置。幾個月前一名警察巡邏經過一四四區時，看到一些孩子在街上打籃球。他停車並步出車外，要求他們離開。一名孩子用籃球砸他的頭，然後另兩名孩子突襲他。這裡就是這種地方。

薛曼的第一個構想是以兩人的小組拜訪這個社區的每個家庭，持續三個月。警察會自我介紹，談槍枝暴力，並給居民一張有免付費電話號碼的傳單：如果他們聽到任何有關槍枝的事，歡迎他們匿名提供線索。這個計畫順利進行。在多次進行這種拜訪時，警察後面都會跟著犯罪學研究生詹姆士．蕭（James Shaw），他的工作是評估計畫的有效性。有時候警察停留長達二十分鐘，與從未見過警察登門拜訪——除了進行逮捕以外——的居民聊天。詹姆士．蕭在後續的報告熱情洋溢地寫道：

> 警察到那個社區的每一戶人家拜訪，有些不止一次，然後以友善、非威脅的方式與居民談話。居民的反應也很好，看到警察沿街拜訪都很高興。居民反映的意見

往往是像「上帝保佑你們，我們早該有這種計畫了」，或者「謝天謝地！我沒有想過你們會來這裡」。

到最後，八八%被探訪的人說，如果他們看到任何槍枝，他們會利用檢舉熱線。那麼，經過三個月八百五十八次挨家挨戶拜訪後，有多少通電話打進來？兩通。這兩通都與另一個街區的槍枝有關。

很快大家就意識到，問題不是一四四區的居民不願意幫忙。他們願意。問題是他們很少離開自己的房子。「這裡已經開始變得很像貝魯特。」一名屋主告訴詹姆士．蕭。如果你害怕到從來不離開自己的房子，你怎麼可能知道外面有沒有槍枝？詹姆士．蕭寫道：

和許多其他內城社區的居民一樣，這些人已變成像被關在自己家的困獸；窗子上裝欄柵已是常態。即使二樓的窗子裝欄柵也不令人意外。更令人難過的是，每棟屋子裡的百葉窗都放下，窗簾都緊緊掩住，阻擋住外面世界的視野。這些上年紀的人把自己關起來，與外界隔絕。他們聽得到外面的世界，有時候它就像戰場。但他們看不到外面發生的事。

薛曼的下一個構想是訓練警察發現隱藏武器的細膩技巧。這個構想源自紐約市警官賈拉格（Robert T. Gallagher），他從警十八年期間曾解除多達一千二百人的武裝。賈拉格有高深的理論基礎，來自多年的經驗：街頭的罪犯絕大多數把槍枝插在腰帶上（如果是慣用右手的人，就會插在左腰），導致他們走路時會有輕微、但可察覺的窒礙。插槍這邊的腿，走路的步伐會比沒有槍這邊的腿小，相對應的手臂也會出現類似的受妨礙軌跡。賈拉格說，當跨下人行道或跨出汽車外時，攜帶槍的人一定會看一眼他們的武器，或不自覺地調整它們。

在檢舉熱線實驗失敗後的次月，賈拉格飛到堪薩斯市，並受到隆重接待。他舉行研習會、製作錄影帶，警察們做筆記。電視節目《二〇／二〇》還派了一組攝影隊，來錄製堪薩斯市街上的演示技巧。但沒有人看到槍枝。《二〇／二〇》第二次來錄影，還是一樣——沒有斬獲。不管賈拉格有什麼神奇的技巧，顯然都沒有辦法轉移給堪薩斯市的巡邏警察。實驗團隊遏阻槍枝暴力的兩個構想已經失敗。他們只剩一個構想。

三

堪薩斯市遏阻槍枝實驗的勝利祕方簡單得令人跌破眼鏡。它的根據是美國法律系統的一個奇特規定。

美國憲法第四修正案保障公民「不受無理之搜索和拘捕」的權利，所以警察沒有搜索令不能搜索你的住家。同樣地，警察在街上必須有充足的「合理懷疑」——才能盤查你。[2]但如果你是在你的汽車內，警察要符合這個標準就毫無困難。美國（或者大多數國家）的交通法規賦予警察數百個理由可以攔查駕駛人。

「有各種行車違規：超速、闖紅燈。有裝備違規：車燈不亮、輪胎不合規定。」法律學者哈里斯（David Harris）寫道。

還有概括條款：容許警察攔阻駕駛人，根據的是雖然符合所有法條規範、但警察依情況認為「不審慎」或「不合理」的行為，或者以法條描述犯行的文字如此廣泛，以至於警察可以根據無法客觀審查的個人標準來擴大對犯行的解釋。

甚至還有一個最高法院的案例是，一個北卡羅來納州的警察攔下一名他覺得可疑的駕駛人，理由是汽車一邊的煞車燈不亮。實際情況是，在北卡羅來納州開車有一個煞車燈不亮是完全被允許的，只要有一個煞車燈亮就好。因此那個駕駛人提出告訴，宣稱遭到非法攔查，但最高法院做出有利警察的判決，只要警察認為開車時只有一個煞車燈亮似乎違法就是合法理由。換句話說，美國的警察不但有近乎無限的合法理由攔阻駕駛人，他們還可以增加任何想得到的理由，只要它們聽起來合理。而且一旦警察攔阻駕駛人，他們可以依法搜索汽車，只要他們有理由相信駕駛人可能攜帶武器或有危險性。

堪薩斯市決定善用這種方便的優勢。薛曼建議警察局選派四名警察坐在兩輛巡邏車上，巡邏的地點是一四四區。他們被告知不要超越這片〇．六四平方哩的地區，但可免除

2 舉例來說，為了克服這個障礙，賈拉格想出各種招式。他和他的搭檔會接近他們判斷攜帶槍枝的人。他們圍堵他，讓那個人感覺有點防備心。然後賈拉格會表明身分：*我是警察*。「當你攔阻一個攜帶槍枝的人時，百分之九十九他們做的事會一樣。」賈拉格幾年前對一個記者說：「他會把帶槍的那邊身體轉離你——可能是移開幾吋，很快屁股轉一下，或轉半個身體。還有手和手臂會自然地朝向槍的方向，」這些都是出於本能的保護動作。他說：「這時候你不必等著看他會不會伸手到襯衫下面掏槍，或者繼續藏著槍。你就已經有充足的權利搜索他。」

所有其他執法的職責。他們不必回答無線電呼叫，或趕到意外事故現場。他們得到的指示很明確：注意他們認為可疑的駕駛人。利用可以從交通法規找到的藉口攔下他們。如果還有懷疑，可以搜索汽車並沒收找到的任何武器。這些警察每天晚上七點工作到凌晨一點，每週七天，連續二百天。結果如何？在一四四區以外警察執勤一切照舊的地區，犯罪情況仍和以前一樣嚴重。但在一四四區內呢？轉移焦點的警察工作讓犯罪——槍擊、謀殺、傷害——減少了「一半」。

記住，警方在當時已幾近放棄。電話熱線？沒有人打進來。隱藏武器的偵察？《二〇／二〇》節目的攝影小組兩次空手而返。紐約市警察局長布朗怨嘆警方對暴力犯罪束手無策。所有人都記得過去堪薩斯市的實驗，它讓執法界跌落二十年的絕望深淵。但現在堪薩斯市再度出擊，這一次他們宣告勝利。「我不知道為什麼以前我們沒有想到專注在槍枝上。」堪薩斯市警察局長在得知結果後說。他和所有人一樣驚訝，只增加了兩輛巡邏車就達到這種成果。「我們總是專注在犯罪後追捕壞人。也許我們認為只注意槍枝太簡單了。」

堪薩斯市的第一次實驗證明，預防巡邏沒有用，派更多警車巡邏並沒有多大差別。第二次實驗修正了這種看法。事實上，增派巡邏車有差別——只要警察採取主動，攔查他們認為可疑的任何人，盡可能跨出車外，盡可能搜索武器。如果警察保持「忙碌」，巡邏就有用。這項實驗最終報告的統計數字令人大開眼界。在七個月期間，每輛巡邏車每次輪班平均開出五・四五張交通違規罰單。他們每天晚上平均進行二・二三次逮捕。在兩百天期間，四名警察執行的「警務」比那個年代大多數警察整個職涯做的還多：開出一千零九十張交通違規罰單、攔查九百四十八輛車輛、進行六百一十六次逮捕、五百三十二次行人檢查，和沒收二十九把槍。那表示每四十分鐘就執行一次警方干預。在一四四區狹小的〇・六四平方哩內的每一個晚上，兩輛巡邏車各行駛約二十七哩。四名警察不是把車停在街角、吃甜甜圈，他們是不斷地移動。

警察和其他人沒有兩樣，他們希望感覺自己的努力很重要，感覺他們做的事有用處，他們辛苦的工作獲得獎賞。一四四區發生的事提供的正是執法這個行業尋找的東西：認可。「找到一把槍枝的警察會得到同儕的讚譽，甚至於找到槍枝變成衡量成功的標準。」詹姆士・蕭在記敘該計畫中寫道：「我們經常可以聽到警察說『我今晚一定要搜到一把槍』，或『我還沒搜到槍，但今天晚上我有預感會搜到！』。」

一九九一年《紐約時報》以頭版刊登了有關堪薩斯市發生的奇蹟。薛曼說，接下來的幾天他的電話響個不停：全國各地三百個警察局要求他提供他如何辦到的資訊。全國各地的警察局逐一效法他的方法。例如，北卡羅來納州公路巡邏局每年的交通攔查次數，在七年間從四十萬次增加到八十萬次。

緝毒局透過「管線行動」（Operation Pipeline）教導美國各地成千上萬名警察，如何使用類似堪薩斯市的交通攔查技巧以逮捕毒販。移民局官員也開始藉由警方的攔查來揪出沒有證件的移民。今日美國的警察一年進行約兩千萬次交通攔查，相當於「每天」五萬五千次。美國各地的執法單位嘗試複製一四四區的奇蹟。這句話的關鍵字是「嘗試」，因為在把堪薩斯市經驗轉移到美國各地時，薛曼的實驗中有一些重要的東西喪失了。

四

來到堪薩斯市的薛曼，和幾年前在明尼阿波利斯市與韋斯伯德共同建立犯罪集中法則的薛曼是同一個人，他和韋斯伯德是朋友，他們都曾在羅格斯大學教課，他們的系主任正是最早做自殺研究的克拉克。克拉克、韋斯伯德和薛曼——以他們各自對英國城市煤氣、明尼阿波利斯的犯罪地圖，和堪薩斯市槍枝的興趣——探究的都是耦合的革命性概念。

那麼，耦合的主要影響是什麼？執法單位不需要更大，它需要更專注。如果絕大多數罪犯在少數幾個集中的熱點活動，那麼城市裡的那些重要地區應該配備比其他地方多的警力，而警察在那些地區使用的打擊犯罪策略，應該跟城市裡幾乎沒有犯罪的廣大地區使用的策略大不相同。

「如果犯罪集中在幾個百分比的城市街道，」韋斯伯德問：「為什麼要浪費資源在別的地方？如果犯罪與這些地方耦合，而且不會輕易變動，那更不應浪費資源在別的地方。」耦合理論家認為，他們已解決導致早期的預防巡邏失敗的問題。你如何用幾百名警察有效地巡邏一個廣大的都市地區？你不能靠僱用更多警察，或把整個城市納入監視網，而是要把資源集中在發生絕大多數犯罪的少數特定地區。

但讓我們重新思考北卡羅來納州的那些統計數字。如果你從一年四十萬次交通攔查，經過七年後增加為八十萬次，這聽起來像專注和集中警務工作嗎？或者聽起來像北卡羅來納州公路巡邏局僱用了更多警察，並要求他們在各地攔查更多駕駛人？執法界從堪薩斯市學習到的教訓是，預防巡邏如果更積極些就有用。但他們錯失的部分是，積極的巡邏應該局限在犯罪集中的地方。堪薩斯市的實驗是一個「耦合」實驗。

韋斯伯德和薛曼說，他們展示地圖和數字，嘗試說服同儕相信犯罪集中法則，但效果不彰。回顧在布魯克林七十二管區他開始做研究的地方，每次結束漫長的社區巡邏後，韋斯伯德會對一起巡邏的警察說：「我們不斷巡邏相同的街區是不是很奇怪？」他們會茫然地看著他。

「有一次我在以色列和警察署副署長開會。」韋斯伯德回憶說。

會議中有人說：「韋斯伯德發現，犯罪不會轉移到附近。這表示你們應該更專注在某些地方。」這個人轉過身來說：「我的經驗告訴我，這是不正確的。我不相信這種說法。」這就是會議的結論。[3]

以色列的警察署副署長哪裡錯了？他沒有錯，因為他的反應和北卡羅來納公路巡邏局、或金門大橋管理局，或信心滿滿地談論普拉斯英才早逝的文學學者的行為沒有兩樣。耦合的概念有一些東西讓我們困惑——陌生人的行為與地方和背景緊密關聯。這導致我們誤解最傑出的一些詩人，讓我們對自殺者漠不關心，以及讓我們派遣警察做冗餘的工作。

那麼當警察帶有這種根本的錯誤觀念，再加上預設為真和透明性迷思的問題，會是什麼情況？

結果就是布蘭達。

3 韋斯伯德昔日的學生艾瑞爾（Barak Ariel）甚至在北愛爾蘭德里（Derry）地區測試對耦合概念的抗拒。德里的執法人員被要求列出他們巡邏地區中認為需要額外警力執法的特定問題區域。他們的預測被稱為「路標」。艾瑞爾想知道，警察的路標是否與實際發生在德里的犯罪熱點一致？我想你可以猜出結果。「被列為路標的大多數街道既不是『熱點』，也不具『危險性』，不一致的比率超過九七％。」艾瑞爾做結論說。這表示九七％由警察確認為危險和暴力的地區完全不危險和暴力。列出這些路標的警察並非坐在辦公桌後面，也不是沒有街頭的實際經驗。那是他們的地盤。那是他們調查犯罪和逮捕罪犯的地方。但他們就是無法看出他們逮捕陌生人地點的根本模式。

第十二章
布蘭達

一

二〇一五年七月十日下午四點二十七分，布蘭達被一名德州騎警在沃勒郡一〇九八郡道攔下。她開一輛掛著伊利諾州車牌的銀色現代 Azera 汽車。她二十八歲，剛從家鄉芝加哥到普雷里維尤大學找一份新工作。那名警察的名字叫安辛尼亞。他在她後面停下警車，然後慢慢沿著路邊走近布蘭達的現代汽車，傾身從打開的副駕駛座車窗對她說話。

安辛尼亞：你好，女士。我是德州公路巡邏隊，攔下你的車是因為你在變換車道時沒有打燈。你有帶行照駕照嗎？你怎麼了？你來德州多久了？

布蘭達：昨天才來這裡的。

安辛尼亞：好。你有駕照嗎？（停頓）好，你現在要去哪裡？等我幾分鐘。

安辛尼亞拿她的駕照回他的巡邏車。幾分鐘過去，他回來了，這次他從駕駛座這邊接近她。

安辛尼亞：好，女士。（停頓）你還好吧？

布蘭達：我在等你。這是你的工作。我在等你。你什麼時候才要讓我走？

安辛尼亞：我不知道，你似乎非常、非常煩躁。

布蘭達：我是，我真的是。我感覺我被開罰單的原因實在很扯。我是想讓出車道給你。你加快速度，跟著我的車，所以我開到路邊，你攔我下來。所以沒錯，我有點煩躁，但你還是開了一張罰單給我，一張（聲音模糊）罰單。

在布蘭達案後來的許多分析中，這通常被指稱是安辛尼亞犯的第一個錯誤。她的惱怒正逐漸升高。他原本可以嘗試消除它。後來的調查發現，安辛尼亞完全無意開罰單給她——只是想給她一個警告。他可以告訴她，但他沒有。他可以審慎地解釋為什麼她應該打燈號。他可以面帶微笑，和她開玩笑。**噢，女士，你真的認為我會為了這個原因開罰單給你？**她有話要說，而且希望有人想聽。他可以承認他是在傾聽。相反地，他停頓了一段漫長、令人不舒服的時間。

安辛尼亞：你說完了嗎？

這是第一個錯失的機會。接著是第二個。

布蘭達：你問我怎麼了，現在我告訴你了。

安辛尼亞：好。

布蘭達：所以現在我說完了，沒錯。

她說完了。布蘭達說了她想說的話。她表達了她的煩躁。然後她拿出一根菸，點燃它。她嘗試安撫自己的情緒。在影片中我們看不到這些，因為行車記錄器是在安辛尼亞巡邏車的儀表板上；我們只看到她汽車的車尾和安辛尼亞站在她車門邊。如果你在這裡暫停錄影帶，一百個人中有九十九個人會猜事情到此就結束了。

但事情沒有結束。

安辛尼亞：可以請你熄掉你的香菸嗎？如果你不介意的話？

他的語氣平靜、鎮定、充滿自信。可以請你，這句話說得有點銳利。第二個錯誤：他應該等候一下，讓布蘭達平靜下來。

布蘭達：我在我的汽車裡，為什麼我必須熄掉我的香菸？

當然，她說得對。警察沒有權力告訴別人不能抽菸。他應該說：「是的，你說得對。

但你不介意等我們處理完事情再抽嗎？菸味會讓我不舒服。」或者他可以完全不再談這件事，那只是一根香菸，但他沒有。她語氣中的某些東西刺激了安辛尼亞。他的權威受到挑戰，他的火氣上來了。這是第三個錯誤。

安辛尼亞：嗯，你現在可以跨出汽車了。

布蘭達：我沒有必要跨出我的汽車。

安辛尼亞：跨出汽車。

布蘭達：為什麼我……

安辛尼亞：跨出汽車！

布蘭達：不，你沒有權力。不，你沒有權力。

安辛尼亞：跨出汽車。

布蘭達：你沒有權力。你沒有權力要我這麼做。

安辛尼亞：我有權力，現在跨出汽車，否則我會拖你出來。

布蘭達：除了表明我的身分以外，我拒絕和你說話。（兩人同時說話）我因為沒有打方向燈就要被你拖出汽車？

安辛尼亞：跨出汽車，否則我會拖你出來。我正在給你下一個有法律效力的命令。

這個案件發生後，在警察經常瀏覽的網路布告欄上，安辛尼亞的行為獲得一些人的支持。但還是有許多人對這個最後的轉折感到錯愕：

> 老兄，給她一個操××的警告，然後繼續前進。太不值得了……我們要因為自尊心受傷、因為她沒有發抖而熄掉蠢香菸就把女人拖出汽車？？？？想想這個問題——假設他要求她下車，她也下車了……然後呢？你準備因為她抽菸而臭罵她？？？他有什麼計畫？？拖她出來的目的是什麼？

但安辛尼亞已經給她一個有法律效力的命令，而她違抗它。

安辛尼亞：現在就跨出汽車，否則我就要拖你出來。

布蘭達：我要打電話給我的律師。
安辛尼亞：我要把你從車子裡拖出來。（伸手到汽車裡。）
布蘭達：好，你要把我從車子裡拖出來？好，很好。

安辛尼亞現在已經傾身向前，手臂伸進布蘭達的車內，拉著她。

布蘭達：你試試看。
安辛尼亞：對，我就要這麼做。（伸手抓布蘭達。）

錄影帶上聽到拍打的聲音，然後是布蘭達的叫聲，好像她已經被打。

布蘭達：別碰我！
安辛尼亞：給我下車！
布蘭達：別碰我。別碰我！我沒有被逮捕——你沒有權力要我下車。

安辛尼亞：你被逮捕了！
布蘭達：我被逮捕了？什麼罪名？什麼罪名？我犯什麼罪？
安辛尼亞：（向派遣中心）二五四七，一〇九八郡道。（聲音模糊）派另一個小組給我。（對布蘭達）跨出汽車！現在就跨出汽車！
布蘭達：為什麼我被逮捕了？你要開單給我，就因為我沒有……
安辛尼亞：我說跨出汽車！
布蘭達：為什麼我被逮捕了？你剛才開我的車門……
安辛尼亞：我在給你下一個有法律效力的命令。我準備把你拖出車外。
布蘭達：你是在威脅要把我拖出我的汽車？
安辛尼亞：跨出汽車！
布蘭達：然後你打算（兩人同時說話）我？
安辛尼亞：我要好好教訓你！下車！現在！（拔出電擊槍，並指著布蘭達。）
布蘭達：哇啊。哇啊。（布蘭達下車。）
安辛尼亞：下車。現在。跨出汽車！

布蘭達：因為我沒有打燈號？你這麼做就只是因為沒有打燈號？
安辛尼亞：過去那裡。
布蘭達：對，好，我們到法庭上理論，我們試試看。
安辛尼亞：請便。

雙方爭吵又持續幾分鐘。布蘭達變得愈來愈激烈。他用手銬銬住她。第二個小組抵達。喊叫和掙扎持續不停。

安辛尼亞：停止！停止！請你停止抗拒。
女警：停止抗拒，女士。
布蘭達：（哭泣。）為了一張他媽的交通罰單。你真是孬種。你真是孬種。
女警：不，你才是。你不應該抵抗。
安辛尼亞：趴在地上！
布蘭達：就為了沒有打燈號！

安辛尼亞：你亂衝撞，你想掙脫我，你是在拒捕。

布蘭達：這樣讓你感覺很爽，是不是？開交通罰單給女人。這樣讓你覺得很爽嗎，安辛尼亞警官？你現在是個男子漢了。你剛才推我，把我的頭撞在地上。我有癲癇症，你這個混蛋。

安辛尼亞：好。好。

布蘭達：好？好？

布蘭達被以攻擊重罪的罪名拘押。三天後她被發現死於牢房，她以塑膠袋做成的套索吊死自己。經過短暫的調查後，安辛尼亞遭到解職，因為他違反「德州騎警隊通用手冊」第五章〇五．一七．〇〇節的規定：

任何公共安全部門的僱員應對公眾和其他僱員保持禮儀。僱員執行勤務時應注重技巧，應控制行為，且應運用最大的耐性和審慎。即使僱員面對極端挑釁時，亦不應參與爭辯性的討論。

安辛尼亞是一個魯鈍的惡霸。二〇一五年七月十日下午發生的事給大家的教訓是，當警察和陌生人談話時，他們必須保持尊重和禮節。結案。對吧？錯。

談到這裡，我認為我們可以提出更好的答案。

二

堪薩斯市實施的交通攔查是在大海中撈針，警察的作法是利用一般的違規來尋找罕見的東西——槍枝和毒品。堪薩斯市歸納出來的概念逐漸散播到世界各地，但從一開始就很明確的是，這種警察執勤方法需要一種新的心態。

例如，在機場搜索你行李箱的人也是在海底撈針，而運輸安全管理局（TSA）偶爾也在不同的機場執行稽核。他們在一件行李中藏一把槍或一枚假炸彈。他們得到什麼結果？有九五％的機會，那些槍和炸彈並未被偵測出來。這不是因為機場篩檢人員懶惰或無能，而是因為撈針式的尋找直接挑戰了人的預設為真的傾向。機場檢查人員看到某個東西，也許看起來有點可疑，但當她抬頭看到一長串耐心等候且看起來很尋常的旅客時，她回想兩年來她值班時從未看見過一把真槍。事實上，她知道運輸安全管理局平均每年篩檢十七億個隨身行李，從中只找到幾千把手槍，命中率只有〇．〇〇〇一％——那表示如果她繼續做這個工作五十年，她可能還找不到一把槍。所以當她看到運輸安全管理局稽核員藏在行李中的可疑物品時，她讓它通過。

堪薩斯市的交通攔查若要有效，警察就不能這樣想。他必須懷疑他攔查的每一輛車都屬於最壞的情況。他必須停止預設為真。他必須像馬科波洛斯那樣思考。

後堪薩斯市的警察執勤聖經是瑞姆斯伯格（Charles Remsberg）撰寫的《犯罪巡邏技巧》（*Tactics for Criminal Patrol*），這本書在一九九五年出版，書中鉅細靡遺地條列不預設為真的新巡邏警察必備的條件。根據瑞姆斯伯格，這種警察必須採取主動，並「尋找超越罰單以外的東西」。這表示警察首先要察覺瑞姆斯伯格所說的「好奇觸機」——增加潛在犯行可能性的異常事物。壞街區的駕駛人在紅燈前停車，並專注地看著他旁邊座位上的某個東西。那代表什麼？一個警察看到一小片包裝紙從原本無瑕的兩片車身板金間露出。那可能是一個隱藏的包裹露出的紙頭嗎？在北卡羅來納州那個惡名昭彰的案例中，警察以煞車燈故障的理由攔下一名駕駛員——錯誤地以為煞車燈故障違反北卡羅來納的法規——但引起他懷疑的是駕駛人「僵硬且緊張」。最精明的罪犯會小心不觸犯法規。因此交通警察必須對尋找什麼有創意：破裂的擋風玻璃、換車道不打燈號、跟車跟得太近。

瑞姆斯伯格寫道：「有一名警察知道他的城市裡最受歡迎的毒品市場有一些位於街道的最尾端和死巷裡，所以他只要把車停下來觀察。一些駕駛人會開過來，然後看到他的巡邏車時突然停下（在道路上不當停車），或急忙倒車（在道路上不當倒車）。這就是兩項犯行。」他說：「我甚至還沒開始追趕那輛車。」

當他接近停下的汽車時，新類型的警察必須警覺最細微的線索。毒品遞送員往往利用空氣清新劑——特別是形狀像樅樹的那種——以掩蓋毒品的氣味。（樹形空氣清新劑被稱為「重罪森林」。）如果汽車裡有吃剩的速食，那表示駕駛人在趕時間，而且不願意離開他的車輛（和車上的高價貨品）。如果毒品或槍枝藏在祕密的隔艙，車後座上可能有工具。汽車的里程數多少？對那款汽車來說可能高得異常？新輪胎裝在舊汽車上？啟動孔上有一大把鑰匙，這很正常——或只有一把，就好像這輛車只是為這個駕駛人準備的？行李看起來對短程外出來說似乎太多了？或者駕駛人說是長程旅行卻只有太少行李？警察被指示在攔阻盤查時盡可能拖長時間。你來自哪裡？你準備去哪裡？芝加哥？有家人在那裡嗎？哪裡？他在尋找支吾其詞、緊張、無法自圓其說的回答，以及駕駛人的回答是否符合警察看到的。這名警察正嘗試決定是否採取下一步的動作並搜索這輛汽車。

別忘了汽車上有食物、空氣清新劑、高里程數、舊車有新輪胎，以及有太少或太多行李的人，絕大多數不是在販運槍枝和毒品。但如果警察要在大海中撈到犯罪的針，他必須對抗世界上大多數人很誠實的理性事實。

那麼安辛尼亞是什麼樣的人？他是不預設為真的警察。以下是安辛尼亞職涯中隨機挑選的一天：二〇一四年九月十一日。

下午三點五十二分：開始值班。他攔下一名卡車司機，開給他未在拖車上貼反光膠帶的罰單。

下午四點二十分：他攔下一名未依規定掛車牌的女性。

下午四點三十九分：他攔下另一名女性，理由是車牌違規。

下午四點五十四分：他注意到一名車牌註冊過期的駕駛人，攔下他，然後也開給他駕照過期的罰單。

下午五點十二分：他攔下一名女性，理由是輕度超速違規（亦即超過速限一〇％以內）。

下午五點五十八分：他攔下一個重大超速違規的駕駛人。

晚上六點十四分：他攔下一名車牌註冊過期的男性，然後又給他另外三張罰單，理由是駕照違規和車輛上有一罐已開的酒精飲料。

晚上八點二十九分：他攔下一個「沒有或不當標誌燈」和「沒有或不當車寬燈」的男性駕駛人。

紀錄持續累積。十分鐘後，他攔下一名大燈不合規定的女性，然後接下來半小時開了輕度超速罰單給兩名女性。晚上十點：一次因為「安全鍊」違規的攔阻，然後在值班結束前再一次大燈不合規定的攔阻。

在這份清單中，只有一次較嚴重的違規——五點五十八分攔阻超過速限一〇％的超速，正如任何警察都會這樣處理。但安辛尼亞當天處理的許多案件都屬於較晚近的主動式執勤。你攔下一個反光膠帶不合規定的卡車司機，或某個「沒有／不當車寬燈」的人，但你尋找的是別的東西——正如瑞姆斯伯格說的，你刻意尋找的是「超越罰單以外的東西」。

主動式巡邏的警員容易被批評懷有偏見和種族歸類，對如何避免這類批評的主要建議之一是要小心地攔阻所有人。如果你想利用瑣碎、捏造的理由攔下某個人，要確保你的行為始終保持一致。「如果你被指控執行偏見性或藉口性的攔阻，你可以帶著你的日誌上法庭，證明因為『龜毛』理由攔查駕駛人是你平常的工作模式，」瑞姆斯伯格寫道：「所以在被告的案件裡，它不是很少使用或只是順手拿來當藉口的例外。」

那正是安辛尼亞的作法。他每天執勤都像二〇一四年九月十一日那樣，以不當的擋泥板、未繫安全帶、跨越分隔線和車燈規定等小違規攔下駕駛人。他從他的巡邏車冒出來和縮回去就像打地鼠機那樣。在他任職不到一年間，他開了一千五百五十七張罰單。在他攔查布蘭達之前的二十六分鐘，他還攔了另外三個人。

安辛尼亞在七月十日下午看到布蘭達。在德州公共安全部督察長辦公室做的後續調查中，安辛尼亞作證說，他看到布蘭達從普雷里維尤大學開車出來時，遇到路口的停止標誌並沒有停。那是他的好奇觸機。當時他無法攔下她，因為那個停止標誌是在大學的土地上。但當她開上郡道一〇九八公路時，他在後面跟隨她。他注意到她掛的是伊利諾州車牌。那是第二個好奇觸機。一個來自美國另一邊的人到德州東部做什麼？

「我檢查那輛車的情況，像是款式、型號、有沒有車牌和其他狀況。」安辛尼亞作證說。他想找攔下她的理由。「你過去有沒有過加速追趕用那種速度行進的車輛，以便檢查它們的情況？」審訊安辛尼亞的瑞安弗洛（Cleve Renfro）問。「我有過，是的。」安辛尼亞回答。對他來說，那是標準作法。

當布蘭達從後視鏡看到安辛尼亞快速從後面趕上來時，她讓出路來讓他通過。但她沒有打方向燈號。賓果！現在安辛尼亞有理由了：德州交通法規第七章C節五四五・一〇四條（甲）項，上面規定「駕駛人應使用五四五・一〇六條授權的燈號，以指示轉彎、變換車道或從停車位置出發的意圖」。（即使布蘭達在最後一刻、還未變換車道前使用她的方向燈號，安辛尼亞也還有一個備用選項：五四五・一〇四條（乙）項規定，「欲右轉或左轉汽車的駕駛人應在轉彎前，持續打燈號至汽車至少移動一百呎」。他可以因為不打燈號而攔下她，也可以因為打燈號持續不夠久而攔下她。）[1]

安辛尼亞下了他的巡邏車，慢慢接近布蘭達現代汽車的副駕駛座，傾身去看車裡有沒有引起他注意的東西。他正進行目視搜身：有任何不恰當的東西嗎？車子地板有沒有速食包裝紙？後視鏡上懸吊一個空氣清新劑？後座有工具？鑰匙圈上只有一把鑰匙？布蘭達剛從芝加哥開車到德州，當然汽車地板上有食物包裝紙。在正常情況下，大多數看進車窗的人會把懷疑丟到一邊，但安辛尼亞是新種類的警察。而且我們也寧可我們的領導人和守護者追查他們的疑惑而不是打發它們。安辛尼亞探身進車窗，告訴她為什麼攔她下來，而且——馬上——他的懷疑進一步升高。

三

瑞安弗洛：好。在你要求布蘭達拿出她的駕照後，你接著問她要去哪裡，她回答：

1 當然，這是布蘭達如此惱怒的原因。「我感覺我被開罰單的原因實在很扯。我是想讓出車道給你。你加快速度跟著我的車，所以我開到路邊，你卻攔我下來。」她說。她的意思是：一輛警車從她後面加速趕上，她讓出車道，正如駕駛人應該做的事，而現在這個迫使她改變車道的警察，卻給她一張不當變換車道的罰單。安辛尼亞「造成」她違規。

「那不重要。」你在你的報告上寫：「這時候我從她的舉止知道一定有什麼不對勁。」

這是安辛尼亞的證詞，由州調查員瑞安弗洛審訊他。

瑞安弗洛：解釋你認為是什麼不對勁以便留下紀錄。

安辛尼亞：……就是具有侵略性的語言和舉止，這表示她有問題。

安辛尼亞相信透明性——人的舉止是他們情緒和性格的可靠線索。這是我們彼此教導的觀念。更正確地說，這是我們教導「警察」的觀念。例如，全世界最有影響力的執法人員訓練課程稱作雷德技巧（Reid Technique），被三分之二的美國各州警察局採用——聯邦調查局和世界各國的無數執法機構更不在話下——而雷德系統是「直接」建立在透明性的概念上：它教導警察在面對不認識的人時，以行為舉止來判斷無辜或有罪。

舉例來說，以下是雷德訓練手冊對目光接觸的說法：

在西方文化中，共同的目光（保持目光接觸）代表開誠布公、坦白和信任。詭詐的嫌犯通常不會直視調查員；在回答問題時，他們會看地板、兩側或天花板，彷彿乞求上蒼的指引……

另一方面，誠實的嫌疑犯不會有防衛的表情和行為，可以輕鬆自在與調查員保持目光接觸。

後堪薩斯市的警察教科書《犯罪巡邏技巧》教導警察在攔檢時，根據他們從初步觀察嫌疑犯蒐集的資訊，來執行「隱匿的審訊」。

在你默默分析嫌犯的說詞、說話的特性和身體語言，以尋找欺騙的線索時，你將嘗試說服他們在你心裡沒有一絲懷疑……你愈晚讓他們意識到你實際上是在估量他們、他們的車輛，以及他們開車出來的目的，他們就愈有可能不自覺地暴露犯罪的證據。

這就是安辛尼亞在做的事。他注意到她跺腳、前後移動雙腳，所以他開始和她攀談。他問她來德州多久了。她說：「昨天才來這裡的。」他感覺到不安的情緒升高。她的車掛著伊利諾州車牌。她來德州做什麼？

瑞安弗洛：你當時感覺有安全的疑慮嗎？

安辛尼亞：我知道有什麼不對勁，但我不知道是什麼不對勁。我不知道是不是犯罪行為正在發生、已經發生，或沒有發生。

他回到他的巡邏車核對她的駕照和行照，當他抬頭透過布蘭達汽車的後車窗觀察她時，他說他看到她「做了多個鬼鬼祟祟的動作，包括從他視線消失一會兒」。這是一個關鍵點，也解釋了從錄影帶上看來令人困惑的事。為什麼安辛尼亞第一次從副駕駛座這邊接近布蘭達的車，而第二次卻從駕駛座這邊？那是因為他開始有點擔心了。正如他在報告上所言：「警察安全訓練教我，違規者比較容易開槍射擊在副駕駛座這邊的警察。」

瑞安弗洛：請解釋以便記錄，為什麼你會從「這是一次對你認為不合作或被激怒的人做的例行交通攔查」，轉變成你認為你因為受過警察被射擊的訓練而有必要從駕駛座接近的過程。

安辛尼亞：好。因為我還在巡邏車上時，我看到她做了許多往右邊、往中控台、往她身體右側那個區域的動作，還有她從我的視線消失。

他立即的想法是，她是否去拿武器？所以他現在小心地接近她。

安辛尼亞：她的車窗沒有隔熱膜，所以我可以看到她手上是不是可能有東西，她是不是肩膀轉過來。這是我選擇從這一側接近的原因……

安辛尼亞認為，布蘭達的舉止符合潛在的危險罪犯的側寫。她氣憤、神經質、暴躁、抗拒、不穩定。他認為她在隱瞞些什麼。

這在任何時候都是錯得很危險的想法。人是不透明的。但這種想法在什麼時候最危險？當我們觀察的人表裡不一時：當他們沒有表現出我們預期他們會表現的行為時。諾克斯表裡不一致。她在犯罪現場穿保護鞋套時，扭動屁股並說：「你看！」馬多夫表裡不一，他是外表正直的反社會之徒。

布蘭達是什麼樣的人？她也是表裡不一。她的行為舉止在安辛尼亞眼裡像罪犯，但她不是。她只是在生氣。她死後才有人發現，她成年以來有十次和警察交涉的紀錄，包括五次交通攔查，而且這些攔查還讓她積欠近八千美元的罰金。一年前她曾因失去寶寶而嘗試自殺。她手臂上上下下有無數刀割的傷疤。她曾在前往德州之前兩、三個月，在每週上傳的《珊迪有話說》影片之一，暗示自己遭逢的難關：

> 我道歉，我很抱歉，我的國王和女王們。過去漫長的兩週內我一直沒有現身。但我必須老實告訴你們，我碰上了你們之中可能有些人此刻正面對的事……有點抑鬱和創傷後壓力症候群。過去兩週來我真的壓力好大……

所以她是一個有病史和精神問題、而且遭逢難關的人，她正嘗試重振她的人生。她搬到一個新城鎮，換了一個新工作。正當她準備展開人生的新篇章時，她被一個警察攔下來——一個讓她深陷債務泥淖的情境再度出現。為什麼？因為她在一輛警車快速從她車子後面趕上來時，沒有打方向燈就改變車道。突然之間，她脆弱的新開始面臨考驗。在她了結自己性命前在獄中待的三天裡，她心煩意亂，經常哭泣，不斷打電話。她深陷危機。

但安辛尼亞抱著相信透明性帶來的假信心，對她情緒化和不穩定的解讀卻是她做了不可告人壞事的證據。

瑞安弗洛問到在那個關鍵時刻——當安辛尼亞要求布蘭達熄掉她的香菸時——為什麼他不直接說：「嘿，你的菸灰弄到我了？」

安辛尼亞：我想確定她把菸熄滅了，而不是把菸丟向我，或隨便丟掉它。

瑞安弗洛問，如果是這樣，為什麼他沒有立即告訴她，為什麼她被逮捕了。

安辛尼亞：因為我正嘗試防衛我自己，和要她控制自己。

他很怕她。不預設為真讓他付出的代價是，害怕一個完全無辜、拿著香菸的陌生人。那也是馬科波洛斯躲在他家裡、全副武裝，等著證管會破門而入的原因。

瑞安弗洛：我之前沒有問你這個問題，但現在要問。當她告訴你「你試試看」，你回答「我就要這麼做」。你這句話是什麼意思？

安辛尼亞：我從她把身體彎過來和她的手對我的動作可以判斷，即使在我還不是巡邏警察前，如果我看到有人握起拳頭，我也知道那表示會有衝突、或傷害我或別人的可能性。

瑞安弗洛：你沒有乾脆就壓制她，是有原因的嗎？

安辛尼亞：是的。

瑞安弗洛：為什麼？

安辛尼亞：她已經朝我揮了一拳。她很可能再朝我揮拳，也許會讓我失去壓制她的能力。

另一名調查員加進審訊。

桑切斯（Louis Sanchez）：你害怕嗎？

安辛尼亞：我的安全不止一次受到威脅。

然後：

桑切斯：我不想曲解你的話，好，在這件事發生後，你的心跳速率加快、你的腎上腺素上升多久？這件事後你多久才平靜下來？

安辛尼亞：可能在我開車回家時，那已經過了幾個小時。

在布蘭達死後，許多人把安辛尼亞描繪成一個沒有同理心的警察，但這種描繪遺漏了重點。沒有同理心的人對別人的感覺漠不關心，安辛尼亞對布蘭達的感覺並非漠不關心。

當他接近她的汽車時，他最早說的話之一是：「你怎麼了？」他確認完她的駕照回到她車邊時，他又問：「你還好吧？」他立即發現她情緒上的不舒服。只不過他完全錯誤解讀她的感受代表什麼意義。他變得深信他正逐漸逼近與一個危險女人的可怕衝突中。《犯罪巡邏技巧》教導警察在這類情況下該怎麼做？「現今有太多警察似乎害怕堅持掌控，不願意告訴任何人該怎麼做。這些警察允許別人任意動作，站在他們想站的地方，然後這些警察嘗試順應嫌犯做的事。」安辛尼亞不想讓這種事發生。

安辛尼亞：嗯，你現在可以跨出汽車了……跨出汽車，否則我會拖你出來。我正在給你下一個有法律效力的命令。

安辛尼亞的目標是尋找超越罰單以外的東西。他有敏感的好奇觸機。他知道所有目視搜身和隱匿審問的技巧。而當情況看起來好像讓他失去掌控時，他堅定地採取行動。如果那天在路邊與布蘭達發生的事有差錯，那不是因為安辛尼亞沒有做他被教導要做的事。剛好相反，那是因為他完全遵照他被教導的作法。

四

二〇一四年八月九日，布蘭達死於德州普雷里維尤的拘留所前一年，十八歲的非裔美國人布朗被密蘇里州弗格森的白人警察射殺。布朗是附近雜貨店一樁搶案的嫌疑犯。當韋爾森（Darren Wilson）——那名白人警察——攔查他時，兩個人扭打起來。布朗伸手進韋爾森巡邏車駕駛座的窗子裡打他，最後韋爾森總共對他開了六槍。這個案子隨即引發十七天的暴動。檢察官拒絕對韋爾森提出告訴。

弗格森的案件開啟了美國人生活的一個奇怪插曲，使美國警察的執法方式突然變成眾人矚目的焦點。而這應該是一個警訊。美國司法部幾乎立刻派遣一個調查團隊到弗格森，並且在六個月後公布一份非同尋常的報告。司法部團隊的領導人之一是律師班斯（Chiraag Bains），他說他幾乎馬上意識到，弗格森引發的眾怒絕不只是有關布朗的死，甚至不只是布朗這個案件。它與多年來警方在這個城市執勤的特定方式有關。弗格森警察局是堪薩斯市警察執勤方法的標準體現，在那裡執法的整套哲學就是盡可能找更多理由來攔查更多人。

「那令人不勝其煩。」班斯回憶說。

一名警察說：「一切都和上法院有關。」另一名說：「是的，每個月都會張貼出來，我們的主管會貼在牆上，哪些警員和他們在那個月開了多少罰單。」我們了解生產力就是目標。

整個弗格森警察局的每個警員都是安辛尼亞。班斯繼續說：

他們知道他們的工作就是開罰單，和逮捕還沒有繳罰款和交通費用的人，而且他們的考績就是根據這個標準。

班斯說，有一個事件讓他最感到震驚。它牽涉一個在遊戲場打籃球的年輕男性黑人。他打完球後坐在汽車裡乘涼，一輛警車從後面攔查他。那名警員從駕駛座車窗接近他，要求查看他的證件，並指控該駕駛人是兒童性侵害者。

我想那名警員說了類似這樣的話：「這裡有許多小孩，而你在遊戲場裡，你是什麼，戀童癖嗎？」……然後這個警員命令他下車，而那個年輕人說：「我什麼事也沒做，我是說，我有憲法的權利。我只是坐在這裡，剛打完球。」

這個警員真的拔出他的槍並威脅他，堅持要他下車。這個事件的結局是，這個警員開給他八張不同的罰單，包括沒有繫安全帶（他只是坐在公園旁他的汽車裡）、未帶駕照，和駕照已被吊銷（他硬是算成兩項違規）。

這個人甚至拿到一張「做虛假陳述」的罰單，因為他說他的名字是「麥克」（Mike），而實際上是麥可（Michael）。

最後他背負多項指控，持續相當長的時間。他的遭遇就是他被指控違反弗格森市法規的八項規定，而他嘗試提出抗辯。他因為這些指控被逮捕，也因此丟掉他在一家聯邦政府承包商的工作。他被逮捕對他造成重大打擊。

麥克被逮捕是布蘭達被逮捕的翻版，不是嗎？一名警員以極其薄弱的藉口接近一個市民，嘗試從大海裡撈到針——其結果是許多無辜的人被羅織罪名，警察和社群間的信任也蕩然無存。這就是弗格森街上的人所抗議的事：年復一年的警員誤把打籃球的人當成戀童癖者。[2]

這種事只發生在密蘇里州弗格森或德州普雷里維尤嗎？當然不是。想想北卡羅來納州公路巡邏局暴增的交通攔查案件，在七年內從一年四十萬件增加到八十萬件。想想看，那是因為那段期間北卡羅來納州的汽車駕駛人突然開始闖更多紅燈、喝更多酒和更常超速駕駛嗎？當然不是。那是因為州警改變技巧。他們開始更努力大海撈針。他們教導警員忽視他們自然的預設為真傾向——並開始想像最糟的情況：應徵工作出來的年輕女性可能攜帶武器和有危險性，或打完籃球在車上乘涼的年輕男人可能是戀童癖者。

北卡羅來納公路巡邏局從增加的四十萬次攔查中，找到多少駕駛人攜帶槍枝和毒品？十七個人。真的值得為尋找十七個爛蘋果，而疏離和汙名化三十九萬九千九百八十三個麥克和布蘭達嗎？

當薛曼設計堪薩斯市的槍枝實驗時，他很清楚這個問題。「你不會叫醫生出去並開始切開人體，以便了解他們是否有膽囊的疾病。」薛曼說：「你必須先做許多診斷才能進行任何種類的危險程序。而攔阻並搜查是一個危險的程序，它可能製造對警察的敵意。」對薛曼來說，醫學上的希波克拉底誓言——「首要原則，不造成傷害」——也適用於執法。「我自己剛買了一座希波克拉底的大理石半身雕像，我每天看到它時都提醒我自己，我們必須把警察執勤的傷害降至最低。」他繼續說：「我們必須了解，警察做的每一件事都會以某種方式侵入某些人的自由。所以那不只是把警察派到一些熱點，那也牽涉到要找到一個甜蜜點，能夠對自由只造成剛剛好足夠的侵入，半點也不超過。」

這也是為什麼參與薛曼的堪薩斯市實驗的警察都會接受特別訓練。「我們知道主動式警察執勤為警察帶來正當性風險，而我不斷強調這一點。」薛曼說。[3] 甚至更重要的是，

2 有明確的證據顯示，非裔美國人有很高的可能性比美國白人更容易被交通攔查，這表示對這種無端被攔查的憤慨並非平均分布在所有市民，而是集中在那些因為遭到其他不公平待遇而憤慨的人。

3 在後來與倫敦蘇格蘭場合作的計畫裡，警方嘗試遏阻一波青少年的刀械傷害潮，薛曼堅持巡邏警員把名片留給他們談話的每一個人。

「他們有時候一個晚上攔查五百次。」薛曼說：「然後他們給每一個他們攔查的人一張紙條，上面大致上寫著：『這是我的姓名，這是我的警證號碼。如果你對我所做的事有任何投訴或問題，你可以用紙條上的方式處理。』」

這是堪薩斯市的槍枝實驗局限在一四四轄區的原因。那裡是犯罪最多的地方。「我們投入很多努力，嘗試重新建構熱點在哪裡。」薛曼說。然後，他在該市治安最糟的街區更進一步應用他和韋斯伯德在明尼阿波利斯使用的精密分析，以尋找犯罪最集中的特定街區。然後巡邏警員被告知要集中精力在這些地方。薛曼絕不會在一個不是戰區的街區積極搜查槍枝。

在一四四區，「麥克和布蘭達問題」並沒有消失，但把堪薩斯市槍枝實驗局限在治安最差街區的目的，是要讓撈針的大海小一點，和讓無可避免的打擊犯罪和騷擾無辜市民間的利弊權衡更容易管理些。在一個正常的社區裡，要讓警察執行薛曼想要的積極執勤無異於找麻煩。另一方面，在百分之三或四的犯罪猖獗地區——那裡一年可能有一百次、甚至二百次報案——耦合理論表示考量的方式將截然不同。

「在熱點的警察執勤情況如何？你要告訴警員：『到那個社區百分之十的街道，或者千分之十的街道，把時間花在那裡。』那裡是犯罪發生的地方。」韋斯伯德說：「如果你這麼做，那個社區很可能會說：『好吧，這種侵入是值得的，因為我不希望明天被槍擊。』」

要問安辛尼亞的第一個問題是：他做了正確的事嗎？但第二個問題一樣重要：他是在正確的地方做嗎？

五

在德州普雷里維尤，布蘭達被攔查的地方有時候被描述為休斯頓「外圍」，好像它是郊區。但它不是。休斯頓在五十哩外；普雷里維尤是鄉下。

它的鎮區很小：人口只有幾千人，短短的街道兩旁排列著不起眼的平房建築。大學位於主街一〇九八郡道的盡頭，這條路接著環繞校園西側的邊界。如果你沿著學校周圍這條環狀道路開車，左邊是一間聖公會的小教堂，大學足球體育場在右邊，再來是幾塊牧草地，偶爾有馬或牛。沃勒郡——普雷里維尤所在的行政區——的人口主要是共和黨、白人、中產階級和勞工階級。

瑞安弗洛：好，談談那個地區。那裡是高犯罪區嗎？

安辛尼亞：一〇九八郡道是高犯罪、高毒品區。根據我在那個地區的經驗，我碰過類似的情況，我親眼看見的，我曾見過毒品、武器和不守法的個人。

安辛尼亞繼續告訴瑞安弗洛，他執行的許多次「通緝犯、毒品和很多武器的逮捕行動，幾乎（全都）都在那個轄區」。

不過，安辛尼亞的執勤紀錄顯示的完全不是這麼回事。從二〇一四年十月一日到次年七月十日布蘭達事件期間，他在那段一哩長的公路攔查二十七個駕駛人，其中有六個人被開超速罰單。他們都被強制攔查：我們可以假設任何合理盡責的警員——即使在堪薩斯市執勤法之前的年代——都會這麼做。但其餘大部分攔查是安辛尼亞大海撈針式的執勤。二〇一五年三月，他取締一名黑人男性「未在單一車道內開車」。他有五次以違反「FMVSS 五七一．一〇八條」攔查駕駛人，也就是規範轉彎燈號、車牌燈光和煞車燈的聯邦車輛安全法條。紀錄上最嚴重的是兩個酒醉開車的案例，但我們別忘了，這是一段靠近大學校園的公路。

換句話說，一〇九八郡道不是「高犯罪、高毒品地區」。你必須到三哩外的羅利巷

（Laurie Lane）——一個半哩長的拖車營地——才能找到有一點類似犯罪熱點的地方。

「為什麼你要在沒有犯罪的地區攔查駕駛人？」韋斯伯德說：「我覺得毫無道理可言。」

薛曼一樣覺得難以置信。「在一天當中的那個時候和那個地點，因為變換車道而攔查布蘭達不是正當理由。」他說。即使在堪薩斯市槍枝實驗初期——在一個比普雷里維尤治安糟糕一百倍的區域——薛曼說那些特別派遣的警員也只在晚上執行攔查。那是一天中犯罪率高到足以提供積極性執勤正當性的時候。布蘭達是在下午中段時間被攔查。

安辛尼亞可能故意誇大那個路段的危險性，為他對待布蘭達的方式找理由。不過，也很可能只是他從沒「想過」犯罪是與地點息息相關。文學理論家、橋梁工程師和警察首長都很難了解耦合了，為什麼巡邏警員就一定能了解？

所以是安辛尼亞來到一個他不應該來的地方，攔查一個他不應該攔查的人，下了一個他不應該下的結論。布蘭達之死是一個社會不知道如何與陌生人談話的結果。

六

本書的重點環繞在一個難題。我們都不得不與陌生人談話，特別是在我們這個無邊界的現代世界。我們已經不住在小村落了。警察攔查他們不認識的人；情報員必須與欺騙和不確定性周旋；年輕人希望參加派對以認識陌生人：那是浪漫邂逅的刺激之處。但我們對這件不得不做的事卻十分笨拙。我們以為我們能把陌生人變成我們熟悉和認識的人，而無須付出成本或代價，但我們不能。我們該怎麼做？

我們可以從不再因為預設為真而懲罰彼此做起。如果你是父母而你的孩子遭到陌生人性侵——即使你就在房間裡——那不表示你就是壞父母。如果你是大學校長，當你看到你的員工之一涉及曖昧不明的行為而沒有採取最壞設想的處置，那不表示你就是罪犯。設想其他人是好人是造就現代社會的特質。當我們信任的天性遭到背叛固然是不幸，但放棄信任以防衛掠奪和欺騙只會換來更糟的結果。

我們也應接受我們解讀陌生人的能力有其極限。在哈立德的審訊中有兩面。米謝爾和他的同事傑森受到想讓哈立德招供的欲望驅策，摩根卻擔心強迫犯人說話的代價：如果你脅迫囚犯招供的作法導致傷害他的記憶，並讓他說的話變得較不可信呢？摩根較謙遜的期望是我們所有人的好榜樣。沒有完美的機制可以讓中情局找出他們的內奸，或讓投資人發現詐騙者和騙局，或讓任何人未卜先知地了解我們不認識的人在想些什麼。我們所需要的是節制和謙卑。我們可以在橋上架設障礙以阻止一時的衝動變成永久的遺憾。我們可以教導年輕人，在兄弟會派對上發生的縱飲使解讀陌生人變得不可能。想了解陌生人有其線索可循，但發現線索有賴於仔細和注意。

我在本書開頭時說，我不願讓布蘭達之死被輕易忘記。我看她與安辛尼亞遭遇的錄影帶次數已經多到難以計算——而每看一次就讓我對這個案件「結案」的方式感到更加憤慨。它被變成比它的真相更小的事件：一個壞警員和一個苦惱的黑人女子。那不是它真正的樣子。那天在德州普雷里維尤一〇九八郡道出的差錯是一個集體的失敗。有人寫了一本愚蠢地鼓勵安辛尼亞懷疑所有人的訓練手冊，而他真心相信它。德州公路巡邏局指揮鏈中的某個高階領導人誤解了證據，認為讓他和他的同事在低犯罪社區執行堪薩斯市式的攔查是個好主意。在他的領導下，每個警察都遵循一個假設執勤，這個假設認為可以根據人的語氣、煩躁的動作和速食包裝紙，來辨識和分類在德州這個地區的街道上開車的駕駛人。

而這些想法的背後，則是一些大多數人共有——卻太少人願意重新思考——的假設。

瑞安弗洛：好。如果布蘭達是一個白人女性，同樣的事會發生嗎？

這是審訊的最後一個問題。安辛尼亞和他的審訊者仍然徒勞無功地嘗試釐清那天發生的事。

安辛尼亞：膚色不會影響我……我們攔查車輛和人員是為了取締違規，完全不是根據任何種族或性別。我們為違規而攔查。

「我們為違規而攔查」或許是整個審問過程最誠實的一句話。但瑞安弗洛沒有接著問顯然該問的問題——「為什麼」我們要攔查所有的違規？——他問了錯誤的問題。

瑞安弗洛：你認為當你問一個惱怒的人「你還好吧？」，這個人會怎麼做，而在她給你這種反應後，你給她的回應卻是：「你說完了嗎？」這樣怎麼建立彼此的善意？

瑞安弗洛的問題很堅定，但充滿體諒，像爸爸斥責小孩對晚餐的客人沒禮貌。他們兩個人已同意把布蘭達的慘死建構為一個出了差錯的個人遭遇，現在他們來到了瑞安弗洛批評安辛尼亞餐桌禮儀的階段。

安辛尼亞：我從來沒有要對她不禮貌，或嘗試忽視她的反應。我只是問她是不是說完了，確定她說出她想說的話，這樣我才可以繼續完成交通攔查，以及／或者確認這個地區可能有或沒有不法的事情。

瑞安弗洛：她有可能把你說的話當成嘲諷，這樣說公平嗎？

安辛尼亞：是有這種可能，是的，長官。但我沒有這種意圖。

噢，所以那是「她」的錯嗎？顯然是布蘭達誤解了他的語調。如果你對我們誤解陌生人的根本想法視而不見——也對我們根據這些想法建構的體制和作法一無所知，那麼你能談的就只有個人了：輕易被瞞騙的登山人、疏忽的斯潘尼爾、陰險的諾克斯、一心尋死的普拉斯。現在則是布蘭達，她在一〇九八郡道致命的交通攔查案的漫長調查中，似乎變成了故事中的壞人。

瑞安弗洛：你在那個時候有沒有回想過你接受的訓練，並想到你可能攔查了一個不喜歡警察的對象？你曾經這樣想過嗎？

安辛尼亞：是的，長官……有這種可能，她可能不喜歡警察。

因為我們不知道如何與陌生人談話，所以當和陌生人接觸發生問題時我們怎麼辦？我們怪罪陌生人。

感謝詞

和所有書一樣，《解密陌生人》是一個團隊的努力，而我很感謝我的團隊是最優秀的。與利特爾布朗公司（Little, Brown）的工作人員共事是很愉快的經驗：才華洋溢的編輯Asya Muchnick、發行人Reagan Arthur，以及所有其他從一開始就支持本書的人：Elizabeth Garriga、Pamela Marshall、Allan Fallow和無數在這家美國最傑出的出版公司工作的人。Penguin UK的Helen Conford給了最英國式的評語：「有許多禁忌議題！我喜歡！」特別感謝我永不疲倦的事實查核人Eloise Lynton，回答我百萬個問題的Camille Baptista，我的經紀人Tina Bennett，沒有她我將在某個沒有暖氣的小閣樓，用筆在羊皮紙上寫作。無數朋友花時間讀我的手稿並提供他們的建議：Adam Alter、Ann Banchoff、Tali Farhadian、Henry Finder、Mala Gaonkar、Emily Hunt、Lynton家所有成員、Brit Marling、Kate Moore、Wesley

Neff、Kate Taylor、Lily 與 Jacob Weisberg 和 Dave Wirtshafter。

我希望我沒有遺漏任何人。

一如以往，我要特別感謝我母親，她教導我清晰和簡潔地寫文章。遺憾的是我父親在我完成本書前去世。他會仔細地閱讀我的書，沉思它，然後說一些深思熟慮或好笑的話，或者是既深思熟慮又好笑的話。沒有他的貢獻，這本書已相形失色。

（註解請自 477 頁起翻閱）

機。

現在假設你想把尋找癌症患者的工作做得更好，也許找到四百八十個病例中的三百九十八個還不夠好。Elmore 做了第二次計算，這次徵用一群接受過更高層次訓練的放射線科醫師。這些醫師很有警覺性，很多疑──他們是醫學版的安辛尼亞。他們正確地判讀了四百八十個病例中的四百二十二個──表現好多了！但這些特別多疑的醫師做了多少次誤判？一萬九百四十七次。完全健康卻被誤判罹患乳癌、且可能接受不需要的治療的女性多了二千名。這些受到高層次訓練的放射線科醫師尋找癌症的表現較好並非因為他們更精確，而是因為他們更多疑。他們處處都看到癌症。

如果你是女性，你希望是由哪一群放射線科醫師來判讀你的乳房 X 光攝影？你比較關心你有癌症被忽略的微小機會，還是你沒有癌症卻被誤診有癌症的更大可能性？這個問題沒有正確或錯誤的回答。不同的人對自己的健康及風險有不同的態度。不過，重要的是這些數字帶給我們的有關海底撈針的教訓。尋找罕見的東西必須付出代價。

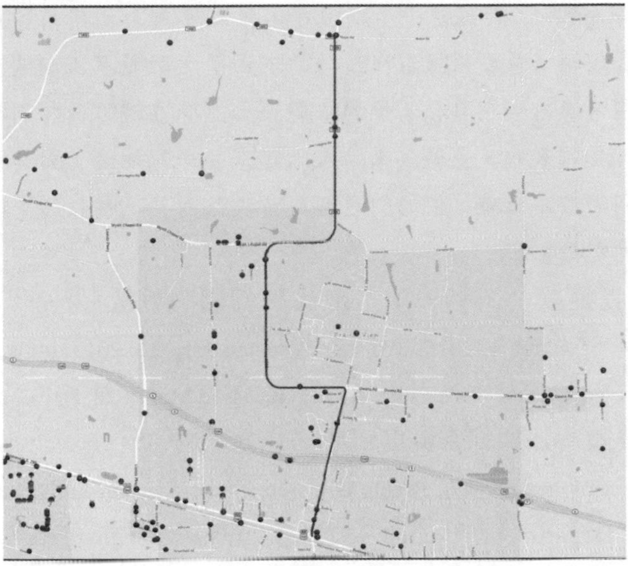

有更多證據顯示海底撈針式的搜索引發的問題：大多數國家的中年女性被鼓勵接受乳房 X 光攝影，但乳癌實際上發生的機率很低，接受乳房 X 光攝影的女性罹患這種疾病的比率不到〇．五%。所以尋找乳癌像是海底撈針。

流行病學家 Joann Elmore 近日計算這種現象的意義。她說，想像一群放射線科醫師對十萬名女性做乳房 X 光攝影。照統計來看，這十萬人中應該有四百八十名乳癌患者。但這些放射線科醫師找到多少病患？三百九十八人。相信我，對像是判讀乳房 X 光攝影這麼困難的工作來說，這種表現已經很不錯。

但在做出這些正確診斷的過程中，這些放射線科醫生也做了八千九百五十七次誤診。海底撈針搜索就是這麼運作的：如果你想在某人的行李中找到罕見的槍枝，你免不了要搜出大量的吹風

（meta-cognitive）問題進一步顯現在，信心率與表明用來作為判斷依據的理由（包括根據雷德技巧的理由）之數量呈正相關，這是另一個對正確性不具預測性的依變項。訓練在這方面特別具有反效果。具體來說，受過訓練的人比起未受過訓練者，對真實與欺騙的判斷較不正確，但他們更有自信，且對他們往往錯誤的判斷理由更言之鑿鑿。

「我道歉⋯⋯過去兩週來我真的壓力好大⋯⋯」："Sandy Speaks — March 1, 2015," YouTube, posted July 24, 2015, https://www.youtube.com/watch?v=WJw3_cvrcwE, accessed March 22, 2019.

美國司法部對密蘇里州弗格森案的報告：United States Department of Justice Civil Rights Division, "Investigation of the Ferguson Police Department," March 4, 2015, https://www.justice.gov/sites/default/files/opa/press-releases/attachments/2015/03/04/ferguson_police_department_report.pdf.

非裔美國人有很高的可能性比美國白人更容易被交通攔查（在註腳中）：Charles R. Epp, Steven Maynard-Moody, and Donald Haider-Markel, *How Police Stops Define Race and Citizenship* (Chicago: University of Chicago Press, 2004).

北卡羅來納州公路巡邏局統計數字："Open Data Policing: North Carolina," accessed March 2019, https://opendatapolicing.com/nc/, accessed March 2019.

一〇九八郡道不是「高犯罪、高毒品地區」：這個犯罪地圖反映沃勒郡從二〇一三年到二〇一七年由設在巴爾的摩的犯罪資料蒐集機構 SpotCrime 的數據；SpotCrime 的數據來自各地的警察局。

興奮。這跟我是不是說實話有什麼關係？

再看一個雷德技巧的例子。讓我直接引述 Brian Gallini 很有批判性的法律評論文章 “Police ‘Science’ in the Interrogation Room: Seventy Years of Pseudo-Psychological Interrogation Methods to Obtain Inadmissible Confessions,” *Hastings Law Journal* 61 (2010): 529。下面的段落描述一項由 Saul Kassin 和 Christina Fong 做的研究：“ ‘I’m Innocent!’: Effects of Training on Judgments of Truth and Deception in the Interrogation Room,” *Law and Human Behavior* 23, no. 5 (October 1999): 499-516。

更實際的一點是，Kassin 教授和 Fong 教授拍攝一組實驗對象的影片，他們接受依照雷德技巧執行的審訊，以決定他們有沒有從事一項模擬犯罪。第二組實驗對象（其中有些人曾接受雷德方法的訓練）則觀看影片並回答下述的問題：（一）哪些實驗對象有罪，哪些無辜？（二）他們對自己判斷那些人的有罪和無辜多有信心？實驗的結果既不令人意外，又令人不安：第一，判斷的正確率和機率差不多。第二，「使用口語和非口語線索的訓練未能提高判斷正確率」。為了解釋為什麼訓練無助於增進判斷正確率，作者明確地指出：「這些線索的假設，是它們能可靠地用來判斷被指控犯罪的人是罪犯或無辜者，但這個假設並沒有堅實的實證基礎。」

最後，報告作者說，實驗對象對他們判斷有罪或無辜的能力過度自信。引用作者的話如下：

我們發現受過訓練和未受訓練的實驗對象所表現的判斷正確率與信心之間，都沒有具實質意義的關聯性，不管信心的測量是在進行判斷之前、之後或進行中記錄的。這一個後設認知性

第三欄是最長的反應。看一看：

每分鐘手勢

	平均時間（秒）	最短時間（秒）	最長時間（秒）
非裔美國人／無辜	28.39	00.00	58.46
非裔美國人／嫌犯	23.98	00.00	56.00
高加索人／無辜	07.89	00.00	58.00
高加索人／嫌犯	17.43	31.00	56.00
西裔美國人／無辜	22.14	23.00	57.00
西裔美國人／嫌犯	31.41	13.43	53.33
所有樣本	23.68	00.00	58.46

如果你能從這些數字看出規則，你比我聰明。

順便一提，所有雷德的偏執概念中最古怪的是這個：「抖腳（foot bouncing）行為的改變——不管是突然開始或停止——和口語反應一起發生，可能是欺騙的重要跡象……腳也與一種被稱為『變換坐姿』的重要姿勢改變有關。在做這種行為時，目標對象把腳踩在地上，然後像是把身體推起，略微離開椅子以改採一種新坐姿。整體來說，變換坐姿如果緊接在對象的口語反應之前或同時發生，就是欺騙的良好指標」（Reid et al., *Essentials of the Reid Technique*, p. 98）。

什麼？我剛好是一個經常會神經質地抖腳的人。我這麼做是因為我情緒高昂，或我的手氣正好，或者我喝了太多咖啡而有點非裔美國人嫌犯說話很流利。無辜的西裔美國人緊張地支吾其詞。如果你照雷德手冊的教導做，你會把無辜的西裔美國人關起來，並被有罪的非裔美國人欺騙。

這是否表示我們的警察需要一套更好、更具體的詮釋規則？**注意巧言令色的黑人。不微笑的白人一定是在做什麼壞事。**不！這也行不通，因為 Johnson 發現了無以計數的變數。

舉例來說，看看構成這些平均數的反應範圍有多大。無辜非裔美國人的目光接觸從七秒到四九．四一秒。有一些無辜的黑人幾乎完全沒有目光接觸，也有無辜的黑人有許多目光接觸。無辜的黑人微笑的次數從零到一三．三四次。有些無辜的黑人微笑「很多次」——每分鐘一三．三四次，但也有些無辜的黑人完全不微笑。無辜的高加索人的「說話干擾」從〇．六四次到九．六八次。有些白人支吾其詞像緊張的青少年，也有些白人說話像邱吉爾。唯一的結論是，在何時微笑和微笑多少上，或在是否目光接觸上，或在說話多流利上，人的表現百百種。嘗試在這些行為找尋模式幾乎不可能。

等等！我忘了雷德技巧的重要線索之一：注意手！

在對方反應時，手可能做三種動作之一。它們可能沒有反應或沒有動作，這可能是對象的口語反應缺少信心，或者只是談論的事情被認為不重要。手可能從身體移開並做手勢，這稱作演示。最後，手可能與身體的某個部分接觸，這被稱為適應者行為（adaptor behavior）。（Reid et al., p. 96。）

後面我將解釋手的動作是否對我們了解真相有幫助。雷德技巧假設手的動作有特定模式。真的嗎？以下是 Johnson 的手部動作資料。這次將把反應的範圍納入——第二欄是紀錄中最短的反應，

Johnson 計算出每分鐘影片的目光接觸總秒數。

完全無辜的黑人實際上與警員保持目光接觸的時間，比被懷疑犯罪的黑人與警員目光接觸還「少」。現在再看白人的情況：

首先值得注意的是，《Cops》上的高加索人整體來看，他們直視警員眼睛的時間比黑人長。事實上，被懷疑犯罪的白人在四個類別中直視警察眼睛的時間最長。如果你把逃避目光當作判斷個人可信度的線索，你對黑人的懷疑會比白人強烈得多。更糟的是，你對「完全無辜」的非裔美國人的懷疑會最深。

好。讓我們再來檢視臉部表情。雷德技巧教導警察，臉部表情可以提供嫌疑者內心狀態有意義的線索。我被發現了嗎？我即將被發現嗎？手冊上寫道：

「表情的變化就足以暗示不誠實，而沒有表情的變化可能意謂誠實」（Reid et al., *Essentials of the Reid Technique*, p. 99）。

這是一般認為有罪者會閃避、會擠出較多笑容的另一個版本。對警察的調查發現，執法者普遍接受「經常笑」是事有蹊蹺的跡象。借用撲克牌的用語，這被視為一種「洩底」。以下是 Johnson 的研究對《Cops》的微笑分析。這次我也納入 Johnson 對西裔美國人的資料。

同樣地，許多警員奉為圭臬的原則，與實際情況完全相反。微笑最多的人是無辜的非裔美國人。微笑最少的是西裔嫌疑犯。從這張表得到唯一合理的結論是，在《Cops》上的黑人經常微笑，白人微笑略少些，西裔美國人很少微笑。

讓我們再檢視另一項。如果有人在嘗試為自己做解釋時經常欲言又止，我們把這視為逃避和欺騙的跡象，對吧？那麼《Cops》的資料怎麼說？

Policing: An International Journal of Police Strategies and Management 30, no. 2 [June 2007]: 277-90。）

Johnson 回去觀看每集半小時的電視紀錄片《Cops》的舊影集。你可能還記得這齣影集，它從一九八九年開播至今仍在播出，是歷來美國電視最長壽的節目之一。一個攝影團隊跟著一名警員拍攝真實記錄式的影片，沒有旁白，只是忠實記錄警員的執勤過程。（奇怪的是它們很吸引人，雖然我們很容易忘記典型的《Cops》節目都經過大量編輯；警員的執勤並沒有那麼忙碌。）Johnson 看過四百八十集的《Cops》節目，他想尋找的是警察和市民的互動，而且是市民腰部以上出現在影片中超過六十秒的畫面。他發現有四百五十二段符合條件的片段。然後他根據影片提供的資訊，把這些片段區分為「無辜」和「嫌疑」兩類。這位抱著小孩、家裡剛遭到盜竊的媽媽是哪一類？這個看到警察拔腿就跑、他的背包後來被發現有一位女士的珠寶的少年是哪一類？然後他把片段再按照種族細分為白人、黑人和西裔項。

在此應該說明的是，有堆積如小山般高的針對所謂動作線索（demeanor cues）的研究報告。但 Johnson 的研究特別之處是它並非在大學心理實驗室完成的。它是真實生活的研究。

讓我們先檢視許多警察認為最重要的動作線索——目光接觸。雷德技巧的訓練手冊——最常被執法人員用作指南的手冊——明確地寫道：說謊的人會轉開視線。說實話的嫌疑犯會保持目光接觸。

那麼，當 Johnson 在《Cops》的真實世界互動中檢視這個概念時，他有什麼發現？無辜的人真的比有罪的人更可能與警員保持目光接觸嗎？

安辛尼亞職涯中隨機挑選的一天：*Los Angeles Times* Staff, “Citations by Trooper Brian Encinia,” *Los Angeles Times*, August 9, 2015, http://spreadsheets.latimes.com/citations-trooper-brian-encinia/.

「我檢查那輛車的情況……我有過，是的」（和所有安辛尼亞／瑞安弗洛問答中安辛尼亞的引文）：訪問 Cleve Renfro (Texas Department of Public Safety Lieutenant), October 8, 2015。聲音檔出自 KXAN-TV of Austin, https://www.kxan.com/news/investigations/trooper-fired-for-sandra-bland-arrest-my-safety-was-in-jeopardy/1052813612, accessed April 2019。

「駕駛人應使用……從停車位置出發的意圖」：Texas Transportation Code, Title 7: Vehicles and Traffic, Subtitle C: Rules of the Road, Chapter 545: Operation and Movement of Vehicles, Sections 104, 105, p. 16, https://statutes.capitol.texas.gov/?link=TN.

「在西方文化……與調查員保持目光接觸」：John E. Reid et al., *Essentials of the Reid Technique: Criminal Investigation and Confessions* (Sudbury, Mass.: Jones and Bartlett Publishers, 2005), p. 98.

雷德訓練手冊裡面有許多有關謊言偵測的主張是毫無根據的。例如，雷德「系統」教導審訊員注意非口語的線索，但這類線索對嫌犯說的話會有「放大」效應。這裡所說的非口語線索是姿勢和手勢等線索。例如手冊第九十三頁寫道：「套句老話，『行動比話語更有力』以及『如果你說的是實話就直視我的眼睛』。」

如果你把所有駁斥這種說法的科學文獻每一頁頭尾接起來，它們可以連到月球。以下是我最欣賞的批評文字，出自托雷多大學犯罪學家 Richard R. Johnson。（Johnson 的研究，可以在這裡找到：“Race and Police Reliance on Suspicious Non-Verbal Cues,” eralManual.html.

運輸安全管理局大海撈針式的搜尋：DHS Press Office, "DHS Releases 2014 Travel and Trade Statistics," January 23, 2015, https://www.dhs.gov/news/2015/01/23/dhs-releases-2014-travel-and-trade-statistics, accessed March 2019.

「尋找超越罰單以外的東西」和其他引用瑞姆斯伯格的文字：Charles Remsberg, *Tactics for Criminal Patrol: Vehicle Stops, Drug Discovery, and Officer Survival* (Northbrook, Ill.: Calibre Press, 1995), pp. 27, 50, 68. 同樣來源的其他內容：「如果你被指控……順手拿來當藉口的例外」：p. 70；「隱匿審問」和「在你默默分析……暴露犯罪的證據」：p. 166；和「現今有太多警察……順應嫌犯做的事」：pp. 83-84。

駕駛人「僵硬且緊張」：*Heien v. North Carolina*, 135 S. Ct. 534 (2014), https://www.leagle.com/decision/insco20141215960.

當他接近停下的汽車時：Gary Webb, "DWB: Driving While Black," *Esquire* 131, issue 4 (April 1999): 118-27. Gary Webb 的文章是首度記錄愈來愈多警察使用堪薩斯市技巧的文獻。它的描述既精彩又令人毛骨悚然。有一次他與一名叫 Vogel 的佛羅里達警察談話，Vogel 是熱烈支持主動搜索的人之一。Vogel 對他發現潛在罪犯的第六感很自豪。Webb 寫道：Vogel 說，其他指標是像「戴耳環、鼻環、眼皮環等裝飾。這些是從事犯罪行為者的共通點。紋身也是指標」，特別是「大麻葉」圖案的紋身。對他來說，保險槓貼紙也透露駕駛人的靈魂。「特別是死之華合唱團的標誌死頭（Deadhead）貼紙，貼這種貼紙在車上的人幾乎一定和毒品有關。」

饒了我吧。

gunmen-get-the-guns.html.

一九九一年《紐約時報》以頭版刊登：Don Terry, "Kansas City Police Go After Own 'Bad Boys,' " September 10, 1991, https://www.nytimes.com/1991/09/10/us/kansas-city-police-go-after-own-bad-boys.html.

有關北卡羅來納二〇〇〇年代初交通攔查增加，請參考 Deborah L. Weisel, "Racial and Ethnic Disparity in Traffic Stops in North Carolina, 2000-2001: Examining the Evidence," North Carolina Association of Chiefs of Police, 2014, http://ncracialjustice.org/wp-content/uploads/2015/08/Dr.-Weisel-Report.compressed.pdf.

韋斯伯德昔日的學生艾瑞爾（在註腳中）：E. Macbeth and B. Ariel, "Place-based Statistical Versus Clinical Predictions of Crime Hot Spots and Harm Locations in Northern Ireland," *Justice Quarterly* (August 2017): 22, http://dx.doi.org/10.1080/07418825.2017.1360379.

第十二章：布蘭達

「老兄，給她一個……拖她出來的目的是什麼？」：Nick Wing and Matt Ferner, "Here's What Cops and Their Supporters Are Saying about the Sandra Bland Arrest Video," *HuffPost*, July 22, 2015, https://www.huffingtonpost.com/entry/cops-sandra-bland-video_us_55afd6d3e4b07af29d57291d.

「任何公共安全部門的僱員……不應參與爭辯性的討論」：Texas Department of Public Safety General Manual, Chapter 5, Section 05.17.00, https://www.documentcloud.org/documents/3146604-DPSGen-

“The Kansas City Gun Experiment,” National Institute of Justice, January 1995, https://www.ncjrs.gov/pdffiles/kang.pdf；新方法使一四四區的槍枝犯罪減少一半：Exhibit 4, p. 6；兩百天槍枝實驗的統計數字：p. 6。

「警察到那個社區……沒有想過你們會來這裡」：James Shaw, “Community Policing Against Crime: Violence and Firearms” (PhD dissertation, University of Maryland College Park, 1994), p. 118；「和許多其他內城社區的居民一樣……看不到外面發生的事」：pp. 122-23；堪薩斯市槍枝實驗七個月的統計數字：p. 136；「找到一把槍枝的警察……有預感會搜到！』」：pp. 155-56。

「當你攔阻一個攜帶槍枝的人……有充足的權利搜索他」（在註腳中）：Erik Eckholm, “Who’s Got a Gun? Clues Are in the Body Language,” *New York Times*, May 26, 1992, https://www.nytimes.com/1992/05/26/nyregion/who-s-got-a-gun-clues-are-in-the-body-language.html.

「有各種行車違規……擴大對犯行的解釋」：David A. Harris, “Driving While Black and All Other Traffic Offenses: The Supreme Court and Pretextual Traffic Stops,” *Journal of Criminal Law and Criminology* 87, issue 2 (1997): 558, https://scholarlycommons.law.northwestern.edu/cgi/viewcontent.cgi?article=6913&context=jclc.

最高法院做出有利警察的判決：*Heien v. North Carolina*, 135 S. Ct. 534 (2014), https://www.leagle.com/decision/insco20141215960.

「我不知道為什麼……只注意槍枝太簡單了」：Fox Butterfield, “A Way to Get the Gunmen: Get the Guns,” *New York Times*, November 20, 1994, https://www.nytimes.com/1994/11/20/us/a-way-to-get-the-

Sexton, "The Addict," in *The Complete Poems* (New York: Open Road Media, 2016), p. 165.

看一氧化碳中毒自殺在一九七五年後的幾年減少的情況，和英國結束城市煤氣後自殺率的圖表一樣。參考 Figure 4 in Neil B. Hampson and James R. Holm, "Suicidal carbon monoxide poisoning has decreased with controls on automobile emissions," Undersea and Hyperbaric Medical Society, Inc. 42 (2): 159-64, March 2015。

第十一章：案例研究：堪薩斯市的實驗

「局裡的許多人……沒有人知道該怎麼做的工作」：George Kelling et al., "The Kansas City Preventive Patrol Experiment: A Summary Report" (Washington, DC: Police Foundation, 1974), p. v, https://www.policefoundation.org/wp-content/uploads/2015/07/Kelling-et-al.-1974-THE-KANSAS-CITY-PREVENTIVE-PATROL-EXPERIMENT.pdf.

「美國的社會問題……這種機會十分渺茫」：Alan M. Webber, "Crime and Management: An Interview with New York City Police Commissioner Lee P. Brown," *Harvard Business Review* 63, issue 3 (May-June 1991): 100, https://hbr.org/1991/05/crime-and-management-an-interview-with-new-york-city-police-commissioner-lee-p-brown.

「一名四歲的男孩……噁心和憤怒」：George Bush, "Remarks to the Law Enforcement Community in Kansas City, Missouri," January 23, 1990, in *George Bush: Public Papers of the Presidents of the United States*, January 1-June 30, 1990, p. 74.

堪薩斯市一四四巡邏區的描述出自 Lawrence Sherman et al.,

「卡爾似乎很得意……我轉身往回游」：Sylvia Plath, *The Bell Jar* (London: Faber and Faber, 1966), pp. 175, 179, 181.

這是英國歷來最高的女性自殺率：參考 Figure 3 in Kyla Thomas and David Gunnell, "Suicide in England and Wales 1861-2007: A time-trends analysis," *International Journal of Epidemiology* 39, issue 6 (2010): 1464-75, https://doi.org/10.1093/ije/dyq094。

韋斯伯德的澤西市地圖：Figure 2 in David Weisburd et al., "Does Crime Just Move Around the Corner? A Controlled Study of Spatial Displacement and Diffusion of Crime Control Benefits," *Criminology* 44, no. 3 (08, 2006): 549-92. doi: http://dx.doi.org.i.ezproxy.nypl.org/10.1111/j.1745-9125.2006.00057.x.

「我會違規停車……就像飛蛾撲向電燈泡」：Anne Sexton, "The Barfly Ought to Sing," *TriQuarterly* no. 7 (1996): 174-75, quoted in Diane Wood Middlebrook, *Anne Sexton: A Biography* (New York: Houghton Mifflin, 1991), p. 107. 同樣出自密德布魯克的傳記的引文：「準備好在她情緒正好的任何時候可以自殺」，p. 165；「她脫去手上的戒指……在熟悉的臂膀中睡著」和「對她的自殺感到驚訝」，p. 397；「海明威把槍含在嘴裡……避免那種恐懼」、「女人解脫的方法」、「我對普拉斯的死十分著迷：死得完美的想法」，和「像『一個睡美人』般逝去」，p. 216。

自殺方法致死率圖表："Lethality of Suicide Methods," Harvard T. H. Chan School of Public Health, January 6, 2017, https://www.hsph.harvard.edu/means-matter/means-matter/case-fatality, accessed March 17, 2019.

「睡眠販子，死亡販子……我正在節制對死亡的飢渴」：Anne

傳達警察來了的暗號。」她笑起來：「我喜歡和田野研究員出來，他們會說：『那是我們來到街上的暗號。』」有一次在大白天，White 的田野研究員發現他們陷入一場槍戰中；那是哪一種街區不言而喻。

但有些髒亂的街道卻很安全。有一次在一個特別陰暗的連續街區中，我們看到一個小綠洲：兩個連接的街區有著整齊的草坪和新粉刷的房屋。一間廢棄的大建築窗戶上張貼一段出自約翰福音第十四章第二、三節的句子：「在我父的家裡有許多住處。」這小反諷證明了體制正常運作還是失靈？

我請 White 解釋街區朝正負兩端傾斜的決定因素是什麼。有時她能解釋，但通常她無法解釋。「重點就在這裡，」她說：「環境不一定符合那裡在進行的事。在我們最早的研究中，我們選的一個街區是暴力氾濫的熱點。警察和醫護人員都說『這不可能是暴力熱點』。所有房屋都修繕得很好，是一條漂亮的街道。我去巡視確定那裡的情況，以為我們的資料有什麼差錯。陪我去的是說那裡不可能是暴力熱點的警員，但那裡就是。我們從外表不見得能看出來。」

花一個下午開車和 Claire White 巡視巴爾的摩的教訓是，要誤解陌生人實在很容易。巴爾的摩是一個謀殺率比全國平均水準高好幾倍的城市。世界上最簡單的事就是看廢棄的建築、貧窮、毒販高呼他們的暗語，然後決定放棄這些地區和那裡的所有人。但犯罪集中法則的重點是，「這些地區」的大部分街區都完全正常。熱點只是「點」，不是一整個區域。「我們往往專注在壞人，」White 談到巴爾的摩的名聲：「但現實中大部分人是好人。」我們對不熟悉的無知助長了我們的恐懼。

警次數少於四次。熱點則是一年報警十八次以上。記住巴爾的摩是一個十八世紀就建立的城市——街區很小，所以是一個不到一分鐘就能走完的街區，一年有超過十八次報警。White 說，研究中的有些街區一年報警次數超過「六百」次。這就是韋斯伯德所說犯罪集中法則的意思。大多數街區報警次數為零。少數幾個街區的犯罪幾乎占該地區的全部。

White 和我開始巡視距離鬧區不遠的西巴爾的摩。

「這裡是惡名昭彰的極高犯罪地區之一，是格雷被逮捕和暴動發生的地方。」她說，指的是二〇一五年一名年輕非裔美國人在警方拘留所死亡的案件，該案有一些疑點，並引發憤怒的抗議。「如果你看過《火線重案組》（*The Wire*），他們總是在講西巴爾的摩的事。」這個地區是典型的舊東北部城市：狹窄的街道、紅磚聯排透天厝。有些街區已改建，有些則沒有。「有許多地區你現在經過會感覺是很好的社區，對吧？你會覺得很愜意。」White 說，一面開車穿過該社區的中心。「但轉個彎你就會開進一條全都以板子封住的街道，變成了鬼城。你會想，這條街是不是有人住。」

她帶我到研究的第一個街區，並把車停下來。她要我猜這裡是熱點或冷點。街角有一座精緻的十九世紀教堂，教堂後面有個小停車場。這個街區有優雅的歐洲風格。陽光明亮。我說我想這是個冷點。她搖頭。「這是一條暴力充斥的街道。」

她繼續開車。

有時候街道的特性一目了然：一個汙穢街區一端有一間酒吧，另一端有一家 Slick Rick 保釋公司（Slick Rick's Bail Bonds），就是超熱點的寫照，犯罪和毒品都極其氾濫。「有些地方很明顯，對吧？」White 問我：「警察一跨出警車，街上的人就開始大叫他們

請見 Figure 2 in David Weisburd et al., "Understanding and Controlling Hot Spots of Crime: The Importance of Formal and Informal Social Controls," *Prevention Science* 15, no. 1 (2014): 31-43, doi:10.1007/s11121-012-0351-9。該地圖顯示一九八九年到二〇〇四年期間的犯罪。欲知更多韋斯伯德對犯罪和地點的研究，請參考 David Weisburd et al., *The Criminology of Place: Street Segments and Our Understanding of the Crime Problem* (Oxford: Oxford University Press, 2012)；和 David Weisburd et al., *Place Matters: Criminology for the Twenty-First Century* (New York: Cambridge University Press, 2016)。

我在二〇一八年和韋斯伯德見面後不久，他安排我花一天時間和他的同事 Claire White 討論。他們兩人從二〇一二年以來就在巴爾的摩進行一項數百萬美元的「熱點」研究計畫——研究該市各地的四百五十個街區。「犯罪高度集中的現象已獲得明確的證實。」White 解釋道：「韋斯伯德已經以不同類型的資料在無數城市證實這點。重要的問題是為什麼？這些犯罪高度集中的地方有什麼特性？」

White 和韋斯伯德僱用四十個學生訪調員，並派他們每天記錄這四百五十個區的情況，盡可能蒐集各區居民的資訊。「我們問有關我們稱之為集體效力、干預意願的內容。」White 說：「如果有小孩爬上一輛停著的汽車，你的鄰居有沒有勸阻的意願？如果當地消防隊要關閉，你的鄰居願不願意想辦法阻止？大概就是這類參與的意願和信任。你信任你的鄰居嗎？你和你的鄰居是否有相同的價值觀？⋯⋯我們也問關於警察的問題：你認為警察對待你公平嗎？你認為警察以尊重的態度對待居民嗎？」

為了方便比較，有些街區被稱為「冷」點，其定義是一年報

of predatory crime: Routine activities and the criminology of place," *Criminology* (1989): 27-56.

該市（波士頓）的犯罪有一半來自：Glenn Pierce et al., "The character of police work: strategic and tactical implications," *Center for Applied Social Research Northeastern University*, November 1988. 雖然該研究的作者不知道他們的資料支持犯罪集中法則，韋斯伯德在檢視他們的結論時把各部分拼湊成全圖。

韋斯伯德的西雅圖犯罪模式地圖：

Suicide on the Golden Gate Bridge (Berkeley: University of California Press, 2012), p. 8；金門大橋設置自殺障礙（或未設置自殺障礙）的歷史：pp. 33,189,196。

拍下了二十二樁自殺事件（在註腳中）：這部由 Eric Steel 導演的紀錄片直接以《橋》（*The Bridge*, More4, 2006）命名。

賽登追蹤從一九三七年到一九七一年，五百一十五個曾嘗試從該大橋躍下、但出乎意料遭到阻礙的人：Richard H. Seiden, "Where are they now? A follow-up study of suicide attempters from the Golden Gate Bridge," *Suicide and Life-Threatening Behavior* 8, no. 4 (1978): 203-16.

「如果橋上設置一道實體障礙……結果只會換一種方法」：這五段引言出自交通局提議設置自殺網而得到的公眾評論：http://goldengatebridge.org/projects/documents/sds_letters-emails-individuals.pdf.

在一項全國性的調查中……只會改採別種自殺方式：Matthew Miller et al., "Belief in the Inevitability of Suicide: Results from a National Survey," *Suicide and Life-Threatening Behavior* 36, no. 1 (2006).

韋斯伯德花一年時間在那些街道走來走去：David Weisburd et al., "Challenges to Supervision in Community Policing: Observations on a Pilot Project," *American Journal of Police* 7 (1988): 29-50.

薛曼一直以來也在思考同樣的問題：Larry Sherman et al., *Evidence-Based Crime Prevention* (London: Routledge, 2002).（薛曼和韋斯伯德都有很多著作，我在此處列出一小部分他們的研究；如果能引起你的興趣，還有更多著作可供你閱讀！）

「我們選擇明尼阿波利斯」：L. W. Sherman et al., "Hot spots

「她是不是設想……將臉頰貼在上面」：Jillian Becker, *Giving Up: The Last Days of Sylvia Plath* (New York: St. Martin's Press, 2003), pp. 80, 291.

「絕大多數案例的受害者……覆蓋物邊緣下方」：Douglas J. A. Kerr, "Carbon Monoxide Poisoning: Its Increasing Medico-Legal Importance," *British Medical Journal* 1, no. 3452 (March 5, 1927): 416.

英國一九六二年的自殺率：Ronald V. Clarke and Pat Mayhew, "The British Gas Suicide Story and Its Criminological Implications," *Crime and Justice* 10 (1988): p. 88, doi:10.1086/449144；「英國和威爾斯煤氣自殺與家庭煤氣一氧化碳含量關係，一九六〇至七七年」圖：p. 89；「英國和威爾斯與美國每百萬人自殺率，一九〇〇至八四年」圖：p. 84；「城市煤氣作為一種致命的方法……則需要更多勇氣」：p. 99；「英國和威爾斯二十五到四十四歲女性藉由家庭煤氣和其他方法自殺」圖：p. 91。

「英國歷來承平時期最大規模的行動」：Malcolm E. Falkus, *Always under Pressure: A History of North Thames Gas Since 1949* (London: Macmillan, 1988), p. 107.

城市煤氣轉換天然氣，一九六五至七七年：Trevor Williams, *A History of the British Gas Industry* (Oxford: Oxford University Press, 1981), p.190.

我們不了解自殺如何奪走人命（在註腳中）：參考例子 Kim Soffen, "To Reduce Suicides, Look at Gun Violence," *Washington Post*, July 13, 2016, https://www.washingtonpost.com/graphics/business/wonkblog/suicide-rates/.

舊金山金門大橋的一頁滄桑史：John Bateson, *The Final Leap:*

第十章：普拉斯

「我是在倫敦寫這封信⋯⋯他曾住在這裡！」：Sylvia Plath to Aurelia Plath, November 7, 1962, in Peter K. Steinberg and Karen V. Kukil, eds., *The Letters of Sylvia Plath Volume II: 1956-1963* (New York: Harper Collins, 2018), p. 897.

「她看起來不一樣⋯⋯我從未見過她如此緊繃」：Alfred Alvarez, *The Savage God: A Study of Suicide* (New York: Random House, 1971), pp. 30-31；「她談論自殺的語氣⋯⋯不知道如何滑雪」：pp. 18-19；「有如獻祭犧牲者的詩人，為她的藝術而奉獻自己的生命」：p. 40。

普拉斯的詩：「這個女人已臻於完美⋯⋯已經結束」出自〈Edge〉：*The Collected Poems of Sylvia Plath*, edited by Ted Hughes (New York: Harper Perennial Modern Classics, 2008), p. 272；「我像貓可以死九次。這是第三次」出自〈Lady Lazarus〉：pp. 244-45；「要是你知道⋯⋯我的血管注滿無形的東西」出自〈A Birthday Present〉：p. 207。

詩人的自殺率遠遠高於其他職業：Mark Runco, "Suicide and Creativity," *Death Studies* 22 (1998): 637-54.

「詩人必須讓自己適應他的職業要求」（在註腳中）：Stephen Spender, *The Making of a Poem* (New York: Norton Library, 1961), p. 45.

「她再也無法與那個男人⋯⋯最後摧毀了她」（在註腳中）：Ernest Shulman, "Vulnerability Factors in Sylvia Plath's Suicide," *Death Studies* 22, no. 7 (1988):598-613.（「普拉斯在三十歲自殺時⋯⋯來自破碎家庭」（在註腳中）出自相同來源。）

Soldiers," *Biological Psychiatry* 60, no. 7 (2006): 722-29, doi:10.1016/j.biopsych.2006.04.021. 雷奧斯特瑞斯複雜圖形測試最早由 Andre Rey 發展，並發表在他的文章："L'examen psychologique dans les cas d'encephalopathie traumatique (Les problemes)," *Archives de Psychologie* 28 (1941):215-85.

在另一個更大規模的研究裡（在註腳中）：Charles Morgan et al., "Accuracy of eyewitness memory for persons encountered during exposure to highly intense stress," *International Journal of Law and Psychiatry* 27 (2004): 264-65.

哈立德在二〇〇七年三月十日第一次公開自白：*Verbatim Transcript of Combatant Status Review Tribunal Hearing for ISN 10024*, March 10, 2007, http://i.a.cnn.net/cnn/2007/images/03/14/transcript_ISN10024.pdf.

「可能導致一些形式的表面服從……審訊員希望打開的機能」：Shane O'Mara, *Why Torture Doesn't Work: The Neuroscience of Interrogation* (Cambridge, Mass.: Harvard University Press, 2015), p. 167.

哈立德是在「捏造事實」：Robert Baer, "Why KSM's Confession Rings False," *Time*, March 15, 2007, http://content.time.com/time/world/article/0,8599,1599861,00.html.

「除了在人們的記憶中是一個著名的恐怖分子外……從他被擒獲以來這就是一個問題」：Adam Zagorin, "Can KSM's Confession Be Believed?" *Time*, March 15, 2007, http://content.time.com/time/nation/article/0,8599,1599423,00.html.

pp.172-73.

「我向來擁有的獨立、自然樂天……而不是如何減少喝酒」：Emily Doe's Victim Impact Statement, pp. 7-9, https://www.sccgov.org/sites/da/newsroom/newsreleases/Documents/B-Turner%20VIS.pdf.

第九章：哈立德：如果陌生人是恐怖分子呢？

「叫我穆卡……九一一攻擊案的首腦」：James Mitchell, *Enhanced Interrogation: Inside the Minds and Motives of the Islamic Terrorists Trying to Destroy America* (New York: Crown Forum, 2016), p. 7.

訴訟作證的影片片段：Sheri Fink and James Risen, "Psychologists Open a Window on Brutal CIA Interrogations," *New York Times*, June 21, 2017, https://www.nytimes.com/interactive/2017/06/20/us/cia-torture.html.

Wikipedia 對水中毒的解釋：「水中毒 water intoxication 又稱 water poisoning、hyperhydration、overhydration 或 water toxemia，當過度的水攝取導致身體的電解質失衡超過安全極限時，可能導致腦功能的致命干擾。」

「訓練實驗室裡逼真的壓力……可謂難分軒輊」：Charles A. Morgan et al., "Hormone Profiles in Humans Experiencing Military Survival Training," *Biological Psychiatry* 47, no. 10 (2000): 891-901, doi:10.1016/s0006-3223(99)00307-8.

在審訊前和審訊後進行的雷奧斯特瑞斯複雜圖形測試：Charles A. Morgan III et al., "Stress-Induced Deficits in Working Memory and Visuo-Constructive Abilities in Special Operations

Health 51, no. 3 (2002): 117-31, doi:10.1080/07448480209596339.

北卡羅來納州立大學學生卡瑞克在《紐約時報》發表的一篇有趣的文章（在註腳中）：Ashton Katherine Carrick, "Drinking to Blackout," *New York Times*, September 19, 2016, www.nytimes.com/2016/09/19/opinion/drinking-to-blackout.html.

男性和女性飲酒量的差距……已大幅縮小：William Corbin et al., "Ethnic differences and the closing of the sex gap in alcohol use among college-bound students," *Psychology of Addictive Behaviors* 22, no. 2 (2008): 240-48, http://dx.doi.org/10.1037/0893-164X.22.2.240.

差別還不只是體重（在註腳中）："Body Measurements," National Center for Health Statistics, Centers for Disease Control and Prevention, U.S. Department of Health & Human Services, May 3, 2017, https://www.cdc.gov/nchs/fastats/body-measurements.htm.

兩性代謝酒精的方式也有重要的差異（在註腳中）：使用線上血液－酒精計算器計算的數字：http://www.alcoholhelpcenter.net/program/bac_standalone.aspx.

「讓我們徹底弄清楚……避免造成更多受害者」：Emily Yoffe, "College Women: Stop Getting Drunk," *Slate*, October 16, 2013, slate.com/human-interest/2013/10/sexual-assault-and-drinking-teach-women-the-connection.html.

成人的看法大不相同（在註腳中）：出自 *Washington Post*/Kaiser Family Foundation 民意調查的統計數字。

「人們學習他們社會所灌輸有關喝醉酒的事……他們是種瓜得瓜」：Craig MacAndrew and Robert B. Edgerton, *Drunken Comportment: A Social Explanation* (Chicago: Aldine Publishing Company, 1969),

gist 45, no. 8 (1990): 921-33.

一群以麥克唐納德為首的加拿大心理學家……比清醒的人更遵守規則（在註腳中）：Tara K. MacDonald et al., "Alcohol Myopia and Condom Use: Can Alcohol Intoxication Be Associated With More Prudent Behavior?," *Journal of Personality and Social Psychology* 78, no. 4 (2000): 605-19.

「我希望能避免……她似乎很享受它」：Helen Weathers, "I'm No Rapist ...Just a Fool," *Daily Mail*, March 30, 2007, www.dailymail.co.uk/femail/article-445750/Im-rapist--just-fool.html.

「他堅稱……她將它整個脫掉」：*R v Bree* [2007] EWCA Crim 804 [16]-[17]；「她不知道性交持續了多久……過了多久的時間」：[8]；「兩個人都是成人……法律結構扞格不入」：[25]-[35]；出自判決的更多引言（在註腳中）：[32], [35], [36]。

三隻死老鼠的記憶實驗：Donald Goodwin, "Alcohol Amnesia," *Addiction* (1995): 90, 315-17。（今日的道德委員會絕不會批准這項實驗。）有關經歷五天喪失記憶的推銷員的故事出自同一來源。

警方的酒測攔查（在註腳中）：Joann Wells et al., "Drinking Drivers Missed at Sobriety Checkpoints," *Journal of Studies on Alcohol* (1997): 58, 513-17.

歷來第一次大學生飲酒習慣全面調查：Robert Straus and Selden Bacon, *Drinking in College* (New Haven: Yale University Press, 1953), p. 103.

懷特近日調查杜克大學的七百多名學生：Aaron M. White et al., "Prevalence and Correlates of Alcohol-Induced Blackouts Among College Students: Results of an E-Mail Survey," *Journal of American College* ccsvsftr.pdf。

有關建立合意與定義性攻擊的調查：Bianca DiJulio et al., "Survey of Current and Recent College Students on Sexual Assault," *Washington Post*/Kaiser Family Foundation, June 12, 2015, pp. 15-17, http://files.kff.org/attachment/Survey%20Of%20Current%20And%20Recent%20College%20Students%20On%20Sexual%20Assault%20-%20Topline.

「當對界限不存在共識時，我們如何期待學生遵守界限？」：Lori E. Shaw, "Title IX, Sexual Assault, and the Issue of Effective Consent: Blurred Lines–When Should 'Yes' Mean 'No'?," *Indiana Law Journal* 91, no. 4, Article 7 (2016): 1412。「受害者因為酒醉到某個程度……『喝太多酒』的情況」：p. 1416。羅莉・蕭的引言出自 *People v. Giardino* 98, Cal. Rptr. 2d 315, 324 (Cal. Ct. App. 2000) and Valerie M. Ryan, "Intoxicating Encounters: Allocating Responsibility in the Law of Rape," 40 CAL. WL. REV. 407, 416 (2004)。

我最早談到希斯在玻利維亞的故事是在 "Drinking Games," *The New Yorker*, February 15, 2010, https://www.newyorker.com/magazine/2010/02/15/drinking-games。

希斯把他的發現寫成一篇現在很著名的文章：Dwight B. Heath, "Drinking patterns of the Bolivian Camba," *Quarterly Journal of Studies on Alcohol* 19 (1958): 491-508.

「雖然我可能看了……彼此擁抱」：Ralph Beals, *Ethnology of the Western Mixe* (New York: Cooper Square Publishers Inc., 1973), p. 29.

最早提出短視理論的是：Claude Steele and Robert A. Josephs, "Alcohol Myopia: Its Prized and Dangerous Effects," *American Psycholo-*

第八章：案例研究：兄弟會派對

強森對事件的證詞和描述出自 *People v. Turner*, vol. 6 (March 18, 2016), pp. 274-319。朵伊有關在醫院醒來的證詞出自 vol. 6, p. 445；透納有關他喝多少酒的證詞出自 vol. 9 (March 23, 2016), pp. 836, 838；警方對透納血液酒精濃度的估計出自 vol. 7 (March 21, 2016), p. 554；茱莉亞有關她喝多少酒的證詞出自 vol. 5 (March 17, 2016), pp. 208-9, 213；朵伊和透納的血液酒精濃度（在註腳中）出自 vol. 7, pp. 553-54；朵伊有關她喝多少酒的證詞出自 vol. 6, pp. 429, 433-34, 439；透納有關性行為過程的證詞出自 vol. 9, pp. 846-47, 850-51, 851-53；檢察官的結辯出自 vol. 11 (March 28, 2016), pp. 1072-73；透納有關磨蹭的證詞出自 vol. 9, pp. 831-32；朵伊有關失去記憶的證詞出自 vol. 6, pp. 439-40；透納有關失去記憶的證詞出自 vol. 11, pp. 1099-1100；透納有關朵伊語音留言的證詞出自 vol. 9, p. 897。

據估計每五個美國女大學生……性攻擊的受害者：這個數字有一九八七年以來數十項研究的支持，包括二〇一五年《華盛頓郵報》／凱薩家庭基金會的調查。一項二〇一五年由美國大學協會（AAU）做的研究發現，二三％的女大學生在校園裡遭到性侵害。二〇一六年由司法部公布的數字更高，達到二五·一％，相當於每四人有一人。參考 David Cantor et al., “Report on the AAU campus climate survey on sexual assault and sexual misconduct,” Westat; 2015, https://www.aau.edu/sites/default/files/%40%20Files/Climate%20Survey/AAU_Campus_Climate_Survey_12_14_15.pdf; Christopher Krebs et al., “Campus Climate Survey Validation Study Final Technical Reports,” U.S. Department of Justice, 2016, http://www.bjs.gov/content/pub/pdf/

Harper, 2013), pp. 11-12；「『你似乎彈性很好』……聲音充滿輕蔑」：p. 109；「但在西雅圖會引來大笑的動作……不容忍差異的人」（在註腳中）：p. 26；扭屁股說：「你看！」：p. 91。

聽聽我從英國新聞記者弗蘭恩寫的：John Follain, *Death in Perugia: The Definitive Account of the Meredith Kercher Case from Her Murder to the Acquittal of Raffaele Sollecito and Amanda Knox* (London: Hodder and Stoughton, 2011), pp. 90-91, 93, 94.

索伊爾的訪問："Amanda Knox Speaks: A Diane Sawyer Exclusive," ABC News, 2013, https://abcnews.go.com/2020/video/amanda-knox-speaks-diane-sawyer-exclusive-19079012.

「諾克斯引發我興趣的是……與誰疏遠」（在註腳中）：Tom Dibblee, "On Being Off: The Case of Amanda Knox," *Los Angeles Review of Books*, August 12, 2013, https://lareviewofbooks.org/article/on-being-off-the-case-of-amanda-knox.

「我們找到足以定罪的證據……其他類型的調查」：Ian Leslie, "Amanda Knox: What's in a face?" *The Guardian*, October 7, 2011, https://www.theguardian.com/world/2011/oct/08/amanda-knox-facial-expressions。

「她的眼睛……她可不可能涉案」：Nathaniel Rich, "The Neverending Nightmare of Amanda Knox," *Rolling Stone*, June 27, 2011, https://www.rollingstone.com/culture/culture-news/the-neverending-nightmare-of-amanda-knox-244620/?print=true.

"Analysis and Implications of the Miscarriages of Justice of Amanda Knox and Raffaele Sollecito," *Forensic Science International: Genetics* 23 (July 2016): 9-18. *Elsevier*, doi:10.1016/j.fsigen.2016.02.015.

判斷者正確辨識說謊者的比率：Levine, *Duped*, chapter 13。

萊文一再發現這個模式：出自萊文 *Duped*, chapter 13 的實驗 27。也請參考 Timothy Levine, Kim Serota, Hillary Shulman, David Clare, Hee Sun Park, Allison Shaw, Jae Chul Shim, and Jung Hyon Lee, "Sender Demeanor: Individual Differences in Sender Believability Have a Powerful Impact on Deception Detection Judgments," *Human Communication Research* 37 (2011): 377-403。同樣出自這個來源的是受過訓練的審訊員對行為一致和不一致發送者判斷的表現。

一項針對欺騙的態度調查：The Global Deception Research Team, "A World of Lies," *Journal of Cross-Cultural Psychology* 37, no. 1 (January 2006): 60-74.

「倒不是他的回答讓我印象深刻……有人擔心這一點」：Markopolos, *No One Would Listen*, p. 82。

「雖然太過相信姿態和動作的判讀有其風險……查納耶夫露出得意的笑」（在註腳中）：Seth Stevenson, "Tsarnaev's Smirk," *Slate*, April 21, 2015, https://slate.com/news-and-politics/2015/04/tsarnaev-trial-sentencing-phase-prosecutor-makes-case-that-dzhokhar-tsarnaev-shows-no-remorse.html.

「在波士頓馬拉松爆炸案中……保持面無表情」（在註腳中）：Barrett, *How Emotions Are Made*, p. 231.

「我會做一些讓大多數青少年和成人尷尬的事……覺得好笑到不行」：Amanda Knox, *Waiting to Be Heard: A Memoir* (New York:

Schützwohl and Rainer Reisenzein, "Facial expressions in response to a highly surprising event exceeding the field of vision: A test of Darwin's theory of surprise," *Evolution and Human Behavior* 33, no. 6 (Nov. 2012): 657-64.

「所有參與者……可能出現的臉部表情」：席茨渥爾引用之前的一項研究：R. Reisenzein and M. Studtmann, "On the expression and experience of surprise: No evidence for facial feedback, but evidence for a reverse self-inference effect," *Emotion*, no. 7 (2007): 612-27.

一個叫渥克的年輕人用槍抵住他前女友的頭：Associated Press, " 'Real Smart Kid' Jailed, This Time for Killing Friend," *Spokane (Wash.) Spokesman-Review*, May 26,1995, http://www.spokesman.com/stories/1995/may/26/real-smart-kid-jailed-this-time-for-killing-friend/.

「不管導致法官預測錯誤的那些未被觀察到的變數是什麼……製造了噪音，而非訊號」：Kleinberg et al., "Human Decisions," op. cit.

第七章：諾克斯案（簡短）釋疑

「謀殺案總是吸引人注意……還能要求更多嗎？」：Rod Blackhurst 和 Brian McGinn 導演的《*Amanda Knox*》(Netflix, 2016)。同樣出自這部紀錄片的還有：諾克斯的情人名單（在註腳中）；「她開始用手掌拍擊……我開始懷疑諾克斯」（在註腳中）；「每一項證據都會有不確定的因素……毫無疑問的」；和「柯雀兒被謀殺的房間裡沒有一絲我的跡證……不是客觀證據」。

「樣品B放大後的DNA…… 幾乎無法解釋」：Peter Gill,

Books, 2006)。

原告叫吉娜·穆罕默德（在註腳中）：*Ginnah Muhammad v. Enterprise Rent-A-Car*, 3-4 (31st District, 2006).

想了解哈利猶與克里維利對特羅布里恩群島人的研究介紹，請參考 Carlos Crivelli et al., "Reading Emotions from Faces in Two Indigenous Societies," *Journal of Experimental Psychology: General* 145, no. 7 (July 2016): 830-43, doi:10.1037/xge0000172。比較特羅布里恩群島人與馬德里學生成功率的圖也出自這個來源。

剛贏得比賽的柔道選手數十支錄影帶：Carlos Crivelli et al., "Are smiles a sign of happiness? Spontaneous expressions of judo winners," *Evolution and Human Behavior* 2014, doi:10.1016/j.evolhumbehav.2014.08.009.

他觀看自慰者的錄影帶：Carlos Crivelli et al., "Facial Behavior While Experiencing Sexual Excitement," *Journal of Nonverbal Behavior* 35 (2011): 63-71.

憤怒的照片：Job van der Schalk et al., "Moving Faces, Looking Places: Validation of the Amsterdam Dynamic Facial Expression Set (ADFES)," *Emotion* 11, no. 4 (2011): 912. Researchgate.

納米比亞的研究：Maria Gendron et al., "Perceptions of Emotion from Facial Expressions Are Not Culturally Universal: Evidence from a Remote Culture," *Emotion* 14, no 2 (2014): 251-62.

「這不是說……承載了遠為重大的意義」：Mary Beard, *Laughter in Ancient Rome: On Joking, Tickling, and Cracking Up* (Oakland: University of California Press, 2015), p. 73.

兩位德國心理學家……對六十個人做了實驗：Achim

把文化納入考慮。

以心理學家巴瑞特——挑戰艾克曼觀點的主要學者之一——的話來說就是：「情緒是……創造出來的，而不是被觸發的。」（參考她的書《情緒跟你以為的不一樣》〔*How Emotions Are Made*, New York: Houghton Mifflin Harcourt, 2017, p. xiii〕。）我們所有人在人生的過程中，根據我們居住地點的文化和環境，為自己建立一套臉部的運作指令。臉部是人類有多大不同的象徵，而不是我們有多類似的象徵，而如果我們的社會根據判讀臉孔創造出了解陌生人的準則，這就是一個大問題。

想多了解這項新研究主題的摘要，請參考 L. F. Barrett et al., "Emotional expressions reconsidered: Challenges to inferring emotion in human facial movements," *Psychological Science in the Public Interest* (in press), as well as Barrett's *Emotions* (cited above)。

泛美微笑和杜興微笑的照片：Jason Vandeventer and Eric Patterson, "Differentiating Duchenne from non-Duchenne smiles using active appearance models," *2012 IEEE Fifth International Conference on Biometrics: Theory, Applications and Systems (BTAS)* (2012): 319-24.

羅斯從門縫探頭看的臉部動作編碼系統單位：Paul Ekman and Erika L Rosenberg, eds., *What the Face Reveals: Basic and Applied Studies of Spontaneous Expression Using the Facial Action Coding System (FACS)*, Second Edition (Oxford University Press: New York, 2005), p.14.

發展成像是內心的告示板：Charles Darwin, *The Expression of the Emotions in Man and Animals* (London: J. Murray, 1872). 針對達爾文對了解情緒表達提出的貢獻，艾克曼有很詳盡的撰述。參見 Paul Ekman, ed., *Darwin and Facial Expression* (Los Altos, Calif.: Malor

一個優勢：他們對研究對象的了解遠比艾克曼的團隊多。他們也決定不使用「強迫選擇」，而改用方法學上遠為嚴格的自由選擇。他們展示一套人臉表情照片（表達快樂、悲傷、憤怒、害怕和厭惡的表情），並問：「這些照片中哪一個是悲傷的臉？」然後問下一個人：「這些照片中哪一個是憤怒的臉？」最後他們再統計所有的回答。

他們發現什麼？當你重做艾克曼的基本實驗——但更審慎和更嚴格些——共通性的論證消失了。在其後的幾年間，水閘打開了，我在本章描述的許多研究就是來自這段期間。

另外還有幾點：

艾克曼初始發表在《科學》上的論文如今看來有一點奇怪。他宣稱他在法雷人身上發現的是共通性的證據，但如果你檢視他的資料，他的描述看起來不像共通性。

法雷人的確在正確辨識快樂的臉孔時表現很好，但他們只有約半數正確辨識那些「害怕」的臉孔是害怕的表情。四五％的法雷人認為驚訝的臉是害怕的臉。五六％的法雷人認為悲傷是憤怒。這是共通性嗎？

當我們談到一些人（例如艾克曼）如此偏好共通性的說法時，克里維利表達了一個很深刻的觀點。那些人有許多成長於二次世界大戰之後的年代，當時人們普遍相信人的差異性——黑人被認為在基因上為劣等人，猶太人則被視為墮落和惡毒——所以他們被主張人性都一樣的理論所深深吸引。

不過，很重要的一點是，反共通性的研究並「不」駁斥艾克曼的貢獻。研究人類情緒這個領域的每個人都某種程度得益於他的研究。像哈利猶和克里維利等人只是主張，要了解情緒不能不照片，並要看照片的人從列舉的幾種情緒清單選擇正確的答案。你看到的是憤怒、悲傷、輕蔑、厭惡、驚訝、快樂或害怕的表情嗎？（法雷人沒有描述「厭惡」或「驚訝」的字，所以這三個研究者自行發揮：厭惡就是很臭的東西；驚訝是很新奇的東西。）

好，強迫選擇是好方法嗎？例如，假設我想知道你是否知道加拿大的首都是哪個城市。（根據我的經驗，有多得令人驚訝的美國人不知道。）我可以直接問：加拿大的首都在哪裡？這是一個「自由選擇」問題。為了正確作答，你必須真的知道加拿大的首都。但下面是強迫選擇版的問題。

加拿大首都是：

華盛頓特區

吉隆坡

渥太華

奈洛比

多倫多

你可以用猜的，對吧？不是華盛頓特區，即便是完全沒有地理知識的人也知道那是美國首都。吉隆坡和奈洛比可能都不是，因為兩個地名「唸起來」都不像加拿大。剩下多倫多和渥太華。即使你不知道加拿大首都在哪裡，你有五〇％機會猜對答案。所以艾克曼對法雷人做的調查是不是這種情況？

我在本書第六章寫到的兩個研究員哈利猶和克里維利，剛開始想在他們的研究中複製艾克曼的發現。他們的想法是：讓我們修正他作法的瑕疵，看結果是不是一樣。他們的第一步是挑選一個孤立的部落——特羅布里恩群島人——且他們當中至少有一個人（哈利猶）了解當地的語言和文化。那是他們勝過艾克曼的第

驚訝，和紐約市或倫敦市民辨識的沒有兩樣，那麼情緒必然是放諸四海皆準的。結果他們真的能。

「我們的發現支持達爾文的見解，即不同文化的人類情緒臉部表情很類似，因為他們的演化起源類似。」艾克曼和他的同事在最著名的學術期刊《科學》（*Science*）發表論文說。（參考 P. Ekman et al., "Pan-Cultural Elements in Facial Display of Emotions," *Science* 164 [1969]: 86-88。）

這個概念——即人類有共通的一套情緒反應——是我們用來了解陌生人的整套工具背後的根本原則。它也是為什麼我們有測謊機，為什麼戀愛中的情人會望著彼此眼睛的深處，以及張伯倫大膽地到德國見希特勒的原因。那也是索羅門嚴肅地看兒童性侵案件被告的原因。

但這其中仍有一些問題。艾克曼極度依賴他從法雷人觀察到的結果，但他對法雷人做的情緒辨識練習得到的結論不如他說的那樣有代表性。

艾克曼和另一位心理學家 Wallace Friesen 及一位人類學家 Richard Sorenson 到新幾內亞。艾克曼和 Friesen 都不會說法雷人的語言，Sorenson 也只能了解或能說最簡單的法雷語。（參考 James Russell, "Is There Universal Recognition of Emotion from Facial Expression? A Review of the Cross Cultural Studies," *Psychological Bulletin* 115, no. 1 [1994]: 124。）他們在那裡讓部落居民看白人臉上表情的相片——而且他們極度依賴他們的翻譯員。他們無法讓每個部落居民自由解釋他們認為每張照片所表達的情緒。所以他們怎麼做出最後結論的？他們必須讓事情簡單化。因此艾克曼和他的團隊利用所謂的「強迫選擇」（forced choice）。他們逐一給每個法雷人看

Art of Mind Reading” 的許多篇幅討論二十世紀最重要的心理學家之一艾克曼的研究。他是臉部動作編碼系統（FACS）的共同創作者，而我要求富蓋特利用這套系統來分析《六人行》的劇情。FACS 已變成了解和分類人臉表達情緒的黃金標準。艾克曼的主要科學貢獻是證明「洩露」的概念——即我們感受的情緒往往不自覺地以明確的臉部肌肉組合表現在臉上。如果你受過臉部「語言」的訓練，並有機會以極慢速度分析別人表情的錄影帶，你就可以辨識這些組合。

以下是我在《決斷 2 秒間》上寫的：「當我們體驗一種基本情緒時，這種情緒會自動由臉部肌肉表達出來。臉部的反應可能只停留幾毫秒，或者以貼附在臉上的電子偵測器才能感測得到，但一定有反應。」

艾克曼提出兩個大膽的主張。第一，情緒必然表現在臉上——只要你感覺到情緒，你就會表現出來。第二，這類情緒表達是放諸四海皆準的——每個地方的每個人都以相同方式，用他們的臉表達他們的情感。

這些主張一直讓某些心理學家不安。但從《決斷 2 秒間》出版後，心理學界反對艾克曼主張的聲音日漸增加。

例如，為什麼艾克曼相信情緒是放諸四海皆準？在一九六〇年代，他和兩個同事旅行到巴布亞新幾內亞，帶著三十張照片。這些大頭照都由西方人做出與基本情緒對應的臉部表情：憤怒、悲傷、輕蔑、厭惡、驚訝、快樂和害怕。

艾克曼團隊造訪的巴布亞新幾內亞部落稱作法雷人（Fore）。在十幾年前他們還幾乎生活在石器時代，完全與世界其他地方隔絕。艾克曼認為，如果法雷人能辨識照片中的人臉表情是憤怒或

「本週我不得不做一個極度困難的選擇……你黑暗、破碎的靈魂」: "Lifelong friend, longtime defender speaks against Larry Nassar," YouTube, January 19, 2018, https://www.youtube.com/watch?v=H8Aa2MQORd4。

「我問了那個問題……我會盡可能離他愈遠愈好」：Allan Myers interview with Curtis Everhart (Criminal Defense Investigator), November 9, 2011.

邁爾斯唯一出現在法庭……他說了三十四次「他不記得」：*Commonwealth v. Gerald A. Sandusky* (Appeal), November 4, 2016, p. 10.

「你們確定那是你們聽到的描述……我從未接到像那樣的報告」和「在座每個人都與卡利和舒爾茲共事……這所大學會挺他們」：Jeffrey Toobin, "Former Penn State President Graham Spanier Speaks," *The New Yorker*, August 21, 2012, https://www.newyorker.com/news/news-desk/former-penn-state-president-graham-spanier-speaks

第六章：《六人行》謬誤

對話出自 *Friends*, "The One with the Girl Who Hits Joey" (episode 15, season 5), directed by Kevin Bright, NBC, 1998。

臉部動作編碼系統是由傳奇心理學家艾克曼發展的（在註腳中）：Paul Ekman and Wallace V. Friesen, *Facial Action Coding System, parts 1 and 2* (San Francisco: Human Interaction Laboratory, Dept. of Psychiatry, University of California, 1978).

在我的第二本書《決斷 2 秒間》（*Blink*, Little, Brown and Company, 2005），我以第六章 "Seven Seconds in the Bronx: The Delicate

哈的電子郵件。Ray Blehar, "Correcting the Record: Part 1: McQueary's 2001 Eye-witness Report," *Second Mile-Sandusky Scandal (SMSS): Searching for the Truth through a Fog of Deception* (Blog), October 9, 2017, https://notpsu.blogspot.com/2017/10/correcting-record-part-1-mc-quearys-2001.html#more.

登荷蘭德的聲明："Rachael Denhollander delivers powerful final victim speech to Larry Nassar," YouTube, January 24, 2018, https://www.youtube.com/watch?v=7CjVOLToRJk&t=616s.

「遺憾的是，我猜對了……我想鑽進最深、最暗的洞，躲藏起來」："Survivor reported sexual assault in 1997, MSU did nothing," YouTube, January 19, 2018, https://www.youtube.com/watch?v=OYJIx_3hbRA.

「這只是證明……病患會說謊讓醫生惹上麻煩」：Melissa Korn, "Larry Nassar's Boss at Michigan State Said in 2016 That He Didn't Believe Sex Abuse Claims," *Wall Street Journal*, March 19, 2018, https://www.wsj.com/articles/deans-comments-shed-light-on-culture-at-michigan-state-during-nassars-tenure-1521453600.

引述自播客《相信》的內容：Kate Wells and Lindsey Smith, "The Parents," *Believed*, NPR/Michigan Radio, Podcast audio, November 26, 2018, https://www.npr.org/templates/transcript/transcript.php?story-Id=669669746.

「他一直都是這樣對我的！」：Kerry Howley, "Everyone Believed Larry Nassar," *New York Magazine/The Cut*, November 19, 2018, https://www.thecut.com/2018/11/how-did-larry-nassar-deceive-so-many-for-so-long.html.

上談話。他慷慨地提供幾份文件給我——包括私家偵探艾弗哈特寫的備忘錄。我沒有被齊格勒的最終結論說服——即山達斯基是無辜的。但我同意他的看法，認為此案比主流媒體報導的更曖昧不清和不同尋常。如果你想深入探究山達斯基的兔子洞，可以從齊格勒著手。

山達斯基案的第二個（而且可能更主流的）懷疑者是作者 Mark Pendergrast，他在二〇一七年出版了《*The Most Hated Man in America: Jerry Sandusky and the Rush to Judgment*》。Pendergrast 認為山達斯基案是一個「道德恐慌」和人類記憶缺陷的典型例子。我在費雪和邁爾斯案中的記述大量引用 Pendergrast 的書。有關 Pendergrast 的書值得一提的事之一，是書的封底有兩位全世界最有影響力和最受尊重的記憶專家的美評：舊金山大學的 Richard Leo，和加州大學爾灣分校的 Elizabeth Loftus。

這裡引用 Loftus 的評語：「《*The Most Hated Man in America*》訴說一個真正了不起的故事。在山達斯基案的所有媒體報導中，很令人驚訝的是沒有其他人注意到或寫到許多事，包括所有藉由治療和訴訟恢復的『記憶』。有人可能會想，這些多到荒謬的事情最後一定會爆出來。」

我怎麼想？我不知道。我將讓其他人來解決山達斯基案中矛盾的證據和揣測和曖昧不清的困境。我的興趣只在：既然這個案子一團亂，有什麼道理把斯潘尼爾、卡利和舒爾茲送進監牢？

「研究生助理⋯⋯報告他所看見的事」：Sandusky Grand Jury Presentment, November 5, 2011, https://cbsboston.files.wordpress.com/2011/11/sandusky-grand-jury-presentment.pdf, pp. 6-7.

賓州州立大學地區的部落客 Ray Blehar 取得麥奎里寫給艾希巴

Moulton, Jr., *Report to the Attorney General of the Investigation of Gerald A. Sandusky*, May 30, 2014, Appendix J, http://filesource.abacast.com/commonwealthofpa/mp4_podcast/2014_06_23_REPORT_to_AG_ON_THE_SANDUSKY_INVESTIGATION.pdf.

特別要說明的是，山達斯基案很「奇特」，從山達斯基被逮捕和定罪後，就有一小群人堅稱他是無辜的。最直言不諱的是廣播脫口秀主持人齊格勒，也是一位傾向保守派的新聞記者。齊格勒和另外三個人共同在 www.framingpaterno.com 網站上，不斷攻擊檢察官提出的不利於山達斯基的證據。

正如我在山達斯基案的討論中提到，齊格勒很有說服力地指出，從麥奎里看到山達斯基在淋浴間到他告訴賓州州立大學領導階層的人之間，至少有五週的時間差。參考 John Ziegler, "New Proof that December 29, 2000, Not February 9, 2001, was the Real Date of the McQueary Episode," *The Framing of Joe Paterno* (blog), February 9, 2018, http://www.framingpaterno.com/new-proof-december-29-2000-not-february-9th-2001-was-real-date-mcqueary-episode。齊格勒認為這是麥奎里沒有看到他宣稱看到的事情的證據。我想它意謂——在預設為真的前提下——麥奎里對他所看到的事情有「懷疑」。不用說，這兩種詮釋有很大的差別。

齊格勒還發現其他幾個事實，但因為篇幅和討論的重點，我沒有納入本章中。（山達斯基案是一個很深且很曲折的兔子洞。）根據齊格勒的報導，山達斯基的受害者至少有一些人不可信。他們似乎被賓州州立大學提出的龐大和解金，以及大學用以決定誰能獲得和解金的相對寬鬆標準所吸引。

在寫本章的過程中，我有幾次與齊格勒通信，並與他在電話

Man in America: Jerry Sandusky and the Rush to Judgment (Mechanicsburg, Penn.: Sunbury Press, 2017), pp. 90, 52, 55；費雪改變說法：p. 59；「邁爾斯說……想拿一些錢」：引述自 Pennsylvania State Police interview with Allan Myers, September 2011, p. 147；註腳中有關檢察官對邁爾斯的報告出自 Anthony Sassano, Supplemental Report on Allan Myers, April 11, 2012, Penn State Police, quoted on p. 168 of Pendergrast's book。《美國最被痛恨的人》中的全段文字如下：

「柯利西里表示，律師 Shubin 對他說，邁爾斯已告訴他山達斯基對他進行的口交、肛交和指交事件。」Sassano 在他的報告中寫道：「Shubin 給柯利西里看一份三頁的文件，宣稱是邁爾斯回憶他與山達斯基的性接觸。柯利西里檢視該文件，並告訴我他懷疑文件是律師 Shubin 寫的。我告訴他，我不要一份被懷疑是由律師 Shubin 寫的文件。」Sassano 做結論說：「在這時候，我不預期會有對邁爾斯的進一步調查。」

更多有關創傷後記憶受到壓抑的爭議（在註腳中），請參考 C. J. Brainerd and V. F. Reyna, *The Science of False Memory* (Oxford: Oxford University Press, 2005); E. F. Loftus and K. Ketcham, *The Myth of Repressed Memory: False Memories and Allegations of Sexual Abuse* (New York: St Martin's Press, 1994); R. J. McNally, *Remembering Trauma* (Cambridge, Mass.: Harvard University Press, 2003); R. Ofshe and E. Watters, *Making Monsters: False Memories, Psychotherapy, and Sexual Hysteria* (New York: Scribner, 1994); D. L. Schacter, *The Seven Sins of Memory: How the Mind Forgets and Remembers* (Boston: Houghton Mifflin, 2001)。

「我聯絡你們……牽涉山達斯基和一個男孩的事」：Geoffrey

December 20, 1999, https://www.si.com/vault/1999/12/20/271564/last-call-jerry-sandusky-the-dean-of-linebacker-u-is-leaving-penn-state-after-32-years-to-devote-himself-to-a-different-kind-of-coaching.

「不管任何時候你在哪個汽車旅館的大廳遇到他……不被公眾注意的工作」：Bill Lyon, "Penn State defensive coordinator Jerry Sandusky is the Pied Piper of his time," *Philadelphia Inquirer*, December 27, 1999.

這對山達斯基來說並非不尋常（在註腳中）：*Commonwealth v. Gerald A. Sandusky*, June 11, 2012, p. 53; Brett Swisher Houtz testimony, June 11, 2012, p. 70; Dorothy Sandusky testimony, June 19, 2012, p. 257.

那個媽媽告訴她兒子的心理醫生……「世界上最幸運的男孩」：根據該案的無數事後分析之一，「該男孩說他不想讓山達斯基陷入『麻煩』，而且山達斯基的動作未必有任何意義。該男孩不希望任何人對山達斯基談起這件事，因為山達斯基可能不再邀請他看比賽。」Freeh Sporkin & Sullivan, LLP, *Report of the Special Investigative Counsel Regarding the Actions of the Pennsylvania State University Related to the Child Sexual Abuse Committed by Gerald A. Sandusky*, July 12, 2012, https://assets.documentcloud.org/documents/396512/report-final-071212.pdf, p. 42；「其中沒有任何性的成分」和「我對上帝誠實地說，沒發生任何事」：pp. 43-46.

費雪的傳記資訊，和對山達斯基的一些行為很不自在：Aaron Fisher, Michael Gillum, and Dawn Daniels, *Silent No More: Victim 1's Fight for Justice Against Jerry Sandusky* (New York: Ballantine Books, 2012).

費雪反覆和他的治療師會談：Mark Pendergrast, *The Most Hated*

第五章：案例研究：淋浴間的男孩

以下內容的來源是 *Commonwealth of Pennsylvania vs. Graham Basil Spanier* vol. 1 (March 21, 2017)：麥奎里的敘述直到「檢方：肚子貼著背部？麥奎里：是的」：pp. 105-8；麥奎里父親的證詞：pp. 141-42；麥奎里的敘述直到「他的眼睛好像變得悲傷」：pp. 115-16；檢察官的結辯：pp. 86-87；德拉諾夫被被告律師質詢：pp. 155、163-65；寇特尼證詞：pp. 174-75、189；卡利和瑞科維茲的引述（在註腳中）：pp. 381、203；舒爾茲證詞：p. 442。

山達斯基接受柯斯塔斯訪問："Sandusky addresses sex abuse allegations in 2011 interview," NBC News, June 21, 2012, https://www.nbcnews.com/video/sandusky-addresses-sex-abuse-allegations-in-2011-interview-44570179907, accessed March 12, 2019.

「老爸會要每一個小孩參加……最親近的朋友都記不住他們所有人」：Malcolm Gladwell, "In Plain View," *The New Yorker*, September 24, 2012, https://www.newyorker.com/magazine/2012/09/24/in-plain-view.

「他們擔任這麼多小孩的寄養父母……變成他的一部分」：Joe Posnanski, *Paterno* (New York: Simon & Schuster, 2012), p. 251.

「不管我去哪裡……我的一部分」：Jerry Sandusky, *Touched: The Jerry Sandusky Story* (Champaign, Ill.: Sports Publishing Inc., 2000), pp. 33, 210.

「如果山達斯基……把他聖人化」：Jack McCallum, "Last Call: Jerry Sandusky, the Dean of Linebacker U, is leaving Penn State after 32 years to devote himself to a different kind of coaching," *Sports Illustrated*,

第四章：聖愚者

以下各引言的來源是 U.S. Securities and Exchange Commission, Office of Investigations, "Investigation of Failure of the SEC to Uncover Bernard Madoff's Ponzi Scheme–Public Version," August 31, 2009, www.sec.gov/news/studies/2009/oig-509.pdf；「告訴我們一個機密」和「加上他的妹夫是他的審計師」，p.146；「整件事似乎全都說不通」，p. 149；「我得到的結論是……和我們發現的證據都不符合」，p. 153；「身為經理人，我一直難以接受那真的是一樁騙局的想法」，p. 158；「索拉佐覺得……『荒謬』的事」，p. 211。

「我雙手奉上……他們的優先清單」："Opening Statement of Harry Markopolos," Public Resource Org, YouTube, video provided courtesy of C-SPAN, February 4, 2009, https://www.youtube.com/watch?v=AF-gzN3ppbE&feature=youtu.be, accessed March 8, 2019.

馬科波洛斯的傳記資訊：Harry Markopolos, *No One Would Listen: A True Financial Thriller* (Hoboken, N.J.: John Wiley & Sons, 2010), p. 11；嘗試帶著棕色信封接近史必哲的記述：pp. 109-111。

「對我們很划算……做生意的成本」和「偶爾被欺騙……一點也不對等」都出自 Chapter 11 of Timothy R. Levine, *Duped: Truth-Default Theory and the Social Science of Lying and Deception* (University of Alabama Press, 2019).

註腳內對安格利頓在中情局內部尋找內奸的記敘出自 Tom Mangold, *Cold Warrior: James Jesus Angleton-The CIA's Master Spy Hunter* (New York: Simon & Schuster, 1991), pp. 263-264。

Chapter 13 of Timothy R. Levine, *Duped: Truth-Default Theory and the Social Science of Lying and Deception* (Tuscaloosa, AL: University of Alabama Press, 2019)。其他心理學家做的類似實驗平均的辨識比率為五四％。C. F. Bond, Jr. and B. M. DePaulo, "Accuracy of deception judgments," *Review of Personality and Social Psychology* 10 (2006): 214-34.

萊文的回答是所謂的「預設為真理論」：Timothy Levine, "Truth-Default Theory (TDT): A Theory of Human Deception and Deception Detection," *Journal of Language and Social Psychology* 33, no. 4 (2014): 378-92.

米爾格拉姆的服從實驗：Stanley Milgram, "Behavioral Study of Obedience," *Journal of Abnormal and Social Psychology* 64, no. 4 (1963): 371-78.

米爾格拉姆實驗的第二個教訓相關內容，主要出自佩里決定性的著作《電擊儀的背後》(*Behind the Shock Machine: The Untold Story of the Notorious Milgram Psychology Experiments*, New York: The New Press, 2013)；「溫和又順服」：pp. 55-56；「……我可能已害死坐在那張椅子的那個男人」：p. 80；「『也許這是真的』」：pp. 127-29.

米爾格拉姆實驗的所有統計：Stanley Milgram, *Obedience to Authority: An Experimental View* (New York: Harper Torchbooks, 1969), p.172.

飛行員發出警告。儘管美國的 F-15 戰鬥機隨時可以採取行動，但起飛保護兄弟救援會飛機的命令始終未下達。美國政府後來怪罪通訊問題導致未能保護兄弟救援會的飛行員。躲過這場劫難的 Basulto 表示，這場攻擊是古巴領導人與美國政府之間的陰謀。這些記述出自 Marifeli Pérez-Stable, *The United States and Cuba: Intimate Enemies* (New York: Routledge, 2011), p. 52.

這是很難堪的爆料：Scott Carmichael, *True Believer: Inside the Investigation and Capture of Ana Montes, Cuba's Master Spy* (Annapolis: Naval Institute Press, 2007), p. 5.

「名叫卡羅爾的退役美國海軍少將接受有線電視新聞網訪問」：CNN, February 25, 1996, Transcript #47-22, http://www.hermanos.org/CNN%20Interview%20with%20Admiral%20Eugene%20Carroll.htm.

蒙提斯的綽號叫「古巴女王」；國防情報局在她的皮包發現密碼，和在她衣櫥發現無線電；以及「她的聯絡人……為哈瓦那工作的動機」，都出自 Jim Popkin, " 'Queen of Cuba' Ana Montes did much harm as a spy. Chances are you haven't heard of her," *Washington Post*, April 8, 2013.

萊文的欺騙實驗完整的清單請參考 "Deception and Deception Detection," https://timothy-levine.squarespace.com/deception, accessed March 7, 2019.

「菲利普」和其他受訪實驗對象的錄影帶，請參考 T. R. Levine, *NSF funded cheating tape interviews* (East Lansing, Mich.: Michigan State University, 2007-2011).

萊文請人觀看二十二支說謊者和二十二支說實話者的錄影帶。五六％受訪者正確地辨識說謊者。參考 Experiment 27 in

的障礙，而仔細和尊重的傾聽卻可能有助於降低伴隨人際和群際衝突而來的挫折和憎惡感覺。

這是充滿智慧的話。

第三章：古巴女王

「回老家或者給我死，你們這些王八蛋」：取自紀錄片《*Shoot Down*》的旁白，導演為 Cristina Khuly (Palisades Pictures, 2007)。羅克是古巴在兄弟救援會內的情報來源，也出自該紀錄片。

在擊落事件發生前，美國政府知道古巴對兄弟救援會的行為漸感憤怒已有一段時間，並已警告該組織，主要是藉由直接與該會領導人 Jose Basulto 溝通。在一九九五年夏季和秋季，國務院和聯邦航空管理局（FAA）曾公開聲明並警告該組織，不接受它飛向古巴的飛行計畫。有一度聯邦航空管理局嘗試吊銷 Basulto 的飛行員執照。不過，政府在一九九六年秋季的警告減緩了，因為官員感覺更多警告「很可能無法讓 Basulto 冷靜，反而會刺激他」。在這段期間，柯林頓政府和兄弟救援會關係惡化，因為柯林頓一九九五年的「乾濕腳政策」（wet feet, dry feet policy）強制遣返古巴難民。

國務院在二十三日與海軍上將卡羅爾會談後，知道古巴可能擊落飛機的威脅，但並未與兄弟救援會聯絡。反而國務院在攻擊前一天晚上警告聯邦航空管理局，「（兄弟救援會）明天不是不可能未經授權就嘗試飛進古巴領空」。聯邦航空管理局的反應是通知雷達中心，提醒特別注意飛越佛羅里達海峽的飛機。不過，當雷達監視人員二十四日發現古巴米格機時，仍未對兄弟救援會的

Was Hitler a Riddle? Western Democracies and National Socialism (Stanford: Stanford University Press, 2012), p. 73.

戈林「熱愛動物和小孩……不教導小孩過於拘謹」（在註腳中）：Sir Nevile Henderson, *Failure of a Mission: Berlin 1937-39* (New York: G. P. Putnam and Sons, 1940), p. 82.

擔任外務大臣的艾登……曾見過希特勒並看到真相：參考 D. R. Thorpe, *The Life and Times of Anthony Eden, First Earl of Avon, 1897-1997* (New York: Random House, 2003).

穆拉尹納山的研究請參考 Jon Kleinberg et al., "Human Decisions and Machine Predictions," NBER Working Paper 23180, February 2017；以上是 Kleinberg 等人著作較早的一個版本："Human Decisions and Machine Predictions," The Quarterly Journal of Economics 133, no. 1 (February 2018): 237-93.

普洛寧要他們填字母空格：Emily Pronin et al., "You Don't Know Me, But I Know You: The Illusion of Asymmetric Insight," *Journal of Personality and Social Psychology* 81, no. 4 (2001): 639-56, APA PsychNET.

我引用了普洛寧的部分結論，但整段都值得一看：

我們深信我們了解別人勝過別人了解我們——我們對他們有他們沒有的獨到了解（但反過來不成立）——導致我們在應該傾聽時卻說話，以及在他人表達他們被誤解或遭到不公平批判時卻缺乏耐性。同樣的這種信念可能使我們不願意接受無法了解我們個人思想、感覺、對事件的詮釋或動機的人所提供的意見，但卻很願意根據我們對他們過去行為的看法，且在未充分注意他們的思想、感覺、詮釋和動機下，提供他們建議。的確，此處記述的偏見可能製造這類資訊交流的障礙，尤其是對仔細和尊重地傾聽

Faber, *Munich, 1938*, pp. 285, 302, 351；張伯倫第三次、也就是最後一次訪問德國：p. 414；「希特勒說的是實話」：p. 302；「今日早上……我的名字的紙」：p. 4；「安穩地上床睡覺」：pp. 6-7。

有關加拿大總理麥肯錫金崇拜希特勒（在註腳中），參考 *W. L. Mackenzie King's Diary*, June 29, 1937, National Archives of Canada, MG 26 J Series 13, https://www.junobeach.org/canada-in-wwii/articles/aggression-and-impunity/w-l-mackenzie-kings-diary-june-29-1937/.

「在有些情況，他會表現很滑稽」：Diana Mosley, *A Life of Contrasts: The Autobiography of Diana Mosley* (London: Gibson Square, 2002), p. 124.

「未戴帽子的元首站在階梯的一半處……他以前做過的房屋油漆工」：Neville Chamberlain to Ida Chamberlain, September 19, 1938, in Robert Self, ed., *The Neville Chamberlain Diary Letters: Volume Four: The Downing Street Years, 1934-1940* (Aldershot, UK: Ashgate, 2005), p. 346；「總之……一個說話算話的人」：p. 348；「我看到希特勒時，他的外表……友好時才會有的表現」，和「希特勒連聲說……簽了我們的名字」：Neville Chamberlain to Hilda Chamberlain, October 2, 1938, p. 350.

哈利法克斯訪問柏林的精彩記述之一：Lois G. Schwoerer, "Lord Halifax's Visit to Germany: November 1937," *The Historian* 32, no. 3 (May 1970): 353-75.

希特勒甚至為韓德森取了綽號：Peter Neville, *Hitler and Appeasement: The British Attempt to Prevent the Second World War* (London and New York: Hambledon Continuum, 2006), p. 150.

他相信希特勒「跟所有人一樣厭惡戰爭」：Abraham Ascher,

頭」：Herald Staff, “Spy work celebrated at museum in Miami,” *Miami Herald*, July 16, 2001.

「我們知道在東德工作的中情局情報員……傳遞錯誤情報給美國人」：此處 Fischer 引用的是 Markus Wolf 和 Anne McElvoy, *Man Without a Face: The Autobiography of Communism's Greatest Spymaster* (New York: Times Books/Random House, 1997), p. 285.

第二章：認識元首

張伯倫和希特勒的記述出自幾個來源，主要是 David Faber 精彩的 *Munich, 1938: Appeasement and World War II* (New York: Simon & Schuster, 2008), pp. 272-96；「如此違反傳統和大膽……說不出話來」：p. 229；七〇%的英國人認為張伯倫的德國行是「促成和平的好事」和為張伯倫的健康而乾杯：pp. 284-85；張伯倫在海斯頓機場的演說及它引起的反應：p. 296；「沒有瘋狂的跡象……到一定程度」：p. 302；「對『社交聚會和胡鬧場合』的差別一無所知」：p. 300；「混合了驚訝、厭惡和同情」：p. 40。Faber 引述的是英國外交官 Ivone Kirkpatrick 在其回憶錄 *The Inner Circle* (London: Macmillan & Company, 1959), p. 97 中對該事件的記述；以及「超過瘋狂的界線」：p. 257。

誤判希特勒的人是那些和他談過數小時話的人。我想這其中有一些道理：你必須暴露在詐騙中才能掉入詐騙的陷阱。另一方面，希特勒欺騙的人都是很聰明的人，對世界事務有豐富的經驗，在與希特勒會面時都充滿戒心。為什麼他們與希特勒面對面會談蒐集到的額外資訊，沒有讓他們更正確地判斷希特勒？也請參考

「顯而易見地，想正確地翻譯這種語言是不可能的⋯⋯西班牙人的投降」：Matthew Restall, *When Montezuma Met Cortés: The True Story of the Meeting That Changed History* (New York: Harper Collins, 2018), p. 345.

如果你對科爾特斯與蒙特蘇馬的故事有興趣，我強力推薦你參考前述最後兩個來源：Restall 的書很精彩，而 Townsend 是很罕見的歷史學家，能在學術期刊上寫學術性的歷史，且讀起來像是為所有人而寫。

第一章：卡斯楚的復仇

「我是古巴情報局的案件專員。我是情報指揮官」：這段記敘出自 Brian Latell, *Castro's Secrets: Cuban Intelligence, the CIA, and the Assassination of John F. Kennedy* (New York: Palgrave Macmillan, 2013), p. 26.

一位前美國駐哈瓦那情報站主管：Herald Staff, "Spy work celebrated at museum in Havana," *Miami Herald*, July 16, 2001, http://www.latinamericanstudies.org/espionage/spy-museum.htm.

直到他舉出數十個名字：Benjamin B. Fischer, "Doubles Troubles: The CIA and Double Agents during the Cold War," *International Journal of Intelligence and Counterintelligence* 21, no. 1 (2016): 48-74.

影片詳細解釋哪些公園長凳：I. C. Smith, *Inside: A Top G-Man Exposes Spies, Lies, and Bureaucratic Bungling Inside the FBI* (Nashville: Nelson Current, 2004), pp. 95-96.

顯示一名中情局官員，把現金和指示塞進一個塑膠大「石

Bloom and Jareen Imam, "New York man dies after chokehold by police," CNN, December 8, 2014, https://www.cnn.com/2014/07/20/justice/ny-chokehold-death/index.html. 有關史考特，請參考 Michael Miller, Lindsey Bever, and Sarah Kaplan, "How a cellphone video led to murder charges against a cop in North Charleston, S.C.," *Washington Post*, April 8, 2015, https://www.washingtonpost.com/news/morning-mix/wp/2015/04/08/how-a-cell-phone-video-led-to-murder-charges-against-a-cop-in-north-charleston-s-c/?utm_term=.476f73934c34.

「早安……你還是可能被殺死」："Sandy Speaks — April 8th 2015 (Black Lives Matter)," YouTube, April 8, 2015, https://www.youtube.com/watch?v=CIKeZgC8lQ4.

科爾特斯和蒙特蘇馬的衝突：William Prescott, *History of the Conquest of Mexico* (New York: Modern Library, 1980).

「我們看到許多在水上建造的城市和村莊」：Bernal Diaz del Castillo, *The Discovery and Conquest of Mexico* (London: George Routledge & Sons, 1928), p. 270, https://archive.org/details/in.ernet.dli.2015.152204/page/n295.

從第一次會面到「是的，我是他。」的描述：Hugh Thomas, *Conquest: Cortés, Montezuma, and the Fall of Old Mexico* (New York: Simon & Schuster, 1995), p. 279.

「有無數房間……還有絕好的白色皮毛袍」：Thomas, *Conquest*, p. 280.

蒙特蘇馬把科爾特斯視為神祇的說法（在註腳中）：Camilla Townsend, "Burying the White Gods: New Perspectives on the Conquest of Mexico," *American Historical Review* 108, no. 3 (2003): 659-87.

「我今天拍這部影片只想讚美上帝……」："Sandy Speaks on her birthday! February 7th, 2015," YouTube, February 7, 2015, accessed January 10, 2019, https://www.youtube.com/watch?v=KfrZM2Qjvtc.

在 YouTube 上被以各種形式觀看過幾百萬次：參考 Texas Department of Public Safety video (963K views)、*WSJ* video (42K views), second *WSJ* video (37K views)，和未計算點閱次數的 nytimes.com 和 nbc.com 等網站的影片。

一直到「因為沒有打燈號？」的對話內容："*Sandra Bland Traffic Stop,*" Texas Department of Public Safety, YouTube, 2015, https://www.youtube.com/watch?v=CaW09Ymr2BA.

布朗在密蘇里州弗格森被一名警員槍殺致死：Rachel Clarke and Christopher Lett, "What happened when Michael Brown met Officer Darren Wilson," CNN, November 11, 2014, https://www.cnn.com/interactive/2014/08/us/ferguson-brown-timeline/.

在巴爾的摩，一個叫格雷的年輕黑人男性……史考特在二〇一五年四月四日被槍殺：Peter Herman and John Woodrow Cox, "A Freddie Gray primer: Who was he, how did he die, why is there so much anger?" *Washington Post*, April 28, 2015, https://www.washingtonpost.com/news/local/wp/2015/04/28/a-freddie-gray-primer-who-was-he-how-did-he-why-is-there-so-much-anger. 有關卡斯帝爾，請參考 Mark Berman, "Minnesota officer charged with manslaughter for shooting Philando Castile during incident on Facebook," *Washington Post*, November 16, 2016, https://www.washingtonpost.com/news/post-nation/wp/2016/11/16/prosecutors-to-announce-update-on-investigation-into-shooting-of-philando-castile/?utm_term=.1e7914da2c3b. 有關賈納，請參考 Deborah

註解

《解密陌生人》的寫作歷經三年的時間，在我研究的過程中，進行了無數次訪問並閱讀數百本書和文章。除非有特別解說，書中的引句都來自我的受訪者。

以下註解並不是對所有影響我想法的資料來源的詳盡說明，而只是我認為這些來源中最重要的部分。我幾乎可以肯定我會遺漏一些東西。如果讀者看到我的疏漏或明顯的錯誤，請透過 lbpublicity.generic@hbgusa.com 聯絡我，我將樂於改正相關內容。

前言：「跨出汽車！」

布蘭達案是二〇一八年家庭電影院（HBO）紀錄片《*Say Her Name: The Life and Death of Sandra Bland*》的主題，導演和製片人分別是 Kate Davis 和 David Heilbroner。《*Say Her Name*》的製作獲得布蘭達家人完全的支持，而且很詳實地描述了她的生活，捕捉了她的精神。不過，它助長了網路每個角落對布蘭達之死的許多揣測和懷疑。我不認為那些懷疑有什麼說服力，而且《*Say Her Name*》未提供支持懷疑的具體證據。正如你從本書讀到的，布蘭達案令人痛心的意義比那些懷疑更加複雜——而且更具悲劇性和體制性。

葛拉威爾作品集 7

解密陌生人：顛覆識人慣性，看穿表相下的真實人性。

作　　者—麥爾坎・葛拉威爾（Malcolm Gladwell）
譯　　者—吳國卿
主　　編—陳家仁
編　　輯—黃凱怡
企劃編輯—藍秋惠
特約編輯—聞若婷
封面設計—陳恩安
版面設計—賴麗月
內頁排版—林鳳鳳

總 編 輯—胡金倫
董 事 長—趙政岷
出 版 者—時報文化出版企業股份有限公司
108019 臺北市和平西路三段 240 號 4 樓
發行專線—（02）2306-6842
讀者服務專線— 0800-231-705、（02）2304-7103
讀者服務傳真—（02）2302-7844
郵撥— 19344724 時報文化出版公司
信箱— 10899 臺北華江橋郵政第 99 信箱
時報悅讀網— http://www.readingtimes.com.tw
法律顧問—理律法律事務所 陳長文律師、李念祖律師
印　　刷—勁達印刷有限公司
初版一刷— 2020 年 6 月 26 日
初版三刷— 2023 年 8 月 30 日
定　　價—新臺幣 480 元
（缺頁或破損的書，請寄回更換）

時報文化出版公司成立於一九七五年，並於一九九九年股票上櫃公開發行，於二〇〇八年脫離中時集團非屬旺中，以「尊重智慧與創意的文化事業」為信念。

ISBN 978-957-13-8231-9
Printed in Taiwan

解密陌生人 : 顛覆識人慣性 , 看穿表相下的真實人性。
/ 麥爾坎 . 葛拉威爾 (Malcolm Gladwell) 著 ; 吳國卿譯 .
-- 初版 . -- 臺北市 : 時報文化 , 2020.06
480 面 ;　14.8x21 公分 . -- (葛拉威爾作品集 ; 7)
譯自 : Talking to strangers : what we should know about the people we don’t know
ISBN 978-957-13-8231-9(平裝)

1. 社會心理學 2. 人際關係

541.76　　109007381